课题支持

感谢武汉仲裁委员会立项支持
课题类别：武汉仲裁委员会仲裁研究重点课题
课题名称：仲裁员职业道德建设研究
课题编号：2014WZZD00005

仲裁员职业道德建设研究

石先钰 著

中国社会科学出版社

图书在版编目(CIP)数据

仲裁员职业道德建设研究 / 石先钰著. —北京：中国社会科学出版社, 2019.6

ISBN 978-7-5203-4782-2

Ⅰ.①仲… Ⅱ.①石… Ⅲ.①法官-职业道德-研究-中国 Ⅳ.①D926.17

中国版本图书馆 CIP 数据核字(2019)第 156700 号

出 版 人	赵剑英
责任编辑	宫京蕾
责任校对	秦　婵
责任印制	李寡寡

出　　版	中国社会科学出版社
社　　址	北京鼓楼西大街甲 158 号
邮　　编	100720
网　　址	http://www.csspw.cn
发 行 部	010-84083685
门 市 部	010-84029450
经　　销	新华书店及其他书店
印刷装订	北京君升印刷有限公司
版　　次	2019 年 6 月第 1 版
印　　次	2019 年 6 月第 1 次印刷
开　　本	710×1000　1/16
印　　张	15
插　　页	2
字　　数	238 千字
定　　价	78.00 元

凡购买中国社会科学出版社图书，如有质量问题请与本社营销中心联系调换

电话：010-84083683

版权所有　侵权必究

序　言

习近平总书记在中国共产党第十九次全国代表大会上的报告《决胜全面建成小康社会　夺取新时代中国特色社会主义伟大胜利》中要求，加强思想道德建设，提高人民道德水准，推进职业道德建设。开展仲裁员职业道德建设研究意义重大，仲裁员职业道德的提升是公正仲裁的基础。

《仲裁员职业道德建设研究》以习近平新时代中国特色社会主义思想为指导，探讨了仲裁员职业道德建设的背景，对仲裁员职业道德进行国际考察及国内比较，提出了仲裁员职业道德建设的制度保障建议。把仲裁员职业道德与法官职业道德、检察官职业道德、律师职业道德相区别，构建了仲裁员职业道德基本准则体系。仲裁员职业道德基本准则包括：公正、诚信、独立、文明。对仲裁员监督的多元化，根据监督主体的不同，主要包括对仲裁员的司法监督、行业监督、内部监督和当事人对仲裁员的监督四种形式。实现仲裁员的廉洁自律，可以采取一些行之有效的对策：明确道德导向，提高道德修养，提倡"慎独"精神，善用"自省"古箴等。该书特色明显，相信对促进我国仲裁事业的发展一定大有裨益，特此作序。

武汉仲裁委员会常务副主任、委办党组书记、主任：刘健勤

2018年5月8日

目　录

第一章　仲裁员职业道德建设的背景 …………………………（1）
　　一　仲裁员职业道德的界定 ……………………………………（1）
　　二　仲裁员职业道德规范的作用 ………………………………（6）
　　三　我国关于仲裁员职业道德的规定 …………………………（6）
　　四　加强仲裁员职业道德建设是解决仲裁工作主要矛盾的
　　　　需要 ……………………………………………………………（7）
　　五　《中共中央关于全面推进依法治国若干重大问题的决定》
　　　　及其对仲裁员职业道德的要求 ……………………………（8）
　　六　十九大精神对仲裁员职业道德建设的指导 ……………（13）

第二章　仲裁员职业道德建设的理论指导 ……………………（17）
　　一　马克思主义道德观的基本内容 ……………………………（18）
　　二　马克思主义道德观的基本特点 ……………………………（20）
　　三　习近平对马克思主义道德观的发展 ………………………（22）
　　四　马克思主义道德观对仲裁员职业道德建设的指导 ………（25）

第三章　仲裁员职业道德的国际考察 …………………………（30）
　　一　大陆法系国家和地区的仲裁员职业道德 …………………（30）
　　二　英美法系国家的仲裁员职业道德 …………………………（31）
　　三　国际仲裁机构仲裁员的职业道德 …………………………（34）

第四章　仲裁员职业道德的国内比较 …………………………（42）
　　一　国内主要仲裁委员会仲裁员职业道德要求概况 …………（42）
　　二　国内主要仲裁委员会关于仲裁员职业道德要求的共同点 …（44）
　　三　国内主要仲裁委员会关于仲裁员职业道德的不同点 ………（48）

第五章　与仲裁员相邻的法律职业道德分析……………（51）
　　一　法官职业道德建设的若干问题 ………………………（51）
　　二　检察官职业道德建设的若干问题 ……………………（71）
　　三　律师职业道德建设的若干问题 ………………………（82）

第六章　仲裁员职业道德基本准则体系的构建……………（107）
　　一　仲裁员职业道德基本准则之一：公正 ………………（108）
　　二　仲裁员职业道德基本准则之二：诚信 ………………（116）
　　三　仲裁员职业道德基本准则之三：独立 ………………（121）
　　四　仲裁员职业道德基本准则之四：文明 ………………（124）

第七章　仲裁员职业道德建设的制度保障…………………（128）
　　一　仲裁员职业道德的他律 ………………………………（128）
　　二　仲裁员职业道德的自律 ………………………………（128）
　　三　仲裁员职业道德的考评制度 …………………………（129）
　　四　廉洁自律的实现 ………………………………………（130）
　　五　对仲裁员的多元监督制度 ……………………………（136）

第八章　仲裁员道德需要的激发……………………………（144）
　　一　道德需要及仲裁员道德需要的界定 …………………（144）
　　二　道德需要的功能与作用 ………………………………（148）
　　三　激发仲裁员道德需要的基本方法 ……………………（151）

参考文献 ……………………………………………………（155）

附录　仲裁员职业道德相关规定 …………………………（162）
　　中华人民共和国仲裁法（2017年修正） ………………（163）
　　美国《统一仲裁法》（2000年） …………………………（173）
　　日本商事仲裁协会商事仲裁规则 …………………………（186）
　　武汉仲裁委员会（武汉国际仲裁中心）仲裁规则 ………（196）
　　《仲裁员行为考察规定》（贸仲、海仲） …………………（220）
　　北京仲裁委员会仲裁员守则 ………………………………（225）
　　武汉仲裁委员会仲裁员守则 ………………………………（228）
　　上海仲裁委员会仲裁员守则 ………………………………（231）
　　深圳仲裁委员会仲裁员守则 ………………………………（233）

后记 …………………………………………………………（235）

第一章

仲裁员职业道德建设的背景

在中国共产党十九大报告中，对"道德"和"职业道德"建设尤为重视，习近平总书记在报告中有四个段落涉及"道德"和"职业道德"建设的内容。[①] 强调坚持依法治国和以德治国相结合，依法治国和依规治党有机统一，深化司法体制改革，提高全民族法治素养和道德素质。要求全体人民在理想信念、价值理念、道德观念上紧紧团结在一起。深入挖掘中华优秀传统文化蕴含的思想观念、人文精神、道德规范，结合时代要求继承创新，让中华文化展现出永久魅力和时代风采。加强思想道德建设，深入实施公民道德建设工程，推进社会公德、职业道德、家庭美德、个人品德建设。可见，加强仲裁员职业道德建设，是贯彻落实十九大提出的职业道德建设任务的重要体现之一。

仲裁员的职业道德规范是从仲裁职业产生之日起就客观存在的，是仲裁员这一职业群体所应遵守的道德原则和行为规范的总和。作为替代纠纷解决方式，伴随社会经济快速发展和人们认识的提高，仲裁具有快速、便捷的优点，逐渐为人们所接受。仲裁员的职业道德不仅是仲裁实现公平、正义的基础，同时也是和谐社会建设的基础。

一 仲裁员职业道德的界定

（一）职业道德

职业道德是人们在长期的职业实践中产生的。职业是职业道德的基

---

① 习近平：《决胜全面建成小康社会 夺取新时代中国特色社会主义伟大胜利——在中国共产党第十九次全国代表大会上的报告》，《人民日报》2017年10月28日。

础。社会分工孕育出职业，并因生产力的提高而逐渐精细化。

职业道德规范是一般道德规范在职业领域的体现，因此，职业道德规范既体现出一般道德规范的共性，又有其独特的特点。职业道德的特点，第一，职业道德在特定范围内适用。由于每个职业的利益和目标不同，不同的职业其职业道德也不相同，因而职业道德只对特定领域的群体具有约束作用。因此，职业道德只在特定领域内起作用，超出范围便不再具有普适性。第二，职业道德内涵上的固定性和连续性。由于职业分工有较强的稳固性，职业道德是在长时间的重复的职业社会实践中构成的比较稳定的思想认识和职业习俗，于是也拥有较强的稳定性。因为职业的不断发展和代代传承的特性，不仅仅是技术，其职业道德、心理也有一定的历史继承性，因此，在内容上职业道德也具有连续性。第三，职业道德表现方式多种多样，因行业而异。因为各类职业对从业人员的道德要求有较大差异，所以，其表现方式就不同。一般来说，只要有职业的地方，就有职业道德。职业的种类越多，职业道德种类也相应增加。优秀的职业道德，能够帮助人们培养好的品德、习性，促进社会道德的建设和发展。第四，职业道德有强烈的纪律性。纪律性体现在职业道德的约束和惩罚功能上，职业道德是规范特定职业群体行为的准则，同时对严重违反本行业行为准则的人予以惩戒，以满足特定行业的利益和要求。

（二）仲裁及其发展

1. 仲裁的概念

从字面上看，"仲"是地位居中的意思，"裁"是裁决、判断的意思，仲裁就是居中裁断，亦称"公断"。从法律意义上看，仲裁就是指当事人双方按照法律规定，在纠纷发生前或者发生后自愿达成协议，把他们之间的争议提交仲裁机构，由仲裁机构查明事实，分清是非，确定双方的权利义务关系，从而解决争议的方式，这就是说，仲裁的"公断人"是仲裁机构，它在双方当事人之间居中公平裁断。

2. 仲裁的历史沿革

仲裁的产生也就是对自力救济的否定，自力救济的弊端是显而易见的，古罗马在共和国初期就颁布了禁止自力救济的法律，要求人们在争端发生后提交国家机关解决，即公力救济。公力救济的最有效途径就是诉讼，但诉讼也有其弊端，如当事人往往不能自愿选择诉讼；有些专门问题，法院又无法弄懂；有些纠纷，当事人不愿诉诸法庭。于是，争议双方就找有威望的人居中裁决，这样，在古罗马商业发展时期，仲裁方法就开始运用了。

但仲裁作为一种法律制度的确立，是19世纪以后的事，如英国于1889年制定了《仲裁法》。瑞典在1887年制定了第一个仲裁法令，后经修改，于1929年通过了《瑞典仲裁法》。此后，仲裁制度的重要性逐步被各国认识，并制定了相应的仲裁法，而且关于仲裁问题的国际立法也日渐完备。

我国在建国后，仲裁立法大致经历了只裁不审，两裁两审，又裁又审，及新仲裁法的或裁或审几个阶段。解放初期到"文化大革命"前，经济合同纠纷不由人民法院审判，而由行政机关组织仲裁，这就是只裁不审；此后，由于国家实行计划调拨制，用行政手段解决合同纠纷，仲裁也就名存实亡，这种状况一直持续到十一届三中全会。十一届三中全会以后，对经济的管理强调使用经济手段、法律手段，有关主管机关制定了对经济合同管理的办法，其中确定了对经济合同纠纷实行二级仲裁，不服终局仲裁的，在一定时期内可以向人民法院起诉。而人民法院实行的是两审终审制，因此，客观上形成了两裁两审；20世纪80年代，随着经济改革的发展，两裁两审的弊端便凸显出来，争议解决的周期太长，造成了很多浪费。1981年12月3日通过的《中华人民共和国经济合同法》对此做了改进，经济纠纷发生后，"任何一方均可向国家规定的合同管理机关申请调解或仲裁，也可以直接向人民法院起诉"，当事人如对仲裁不服，还可以在15日内向法院起诉，这样，又裁又审的双轨制就确立了。1983年8月22日颁布的《经济合同仲裁条例》进一步重申了上述原则。1993年9月2日八届人大常委会第三次会议对经济合同法做了重大修改，确立了或裁或审的制度，即纠纷发生后，当事人在仲裁和诉讼的方式上只能选择其一，选择仲裁则不能诉讼，没有仲裁协议，方可起诉。1994年8月31日通过的《中华人民共和国仲裁法》也重申了这一原则。

综上所述，我国仲裁制度发展到今天，是随着社会经济的发展和实践的需要，逐步修改完善而来的。

(三) 仲裁员职业道德

随着社会的发展，纠纷解决方式更呈现出多样化的特点，仲裁作为其中一项，因其具有方便、快捷的优势而受到人们的青睐。仲裁具有自身特殊的定义，具备如下要素：（1）仲裁是建立在双方协商一致的仲裁协议基础之上的；（2）仲裁是由当事人一致同意选取的中立第三方居中裁判的争议解决机制和模式；（3）经由当事人选择的中立第三者做出的裁决，对双方当事人具有法律的约束力。仲裁员是仲裁的灵魂，公正的仲裁裁决有赖于仲裁员较高的职业素养和职业操守。仲裁员与其他职业人员一样也应当遵守职业道德的要求，即仲裁在其长时间的实际工作过程中构成的思想理念和行为准则，并由这些职业理念和行为规范衍化而成的基本道德规范和伦理要求。仲裁与诉讼同属纠纷解决方式，但因仲裁所具有的民间性这一特性使得仲裁员有别于一般意义上的法律职业共同体。因此，仲裁员的职业道德规范有别于法官道德规范、检察官职业道德以及律师的职业操守，具有自己的特色。

所谓仲裁员职业道德就是仲裁员在依法行使仲裁权的过程中，以公正为首要评价标准、依靠社会舆论、传统习惯和内心信念所维系的调整仲裁员之间、仲裁员与当事人之间以及仲裁员与社会其他主体之间关系的行为规范的总和。

(四) 仲裁员职业道德对仲裁的重要性

习近平总书记在中国政法大学考察时的讲话特别强调法治人才的法律职业道德素养[①]，概括习近平总书记关于法治人才的道德素养的讲话，包含四层意思：一是把法律职业道德素养纳入法治人才培养的目标，要求立德树人，德法兼修，抓好法治人才培养，促进青年成长进步，德智体美全面发展，培养大批高素质法治人才，建设一支高素质的法治工作队伍。二是强调"不忘初心跟党走"。三是强调中国特色社会主义法治道路就是坚持依法治国和以德治国相结合，强调法治和德治两

---

① 习近平：《在中国政法大学考察的讲话》，《人民日报》2017年5月4日。

手抓、两手都要硬。四是明确法律职业道德体现在理想信念、精神状态、综合素质等方面。

"有什么样的仲裁员，就有什么样的仲裁"，可见仲裁员对仲裁的影响有多大。2018年3月，在"上海国际仲裁周武仲分论坛"上，武汉仲裁委常务副主任、仲裁办党组书记、主任刘健勤做了题为《浅谈仲裁机构与仲裁员的双向选择》的发言，她从"仲裁机构对仲裁员的需求""仲裁员选择仲裁机构的标准"等方面与大家探讨了仲裁机构与仲裁员的关系在仲裁公信力建设中的重要性。

仲裁作为一种法律服务性质的纠纷审理和裁决方式，不仅具有民间性还具有司法性，能否对案件进行公正合理的处理取决于仲裁员是否能保持绝对中立。公正是仲裁制度的生命，仲裁员遵循职业道德规范，保持绝对的中立态度是仲裁公平公正进行的基础。在仲裁制度中，仲裁员是程序的操控者和案件的裁决者，仲裁员自身的道德品质对当事人之间的争议能否得到公正合理的解决起着决定性的作用。由于仲裁是基于当事人的协议而进行的纠纷审理和裁决方式，其中两名仲裁员均可由当事人直接选定。以当事人的心理，当然希望自己选定的仲裁员在仲裁过程中能够最大限度地关注和考虑自身的权益；从仲裁员的心理角度而言，也更加关注选择自己的当事人一方的权益。按照法律规定，不论是当事人选定的仲裁员还是仲裁委员会主任指定的仲裁员，都要求在案件的审理和裁决过程中保持绝对的中立性，对他们的要求是一样的，没有宽严之分。

仲裁最大的优势在于程序的灵活和快捷是以效率最大化为目标的，只有仲裁员遵守职业道德，保持认真中立的态度，仲裁程序才能真正发挥效率。如果仲裁员不遵守职业道德，以不当行为参与到仲裁程序中，势必会造成仲裁裁决效力被否定的结果。

仲裁员的职业道德，直接影响到仲裁的发展。如果仲裁员遵守职业道德，使纠纷得到公正高效的解决，自然会提升人们对仲裁的信任程度，使仲裁在众多纠纷解决方式中得到凸显。

我们判断：仲裁机构和仲裁员良好的口碑、职业形象、公正与效率，在司法机关案多人少的情形下，必然会被党和政府赋予更多的历史使命。接下来就是如何承接的问题，承接得如何或者如何担当的问题。

二　仲裁员职业道德规范的作用

道德规范则是指人们在某一社会关系和社会生活领域应当遵循的道德准则。道德规范的作用体现在对人行为活动的制约和指引。道德规范的功能：一是提升认识，追求真、善、正义，结交道德品质高尚的人；二是形成内心压力，控制不当的私欲；三是节制逾越道德框架的行为；四是调整和解决社会矛盾的作用；五是培养和造就人的道德品格；六是指导和鞭策人的作用；七是促进人与人、人与自然的和谐；八是评判个人和由人构成的各类单位、组织、集团等社会主体的信誉、声望和社会形象、地位。

仲裁员职业道德规范的作用主要体现为规范作用和引导作用。

规范作用：首先，道德规范提供了客观的评价标准。其次，道德规范的确立在职业文化中明确了主流意识。最后，职业道德规范的建立也可以起到一定的监督作用，仲裁员的素质直接影响仲裁结果的公正性。

引导作用：首先，职业道德规范的建立可以营造一种良好的职业氛围，职业道德规范明确一名合格的仲裁员应当如何作为，并确立了公平、诚信、正义的标准。其次，职业道德规范的建立有助于提高行业信誉和形象。最后，职业首先规范可以提高全社会的道德水平。

三　我国关于仲裁员职业道德的规定

我国 2017 年修正的《仲裁法》第十三条规定："仲裁委员会应当从公道正派的人员中聘任仲裁员。"第三十四条规定仲裁员私自会见当事人、代理人，或者接受当事人、代理人的请客送礼的，要承担法律责任，情节严重的，仲裁委员会予以除名。《北京仲裁委员会仲裁员守则》明确定性该守则是仲裁员道德准则。第二条明确规定仲裁员应当具备勤勉、公正的道德品质。第三条规定仲裁员应诚实信用。该守则还对仲裁员的公正和独立性以及回避的情形做出了具体规定。《上海仲裁委员会仲裁员守则》第三条规定：仲裁员仲裁案件应当以事实为依据，公平公正地对待双方当事人，不徇私枉法，并且遵守法律规定。第四条至第十一条都规定了仲裁员应当遵守的行为规范：自觉地回避；积极学习，认真勤勉地完成工作任务；保守秘密、不得私自会见；等等，并规定违反该规定的惩戒。《深圳仲裁委员会仲裁员管理办法》第一条就明确该管理办法是为了规范仲裁员的行为，树立仲裁员队伍的良好形象，规定仲裁员应当具备公正、廉洁、高效的品质。第二条第三款规定仲裁员应当具备诚实信用、认真勤勉的任职条件。该办法还对仲裁员的选任、培训、学习、行为规范和惩罚做了明确规定。第十八条、第十九条、第二十条、第二十三条等规定仲裁员应当遵守职业纪律，谨慎行为。如果有违反职业道德，未能认真履行职责的行为，情节严重的要承担相应的责任，如警告、开除等。此外，《中国国际经济贸易仲裁委员会、中国海事仲裁委员会仲裁员守则》中对仲裁员的职业道德和行为也都做了相关的规定。

尽管各地仲裁机构进行了细致规定，但仍有需要完善和拓展的地方，因为有的地方仲裁规范规定了仲裁员的职业道德但仍不够全面，例如公平、诚实信用还有可以细化和完善的地方。

综上所述，建立统一的并且科学合理的仲裁员职业道德规范非常有必要。它不仅能够规范仲裁员的行为，实现仲裁结果的公平公正，提高仲裁的整体信誉，而且也能促进仲裁员增强自我约束，提升自身的职业素质，最终促进仲裁的发展。

四　加强仲裁员职业道德建设是解决仲裁工作主要矛盾的需要

加强仲裁员职业道德建设是解决仲裁工作主要矛盾的需要。党的十九大报告指出，中国特色社会主义进入新时代，我国社会主要矛盾已经转化为人民日益增长的美好生活需要和不平衡不充分的发展之间的矛盾。那么仲裁工作主要矛盾就是人民群众日益增长的公正仲裁的需求同仲裁功能的发挥不平衡不充分之间的矛盾。具体表现为三个方面：一是"仲裁资源稀缺性"与"仲裁需求扩张性"的矛盾。二是"仲裁专业化"与"仲裁亲民化"之间的矛盾。三是"仲裁正当程序"与"仲裁成本高昂"之间的矛盾。矛盾的解决不能靠削弱人民群众对仲裁的期望，根本的办法就是通过深化改革强化仲裁功能，增强仲裁能力，提高仲裁水平。

五 《中共中央关于全面推进依法治国若干重大问题的决定》及其对仲裁员职业道德的要求

中国共产党十五大把依法治国确定为基本治国方略，并且通过立法程序将依法治国载入宪法。回顾依法治国的提出与发展，探寻依法治国对道德建设的要求，分析对仲裁员职业道德带来的影响，找出加强仲裁员职业道德建设的内在必然性，无疑是研究仲裁员职业道德建设的基础性工作。

（一）依法治国的提出与发展

从历史的维度看，依法治国（即法治）理念的形成与发展源远流长，综观历史大致可以分为古代、近代、当代三个历史时期。在古代，历史上中国和西方国家均出现过法治与人治的争论。[①] 柏拉图在其早期著作中力主"贤人政治"，并认为除非哲学家来统治，否则国无宁日。与柏拉图的这种观点相反，亚里士多德认为"法治应当优于一人之治"，他第一次给法治下了经典性的定义，认为："法治应包含两重含义，已成立的法律获得普遍的服从，而大家所服从的法律又应该是良好的法律。"[②] 在中国古代，《管子》中也出现了依法治国一词。其后，战国时期的商鞅、韩非等人又发展了法治思想。尽管古代先贤提出过关于法治的思想，但在当时的历史条件下，不可能实现真正意义上的法治；到了近代，随着资本主义的发展，一批资产阶级思想家在批判封建专制统治的同时，提出了资产阶级法治思想，促进了资产阶级革命的兴起和资本主义法治的建立，这是一个重大的历史进步。但资产阶级法治仍然

[①] 矫波：《依法治国——可持续发展的最佳选择》，《河北法学》2000年第4期。
[②] ［古希腊］亚里士多德：《政治学》，廖申白译，商务印书馆1983年版，第167—168页。

带有它自身不可超越的阶级局限性；建国后的法治则可以划归当代时期，新中国成立后，由于受到"左"的思想干扰，特别是"文化大革命"的破坏，我国法制建设一度出现曲折。① 但是，时至今日，不可否认的是，我国社会主义法制建设取得了令人瞩目的成就，特别是十一届三中全会后，我国逐步建立了中国特色的社会主义市场经济法律体系，法制观念深入人心，依法办事渐成习惯。这里特别要提到具有里程碑意义的两次会议，一次是1997年9月召开的十五大。在这次大会的报告中第一次深刻地阐述了依法治国的含义，提出了依法治国的历史任务。第二次是1999年3月召开的全国人大九届二次会议通过的宪法修正案，明确"中华人民共和国实行依法治国，建设社会主义法治国家"，正式把这一治国方略以国家根本大法的形式确定下来。

中国共产党及其几代领导人历来都重视依法治国。邓小平指出："必须使民主制度化、法律化，使这种制度和法律不因领导人的改变而改变，不因领导人的看法和注意力的改变而改变。"② "处理好法治和人治的关系。"③ 意思就是要实行"依法治国"；江泽民同志在党的十五大报告中对依法治国方略进行了明确阐述；胡锦涛同志曾经强调，必须从全面建设小康社会的战略全局出发，充分认识社会主义政治文明建设的重要性，深刻把握社会主义政治文明建设的规律，继续积极稳妥地推进政治体制改革，扩大社会主义民主，健全社会主义法制，依法治国，建设社会主义法治国家，实现社会主义民主政治的制度化、规范化和程序化，巩固和发展民主团结、生动活泼、安定和谐的政治局面；胡锦涛还指出，推进社会主义政治文明建设，是一个内容广泛的系统工程，需要我们进行长期努力。按照党的十六大提出的要求，要坚持和完善社会主义民主制度，丰富民主形式，健全民主程序，扩大公民有序的政治参与，保证人民群众依法进行民主选举、民主决策、民主管理和民主监督。要推进决策科学化、民主化，保证党和政府的各项决策符合人民利益，适应经济社会发展的实际。要根据改革开放和发展社会主义市场经

---

① 许峰：《依法治国和以德治国相结合是构建和谐社会的必然选择》，《西安航空技术高等专科学校学报》2005年第4期。
② 《邓小平文选》第2卷，人民出版社1994年版，第146页。
③ 《邓小平文选》第3卷，人民出版社1994年版，第177页。

济的需要，加快立法步伐，提高立法质量，坚持依法行政、公正司法，促进依法治国方略的落实，为全面建设小康社会提供有力的法律保障。① 中共中央总书记、国家主席、中央军委主席习近平在《关于〈中共中央关于全面推进依法治国若干重大问题的决定〉说明》中强调指出："全面推进依法治国，是解决党和国家事业发展面临的一系列重大问题，解放和增强社会活力、促进社会公平正义、维护社会和谐稳定、确保党和国家长治久安的根本要求。"② 由此可见，中国共产党及其几代领导人历来都重视依法治国，并且采取了切实可行的措施，取得了举世瞩目的成就。

（二）依法治国的内容

依法治国，从字面上理解，实际上就是法治。法治是与人治对立的，"法治"在词典中解释为"根据法律治理国家"，即以法律为准绳的治国理论、原则、体制和实施办法等。

2014年10月23日，十八届四中全通过的《中共中央关于全面推进依法治国若干重大问题的决定》，内容博大精深，信息非常丰富，为方便掌握，我们可以按照从一到十的数字排列进行解读和概括。

1. 一个指导思想、一个总目标。全面推进依法治国，必须以马克思列宁主义、毛泽东思想、邓小平理论、"三个代表"重要思想、科学发展观为指导，深入贯彻习近平总书记系列重要讲话精神。总目标是建设中国特色社会主义法治体系，建设社会主义法治国家。

2. 两个治国方略相结合，坚持依法治国和以德治国相结合。

3. 三个统一。必须坚持党领导立法、保证执法、支持司法、带头守法，把依法治国基本方略同依法执政基本方式统一起来，把党总揽全局、协调各方同人大、政府、政协、审判机关、检察机关依法依章程履行职能、开展工作统一起来，把党领导人民制定和实施宪法法律同党坚持在宪法法律范围内活动统一起来。

---

① 胡锦涛：《全面贯彻依法治国基本方略 推进社会主义政治文明建设》，《中国青年报》2003年10月1日。
② 习近平：《关于〈中共中央关于全面推进依法治国若干重大问题的决定〉的说明》，《人民日报》2014年10月29日。

4. 四个善于。善于使党的主张通过法定程序成为国家意志，善于使党组织推荐的人选通过法定程序成为国家政权机关的领导人员，善于通过国家政权机关实施党对国家和社会的领导，善于运用民主集中制原则维护中央权威、维护全党全国团结统一。

5. 五个原则和五个体系。必须坚持以下五个原则：坚持中国共产党的领导，坚持人民主体地位，坚持法律面前人人平等，坚持依法治国和以德治国相结合，坚持从中国实际出发。形成五个体系：完备的法律规范体系、高效的法治实施体系、严密的法治监督体系、有力的法治保障体系、完善的党内法规体系。

6. 六大任务。完善以宪法为核心的中国特色社会主义法律体系，加强宪法实施；深入推进依法行政，加快建设法治政府；保证公正司法，提高司法公信力；增强全民法治观念，推进法治社会建设；加强法治工作队伍建设；加强和改进党对全面推进依法治国的领导。

7. 七大措施。第一，建立重大决策终身责任追究制度及责任倒查机制，实行办案质量终身负责制和错案责任倒查问责制，确保案件处理经得起法律和历史检验。第二，完善司法管理体制和司法权力运行机制，规范司法行为，加强对司法活动的监督，努力让人民群众在每一个司法案件中感受到公平正义。第三，最高人民法院设立巡回法庭。第四，加强法治专门队伍建设，如建立从符合条件的律师、法学专家中招录立法工作者、法官、仲裁员制度。第五，建立健全社会矛盾预警机制，构建对维护群众利益具有重大作用的制度体系。第六，法治建设成效纳入政绩考核。第七，建立领导干部干预司法活动、插手具体案件处理的记录、通报和责任追究制度。

8. 八大公开。第一，立法公开；第二，公开宣誓；第三，政府公开；第四，过程公开；第五，问责公开；第六，全面推进政务公开；第七，信息公开；第八，司法公开。

9. 九个公正。第一，立法公正；第二，司法公正；第三，执法公正；第四，独立公正；第五，实体公正和程序公正；第六，参与公正；第七，监督公正；第八，环境公正；第九，社会公正。

10. 十个说明。习近平总书记在关于《中共中央关于全面推进依法治国若干重大问题的决定》的说明中对十个问题做了进一步阐释：第一，党的领导和依法治国的关系。第二，全面推进依法治国的总目标。第三，健全宪法实施和监督制度。第四，完善立法体制。第五，加快建设法治政府。第六，提高司法公信力。第七，最高人民法院设立巡回法庭。第八，探索设立跨行政区划的人民法院和人民检察院。第九，探索建立检察机关提起公益诉讼制度。第十，推进以审判为中心的诉讼制度改革。

(三) 依法治国对仲裁员职业道德建设的要求

十八届四中全通过的《中共中央关于全面推进依法治国若干重大问题的决定》强调两个治国方略相结合，即"坚持依法治国和以德治国相结合"。

依法治国所依据的法律和社会主义道德有着共同的经济基础、指导思想和历史使命，这就决定了它们彼此相互促进、相辅相成、关系密切。依法治国对道德建设的要求，换个角度讲，也就是道德建设对依法治国有着重要的作用，这种作用体现在以下几个方面。首先，社会主义道德建设是实现依法治国的重要思想条件和基础。众所周知，依法治国所依据的法是反映人民意愿、反映社会发展客观规律的法，是合乎理性、正义和公平的法，也就是是善法、良法。制定这样的法，从参加人员、制定过程以及内容都必须以正确的思想道德观念为指导。其次，道德规范在一定条件下会被立法吸收，成为法律规范，从这个意义上说，道德为法律提供了重要的社会渊源。[①] 再次，仲裁员职业道德可以弥补、填充法律的漏洞或空白，如果仲裁员的道德意识较强，即便法律有不完善之处，仲裁员也可以按照立法的精神忠实地解释法律，实现法的目的。最后，道德是依靠社会舆论、内心信念等方式来实现的，可以达到法律法规的有形制裁所不能达到的深度。因此，在依法治国的背景下，也必须加强道德建设，搞好以德治国，要把依法治国与以德治国紧密结合起来，这不仅对国家的长治久安具有深远的历史意义，而且对当前社会主义市场经济的发展具有重大的现实意义。在仲裁工作中，必须不断提高仲裁员的道德水平，规范和约束仲裁员的行为，从而确保仲裁公正的实现。

---

① 李淑英：《浅论依法治国与道德的关系及其协调发展》，《河北青年管理干部学院学报》2005年第2期。

六 十九大精神对仲裁员职业道德建设的指导

（一）十九大关于道德与职业道德建设的论述

在中国共产党十九大报告中，对"道德"和"职业道德"建设尤为重视，习近平总书记在报告中有四个段落涉及"道德"和"职业道德"建设的内容。① 要坚持依法治国和以德治国相结合，依法治国和依规治党有机统一，深化司法体制改革，提高全民族法治素养和道德素质；要求全体人民在理想信念、价值理念、道德观念上紧紧团结在一起；深入挖掘中华优秀传统文化蕴含的思想观念、人文精神、道德规范，结合时代要求继承创新，让中华文化展现出永久魅力和时代风采；加强思想道德建设，深入实施公民道德建设工程，推进社会公德、职业道德、家庭美德、个人品德建设。

关于道德和职业道德的论述，这四个段落包括：

坚持全面依法治国。全面依法治国是中国特色社会主义的本质要求和重要保障。必须把党的领导贯彻落实到依法治国全过程和各方面，坚定不移走中国特色社会主义法治道路，完善以宪法为核心的中国特色社会主义法律体系，建设中国特色社会主义法治体系，建设社会主义法治国家，发展中国特色社会主义法治理论，坚持依法治国、依法执政、依法行政共同推进，坚持法治国家、法治政府、法治社会一体建设，坚持依法治国和以德治国相结合，依法治国和依规治党有机统一，深化司法体制改革，提高全民族法治素养和道德素质。

牢牢掌握意识形态工作领导权。意识形态决定文化前进方向和发展道路。必须推进马克思主义中国化时代化大众化，建设具有强大凝聚力和引领力的社会主义意识形态，使全体人民在理想信念、价值理念、道德观念上紧紧团结在一起。要加强理论武装，推动新时代中国特色社会主义思想深入人心。深化马克思主义理论研究和建设，加快构建中国特色哲学社会科学，加强中国特色新型智库建设。高度重视传播手段建设

---

① 习近平：《决胜全面建成小康社会 夺取新时代中国特色社会主义伟大胜利——在中国共产党第十九次全国代表大会上的报告》，《人民日报》2017年10月28日。

和创新，提高新闻舆论传播力、引导力、影响力、公信力。加强互联网内容建设，建立网络综合治理体系，营造清朗的网络空间。落实意识形态工作责任制，加强阵地建设和管理，注意区分政治原则问题、思想认识问题、学术观点问题，旗帜鲜明地反对和抵制各种错误观点。

培育和践行社会主义核心价值观。社会主义核心价值观是当代中国精神的集中体现，凝结着全体人民共同的价值追求。要以培养担当民族复兴大任的时代新人为着眼点，强化教育引导、实践养成、制度保障，发挥社会主义核心价值观对国民教育、精神文明创建、精神文化产品创作生产传播的引领作用，把社会主义核心价值观融入社会发展各方面，转化为人们的情感认同和行为习惯。坚持全民行动、干部带头，从家庭做起，从娃娃抓起。深入挖掘中华优秀传统文化蕴含的思想观念、人文精神、道德规范，结合时代要求继承创新，让中华文化展现出永久魅力和时代风采。

加强思想道德建设。人民有信仰，国家有力量，民族有希望。要提高人民思想觉悟、道德水准、文明素养，提高全社会文明程度。广泛开展理想信念教育，深化中国特色社会主义和中国梦宣传教育，弘扬民族精神和时代精神，加强爱国主义、集体主义、社会主义教育，引导人们树立正确的历史观、民族观、国家观、文化观。深入实施公民道德建设工程，推进社会公德、职业道德、家庭美德、个人品德建设，激励人们向上向善、孝老爱亲，忠于祖国、忠于人民。加强和改进思想政治工作，深化群众性精神文明创建活动。弘扬科学精神，普及科学知识，开展移风易俗、弘扬时代新风行动，抵制腐朽落后文化侵蚀。推进诚信建设和志愿服务制度化，强化社会责任意识、规则意识、奉献意识。

中国共产党第十九次全国代表大会通过的关于《中国共产党章程（修正案）》的决议，同样包含很多关于道德和职业道德建设的内容。概况起来，主要内容包括：第一，在党章中把习近平新时代中国特色社会主义思想同马克思列宁主义、毛泽东思想、邓小平理论、"三个代表"重要思想、科学发展观一道确立为党的行动指南。第二，坚持正确义利观。第三，牢固树立政治意识、大局意识、核心意识、看齐意识，坚定维护以习近平同志为核心的党中央权威和集中统一领导。第四，中国共产党的领导是中国特色社会主义最本质的特征。第五，实践社会主义核心价值观，弘扬中华民族传统美德。

可见，加强仲裁员职业道德建设，是贯彻落实十九大提出的职业道德建设任务的重要体现之一。

（二）十九大精神对仲裁员职业道德建设指导的体现

十九大精神对仲裁员职业道德建设的指导，其基本含义就是要坚持用马克思主义的立场、观点和方法来指导仲裁员职业道德建设。

1. 十九大精神对仲裁员职业道德建设的立场指导

十九大精神对仲裁员职业道德建设的立场指导就是要站稳在人民的立场上，仲裁为民。仲裁为民，从国内仲裁层面讲就是为人民服务，从国际仲裁的层面讲就是公正地按照仲裁规则为当事人服务。

社会主义道德建设要以为人民服务为核心，在十九大报告中，"人民"二字一共出现了203次，直抵人心，激发共鸣。作为仲裁员，不仅应当坚持为人民服务的道德原则，而且要把全心全意为人民服务作为检验工作的试金石，时刻对照自己的行为，检验自己的思想，真正做到仲裁为民。

2. 十九大精神对仲裁员职业道德建设的观点指导

十九大强调坚持依法治国和以德治国相结合，依法治国和依规治党有机统一，深化司法体制改革，提高全民族法治素养和道德素质。要求全体人民在理想信念、价值理念、道德观念上紧紧团结在一起。深入挖掘中华优秀传统文化蕴含的思想观念、人文精神、道德规范，结合时代要求继承创新，让中华文化展现出永久魅力和时代风采。加强思想道德建设，深入实施公民道德建设工程，推进社会公德、职业道德、家庭美德、个人品德建设。这些基本观点，在仲裁员职业道德建设中，应当加以应用，把它落实到仲裁员日常行为和仲裁行动中。

3. 十九大精神对仲裁员职业道德建设的方法指导

十九大精神对仲裁员职业道德建设的方法指导，可以从两个层面理解，第一个层面是方法论的层面，所谓方法论，是关于认识世界和改造世界的方法的理论。"马克思的整个世界观不是教义，而是方法。"[①] 十

[①] 《马克思恩格斯全集》第39卷，人民出版社1974年版，第406页。

九大精神在方法论意义上的指导，包括辩证唯物主义、唯物辩证法、实践论、认识论以及人的全面发展的理论。第二个层面是具体方法层面的指导，马克思主义辩证思维的方法包括归纳和演绎、分析和综合、从抽象上升到具体、逻辑和历史的统一。

第二章

仲裁员职业道德建设的理论指导

2018年5月4日,习近平总书记《在纪念马克思诞辰200周年大会上的讲话》中强调,马克思给我们留下的最有价值、最具影响力的精神财富,就是以他名字命名的科学理论——马克思主义。这一理论犹如壮丽的日出,照亮了人类探索历史规律和寻求自身解放的道路。马克思主义思想理论博大精深、常学常新。新时代,中国共产党人仍然要学习马克思,学习和实践马克思主义,不断从中汲取科学智慧和理论力量,在统筹推进"五位一体"总体布局、协调推进"四个全面"战略布局中,更有定力、更有自信、更有智慧地坚持和发展新时代中国特色社会主义,确保中华民族伟大复兴的巨轮始终沿着正确航向破浪前行。我们要立足中国,面向现代化、面向世界、面向未来,巩固马克思主义在意识形态领域的指导地位,发展社会主义先进文化,加强社会主义精神文明建设,把社会主义核心价值观融入社会发展各方面,推动中华优秀传统文化创造性转化、创新性发展,不断提高人民思想觉悟、道德水平、文明素养,不断铸就中华文化新辉煌。全党同志特别是各级领导干部要更加自觉、更加刻苦地学习马克思列宁主义,学习毛泽东思想、邓小平理论、"三个代表"重要思想、科学发展观,习近平新时代中国特色社会主义思想。要深入学、持久学、刻苦学,带着问题学、联系实际学,更好地把科学思想理论转化为认识世界、改造世界的强大物质力量。共产党人要把读马克思主义经典、悟马克思主义原理当作一种生活习惯、当作一种精神追求,用经典涵养正气、淬炼思想、升华境界、指导实践。我们要继续高扬马克思主义伟大旗帜,让马克思、恩格斯设想的人类社会美好前景不断在中国大地上生动展现出来！①

一　马克思主义道德观的基本内容

（一）马克思主义道德观的含义

马克思主义的道德观是指马克思主义对人的道德品质和行为准则的基本看法。主要包括关于道德的基础、关于集体与个人关系处理、关于对公共权力的道德约束、关于加强纪律性、关于爱情婚姻家庭道德规范等问题的基本观点。它是马克思主义的世界观、人生观和价值观在道德领域的反映与体现。马克思主义的道德观从本质上讲就是无产阶级道德观，正如马克思和恩格斯在《共产党宣言》中所指出的："共产党人不是同其他工人政党相对立的特殊政党。他们没有任何同整个无产阶级的利益不同的利益。""共产党人强调和坚持整个无产阶级的不分民族的共同利益。"② 以集体主义为核心的无产阶级道德根源于无产阶级的阶级地位和经济条件，反映了无产阶级和劳动人民的根本利益。

（二）马克思主义道德观的基本内容

马克思主义道德观的基本内容包括如下几个方面。

1. 关于道德的基础。马克思主义认为，经济决定道德，经济基础决定上层建筑，道德的存在同样有其经济基础，一定时代的社会经济状况就是道德的经济基础。马克思指出："物质生活的生产方式制约着整个社会生活、政治生活和精神生活的过程，不是人们的意识决定人们的存在，相反，是人们的社会存在决定人们的意识。"③ 他还指出："财产的任何一种社会形式都有各自的'道德'与之相适应"④，"宗教、家庭、国家、法、道德、科学、艺术等，都不过是生产的一些特殊的方

---

① 习近平：《在纪念马克思诞辰 200 周年大会上的讲话》，《人民日报》2018 年 5 月 4 日。
② 中共中央编译局：《共产党宣言》，人民出版社 2006 年 6 月第 1 版，第 36—37 页。
③ 《马克思恩格斯选集》，人民出版社 1972 年版，第 2 卷，第 82 页。
④ 《马克思恩格斯全集》，人民出版社 1963 年版，第 17 卷，第 610 页。

式，并且受生产的一些普遍规律的支配"①。

2. 集体主义原则和个人利益原则。只有在消灭了阶级对立和私有制的社会主义社会，个人与集体在利益关系上产生对抗和分离的根源才会消失，才有可能真正实现两者的根本统一，个人才能获得全面自由发展的手段和条件，这时的集体才会成为真实的集体。其最高形式、最完备形态就是共产主义社会成为"自由人的联合体"。② 在集体主义原则和个人利益原则问题上，马克思主义的基本态度是既尊重个人利益，要调动个人参加社会主义革命和建设的积极性，又强调集体主义，必要时要牺牲个人利益。只有正确处理两者的关系，无产阶级革命和社会主义建设才能不断地从胜利走向胜利。

3. 对公共权力必须进行道德约束。在《法兰西内战》一文中，马克思分析了巴黎公社公共权力的运作情形，指出经过普选产生的公职人员应当为组织在公社里的人民服务，巴黎公社"彻底清除了国家等级制，以随时可以罢免的勤务员来代替骑在人民头上作威作福的老爷们，以真正的责任制来代替虚伪的责任制，因为这些勤务员总是在公众监督之下进行工作的"。③ 恩格斯强调，为了防止国家和国家机关由社会公仆变成社会主人，要把公共权力交给由普选选出的人来行使，选举者有权随时撤换不称职的公共权力行使者。

4. 竞争和加强纪律的道德意义。列宁阐述了在竞赛中加强纪律的道德意义：社会主义纪律是历史发展的结果，也是文明进步的结晶，它比剥削制度的纪律无比进步；社会主义纪律要求劳动者服从劳动过程中领导者的统一意志，这是符合社会主义整体利益的；社会主义纪律建立在对工人农民信任、对人尊重基础之上，并且个人得以充分发挥独立性和创造性。④

5. 关于爱情婚姻家庭道德的基本观点。马克思主义经典作家关于爱情婚姻家庭道德的基本观点包括：第一，爱情的道德基础。恩格斯提

---

① 《马克思恩格斯全集》，人民出版社1974年版，第42卷，第121页。
② 陈建平、刘松梅：《马克思主义经典作家论社会主义集体主义道德》，《沧桑》2008年第2期。
③ 《马克思恩格斯选集》第3卷，人民出版社1995年版，第96页。
④ 周小俊：《马克思、恩格斯、列宁、斯大林社会主义伦理观之比较》，转自"学说连线"，http://www.xslx.com2004-04-21。

出"只有继续保持爱情的婚姻才合乎道德",将爱情归结为"人们彼此间以相互倾慕为基础的关系"①。随着生产资料转归社会所有,"私人的家务变为社会的事业。孩子的抚养和教育成为公共的事情;社会同等地关怀一切儿童,无论是婚生的还是非婚生的",这就消除了在今天"妨碍少女毫无顾虑地委身于所爱的男子的最重要的社会因素——既是道德的也是经济的因素"②。在这种情况下,两性的结合"除了相互的爱慕以外,就再也不会有别的动机了"③;第二,两性平等。现代的专偶制家庭,"必然随着社会的发展而发展,随着社会的变化而变化","它还能够有更进一步的改进,直到达到两性的平等为止"④;第三,婚姻自由。马克思、恩格斯和列宁在论述婚姻自由问题时一致认为,婚姻自由不仅包括结婚的自由,也包括离婚的自由。马克思在其早期著作《论离婚法草案》中,阐明了在一定条件下离婚现象的合理性。列宁指出,马克思主义者懂得,"离婚自由愈充分,妇女就愈明白,使他们做'家庭奴隶'的根源是资本主义"⑤;第四,批判了资产阶级婚姻家庭道德的虚伪性。在《共产党宣言》中,马克思、恩格斯更为明确地指出:"资产阶级撕下了罩在家庭关系上的温情脉脉的面纱,把这种关系变成了纯粹的金钱关系。"⑥

二 马克思主义道德观的基本特点

马克思主义道德观具有如下基本特点。

第一,马克思主义道德观的阶级性。人类社会的发展可以分为原始社会、奴隶社会、封建社会、资本主义社会、社会主义社会和共产主义社会等几个阶段,人类社会在阶级社会运行的历史是漫长的,也就逐步地形成了不同阶级的道德,包括奴隶阶级道德、奴隶主阶级道德、农民阶级道德、地主阶级道德、无产阶级道德、资产阶级道德等。不同的阶

---

① 《马克思恩格斯选集》第4卷,人民出版社1995年版,第234页。
② 同上书,第74页。
③ 同上书,第80页。
④ 《马克思恩格斯全集》第45卷,人民出版社1985年版,第374—375页。
⑤ 《列宁全集》第28卷,人民出版社1990年版,第167页。
⑥ 《马克思恩格斯选集》第1卷,人民出版社1972年版,第254页。

级都有自己不同的道德观,因此,道德的阶级性是不言而喻的。马克思主义道德观是站在无产阶级的立场,为维护无产阶级利益服务的。

第二,马克思主义道德观的实践性。马克思主义植根并服务于实践,唤醒无产阶级的革命热情与自觉是其终生使命。马克思主义有着鲜明的实践性特点,其理论的目的不在于"解释世界,而问题在于改变世界"①。在马克思主义哲学的历史唯物主义著作中,道德总是与社会经济、政治制度直接相关,它为一定的阶级、集团的根本利益做伦理辩护。如果离开一定的社会经济、政治制度和一定的阶级、集团的根本利益来谈道德,道德便会流于空谈。也就是说,我们认识和研究道德意识形态,必须"始终站在现实历史的基础上,不是从观念出发来解释实践,而是从物质实践出发来解释观念的形成"②。马克思主义道德观服务于无产阶级革命实践,对无产阶级起着唤醒、引导、组织和规范的作用。

第三,马克思主义道德观的批判性。从批判意义上理解,马克思对资本主义社会的道德批判,是为了暴露资本主义所宣扬道德的伪善性。资本主义的产生,是与人道主义、伦理道德价值观的张扬联系在一起的。但随着私有制矛盾的积累和展开,其早期所确认的道德原则日益笼罩上一层虚伪的面纱,所谓人的尊严、人的价值成为愚弄人民的一种"甜蜜"的欺骗。因此,揭露这种虚伪性道德就构成马克思早期理论活动的一个重点。针对此问题,马克思在《手稿》中通过对劳动异化的批判,揭示出资本主义的生产方式的反道德意义:"生产不仅把人当作商品,当作商品人,当作具有商品的规定的人生产出来;它依照这个规定把人当作精神上和肉体上非人化的存在物生产出来",由此,人群在资本主义社会就形成了分裂,即"工人和资本家的不道德、退化、愚钝"③。

第四,马克思主义道德观强调历史唯物论的基本原则。唯物史观是马克思一生中两大科学发现之一,它第一次将唯物主义的基本原则贯彻到了社会历史领域,将唯心主义从最后的避难所驱逐了出去,是人类思

---

① 《马克思恩格斯全集》第3卷,人民出版社1960年版,第6页。
② 《马克思恩格斯选集》第1卷,人民出版社1995年版,第92页。
③ 《马克思恩格斯全集》第42卷,人民出版社1979年版,第105页。

想发展史上的伟大革命。以唯物史观为基础思考道德问题，让人豁然开朗。

第五，马克思主义道德观强调人的全面发展。马克思、恩格斯在《共产党宣言》中指出："代替那存在着阶级和阶级斗争的资产阶级旧社会的，将是这样的一个联合体，在那里，每个人的自由发展是一切人的自由发展的条件。"① 这句话提出了共产主义革命最终要达到的目标，也就是说共产主义的终极目标是人的自由发展。

第六，马克思主义道德观具有与时俱进的品格。每当时代发生变化，马克思主义基本原理中那些反映特定时代的结论也应当随之而改变。每当将马克思主义基本原理应用于不同民族、国家时，都必须根据具体情况把马克思主义的某些具体理论和实践策略加以适当地改变。而当马克思主义某个原理所反映的客观条件发生变化时，也必须用反映新的条件的新结论来取代反映以前条件的过时的结论。在实际运用中如果不能正视由于客观条件的改变而必然发生的变化，就谈不上对马克思主义的丰富和发展。马克思主义道德观是马克思主义的重要组成部分，同样具有与时俱进的理论品质。随着经济的发展、社会的进步，马克思主义道德观的内涵也在不断丰富和发展。

三 习近平对马克思主义道德观的发展

习近平新时代中国特色社会主义思想即习近平思想非常丰富，他对马克思主义道德观的发展，体现在很多方面。

1. 关于依法治国和以德治国相结合。习近平总书记在十九大报告中有四个段落涉及"道德"和"职业道德"建设的内容凸显了对"道德"和"职业道德"建设的重视。② 概括起来，主要包括如下内容：强调坚持依法治国和以德治国相结合，依法治国和依规治党有机统一，深化司法体制改革，提高全民族法治素养和道德素质。要求全体人民在理想信念、价值理念、道德观念上紧紧团结在一起。深入挖掘中华优秀传

---

① 《马克思恩格斯选集》第 1 卷，人民出版社 1972 年版，第 273 页。
② 习近平：《决胜全面建成小康社会 夺取新时代中国特色社会主义伟大胜利——在中国共产党第十九次全国代表大会上的报告》，《人民日报》2017 年 10 月 28 日。

统文化蕴含的思想观念、人文精神、道德规范，结合时代要求继承创新，让中华文化展现出永久魅力和时代风采。加强思想道德建设，深入实施公民道德建设工程，推进社会公德、职业道德、家庭美德、个人品德建设。关于法治和德治的结合。习近平总书记2018年3月10日上午参加十三届全国人大一次会议重庆代表团审议时的重要讲话指出，要既讲法治又讲德治，重视发挥道德教化作用，把法律和道德的力量、法治和德治的功能紧密结合起来，把自律和他律紧密结合起来，引导全社会积极培育和践行社会主义核法治和德治心价值观。①

2. 关于社会主义核心价值观。社会主义核心价值观包括：富强、民主、文明、和谐，倡导自由、平等、公正、法治，倡导爱国、敬业、诚信、友善。富强、民主、文明、和谐是国家层面的价值目标，自由、平等、公正、法治是社会层面的价值取向，爱国、敬业、诚信、友善是公民个人层面的价值准则，这24个字是社会主义核心价值观的基本内容。习近平总书记在十三届全国人民代表大会第一次会议人民大会堂闭幕发表重要讲话时强调，我们要以更大的力度、更实的措施加快建设社会主义文化强国，培育和践行社会主义核心价值观，推动中华优秀传统文化创造性转化、创新性发展，让中华文明的影响力、凝聚力、感召力更加充分地展示出来。② 中办、国办2016年12月印发《关于进一步把社会主义核心价值观融入法治建设的指导意见》，2018年5月，中共中央印发了《社会主义核心价值观融入法治建设立法修法规划》。法安天下，德润人心。中国特色社会主义法治道路最鲜明的特点就是坚持依法治国和以德治国相结合，坚持法治和德治两手抓、两手都要硬。这既是对治国理政规律的深刻把握，也是历史经验的深刻总结。社会主义核心价值观是全国各族人民在价值观念上的"最大公约数"，是社会主义法治建设的灵魂。法律法规体现鲜明的价值导向，直接影响人们对社会主义核心价值观的认知认同和自觉践行。把社会主义核心价值观要求融入法律规范、贯穿法治实践，法律才能契合全体人民道德意愿、符合社会

---

① 《习近平参加十三届全国人大一次会议重庆代表团审议时的重要讲话》，《人民日报》2018年3月12日。

② 习近平：《在十三届全国人大一次会议闭幕会上的讲话》，《人民日报》2018年3月21日。

公序良俗,才能真正为人们所信仰、所遵守,实现良法善治。党的十八大以来,在以习近平同志为核心的党中央坚强领导下,我国立法机关高度重视在立法中体现与社会主义社会相适应的道德观念和价值取向,推动社会主义核心价值观入法入规,为改革发展稳定提供了坚实制度保障。同时也要看到,同全面依法治国、推进国家治理体系和治理能力现代化的需要相比,把社会主义核心价值观融入法治建设还存在不小差距:一些领域存在立法空白,一些立法相对滞后,等等。研究和解决这些问题,十分必要而紧迫。制定《社会主义核心价值观融入法治建设立法修法规划》,对今后一个时期社会主义核心价值观入法入规工作进行安排部署,既是深入贯彻党的十九大精神,贯彻落实习近平总书记关于社会主义核心价值观融入法治建设重要指示精神的具体举措,也是切实发挥法治的引领、规范和保障作用,推动社会主义核心价值观更加深入人心的必然要求,必将产生广泛而深远的影响。

3. 关于道德的支撑作用。习近平总书记2013年9月26日下午在北京会见第四届全国道德模范及提名奖获得者,强调道德模范是社会道德建设的重要旗帜,要深入开展学习宣传道德模范活动,弘扬真善美,传播正能量,激励人民群众崇德向善、见贤思齐,鼓励全社会积善成德、明德惟馨,为实现中华民族伟大复兴的中国梦凝聚起强大的精神力量和有力的道德支撑。[①] 习近平指出,精神的力量是无穷的,道德的力量也是无穷的。中华文明源远流长,蕴育了中华民族的宝贵精神品格,培育了中国人民的崇高价值追求。自强不息、厚德载物的思想,支撑着中华民族生生不息、薪火相传,今天依然是我们推进改革开放和社会主义现代化建设的强大精神力量。

4. 关于道德修养的内容。2014年5月习近平与北京大学师生座谈时强调,一个人只有明大德、守公德、严私德,其才方能用得其所。修德,既要立意高远,又要立足平实。踏踏实实修好公德、私德,学会劳动、学会勤俭、学会感恩、学会助人、学会谦让、学会宽容、学会自省、学会自律。[②]

---

① 习近平:《在北京会见第四届全国道德模范时的讲话》,《人民日报》2013年9月27日。

② 习近平:《在北京大学师生座谈会上的讲话》,《人民日报》2014年5月6日。

5. 关于立德树人，德法兼修。习近平总书记早就指出，"全面推进依法治国，建设一支德才兼备的高素质法治队伍至关重要"。总书记还提出了"职业道德""职业良知"约束机制，要求法治队伍要有职业道德，政法机关要有职业良知，广大政法干警要自觉用职业道德约束自己，这是政法干部的"必修课"。2017年5月3日，习近平总书记在中国政法大学考察时强调，立德树人德法兼修抓好法治人才培养，励志勤学刻苦磨炼，促进青年成长进步。特别强调法治人才的法律职业道德素养，概括起来包含四层含义：一是把法律职业道德素养纳入法治人才培养的目标，要求立德树人，德法兼修，抓好法治人才培养，促进青年成长进步，德智体美全面发展，培养大批高素质法治人才，建设一支高素质的法治工作队伍。二是强调"不忘初心跟党走"，焦裕禄同志的事迹归结到一点，就是坚定跟党走，他一生都在为党分忧、为党添彩。焦裕禄精神跨越时空，永远不会过时，我们要结合时代特点不断发扬光大。三是强调中国特色社会主义法治道路的一个鲜明特点就是坚持依法治国和以德治国相结合，强调法治和德治两手抓、两手都要硬。四是明确法律职业道德体现在理想信念、精神状态、综合素质等方面。[①]

6. 关于道德底线。[②] 习近平指出，中国共产党代表着中国先进生产力的发展要求、中国先进文化的前进方向、中国最广大人民的根本利益。对党员和党的干部来说，不仅有明确的法律底线、纪律底线和政策底线，而且还有人民群众心中的道德底线也必须坚守。

四　马克思主义道德观对仲裁员职业道德建设的指导

马克思主义道德观对仲裁员职业道德建设的指导，其基本含义就是要坚持用马克思主义的立场、观点和方法来指导仲裁员职业道德建设。

习近平新时代中国特色社会主义思想是对马克思列宁主义、毛泽东思想、邓小平理论、"三个代表"重要思想、科学发展观的继承和发展，是马克思主义中国化最新成果，是党和人民实践经验和集体智慧的

---

① 习近平：《在中国政法大学考察的讲话》，《人民日报》2017年5月4日。
② 习近平：《为党员干部做人做事划出的四条底线》，《学习中国》2016年4月10日。

结晶，是中国特色社会主义理论体系的重要组成部分，是全党全国人民为实现中华民族伟大复兴而奋斗的行动指南，必须长期坚持并不断发展。在习近平新时代中国特色社会主义思想指导下，中国共产党领导全国各族人民，统揽伟大斗争、伟大工程、伟大事业、伟大梦想，推动中国特色社会主义进入了新时代。

习近平对马克思主义道德观的发展形成了习近平道德思想。习近平道德思想是马克思主义道德观的重要组成部分，是马克思主义道德观在中国特色社会主义进入新时代的崭新发展。马克思主义道德观对仲裁员职业道德建设的指导，在中国特色社会主义的新时代，就是要坚持习近平道德思想的指导。

（一）马克思主义道德观对仲裁员职业道德建设的立场指导

关于马克思主义道德观对仲裁员职业道德建设的立场指导。马克思主义的立场就是无产阶级的立场，马克思主义道德观就是无产阶级道德观。无产阶级道德的产生和发展经历了一个历史的过程，在每个阶段都具有不同的表现形式、特点和具体的发展规律。[①] 第一阶段，无产阶级为夺取政权而斗争的时期，是无产阶级道德产生和形成的阶段。在资本主义社会中，资产阶级利用它所占有的生产资料，雇佣并剥削一无所有、靠出卖劳动力为生的无产阶级。无产阶级在资本主义大工业生产中担负着全部繁重而紧张的劳动，遭受着资产阶级残酷的压迫和剥削，因此迫使无产阶级不断地掀起反对资产阶级的斗争。无产阶级的经济条件和社会地位，一方面使无产阶级从无产阶级和资产阶级根本利益的对立中，逐渐地产生了仇恨资产阶级和资本主义制度的思想感情和道德观念，同时在反对资产阶级的压迫与剥削的斗争中，也逐渐地培养起反抗性、战斗性、坚韧性等品格；另一方面，又从本阶级根本利益的一致中，在共同生产劳动的实践中，逐渐地形成了同情心，形成了大公无私、团结友爱、互相帮助、组织性纪律性等优良道德品质。可见，无产阶级道德是在无产阶级生活的社会历史条件的基础上，在斗争的实践中产生出来的。第二阶段，无产阶级夺取政权之后，是无产阶级道德的发

---

① 李春秋主编：《新编伦理学教程》，高等教育出版社2002年版，第77—78页。

展和完善阶段，即社会主义时期的道德。在社会主义条件下，无产阶级道德是无产阶级和广大劳动人民进行社会主义革命和社会主义建设的锐利思想武器。这个时期，无产阶级的道德已经是社会主义整体利益的反映，它要求全体劳动人民应该遵守集体主义的道德原则和为人民服务的思想品质，遵守爱祖国、爱人民、爱劳动、爱科学、爱社会主义等道德规范。在社会主义时期，无产阶级道德在全社会占统治地位，是全社会统一的道德。第三阶段，共产主义社会使无产阶级的道德达到高度完善和普及阶段，即共产主义道德阶段。随着社会生产力的高度发展，公有制经济的高度完善，阶级差别、城乡差别、脑力劳动与体力劳动差别的痕迹完全消失，无产阶级道德便发展到共产主义道德阶段。那时，无产阶级已经完成自己的历史使命，无产阶级道德不是一个阶级或者先进分子的道德，它不仅是全社会统一的道德，而且会成为全人类的共同道德，直接代表全人类的共同利益，成为全人类社会生活的道德体系，成为调节整个社会关系最权威的手段，在这个阶段，共产主义道德体系不仅高度完善、高度普及，而且使人类的道德生活进入最理想、最美好的境界。由此可见，无产阶级道德是随着社会的发展不断上升的，在我国现阶段，无产阶级道德就是无产阶级和广大劳动人民的道德，仲裁员职业道德的核心要求就是仲裁公正。

（二）马克思主义道德观对仲裁员职业道德建设的观点指导

2018年5月4日，习近平总书记《在纪念马克思诞辰200周年大会上的讲话》中强调，马克思主义是实践的理论，指引着人民改造世界的行动。马克思说，"全部社会生活在本质上是实践的"，"哲学家们只是用不同的方式解释世界，问题在于改变世界"。实践的观点、生活的观点是马克思主义认识论的基本观点，实践性是马克思主义理论区别于其他理论的显著特征。马克思主义不是书斋里的学问，而是为了改变人民历史命运而创立的，是在人民求解放的实践中形成的，也是在人民求解放的实践中丰富和发展的，为人民认识世界、改造世界提供了强大精神力量。马克思主义是不断发展的开放的理论，始终站在时代前沿。马克思一再告诫人们，马克思主义理论不是教条，而是行动指南，必须随着实践的变化而发展。一部马克思主义发展史就是马克思、恩格斯以及他们的后继者们不断根据时代、实践、认识发展而发展的历史，是不断吸收人类历史上一切优秀思想文化成果丰富自己的历史。因此，马克思主义能够永葆其美妙之青春，不断探索时代发展提出的新课题、回应人类社会面临的新挑战。①

关于马克思主义道德观对仲裁员职业道德建设的观点指导。马克思主义道德观关于道德的基础、关于集体与个人关系处理、关于对公共权力的道德约束、关于加强纪律性、关于爱情婚姻家庭道德规范等问题的基本观点，可以称之为基本原理。习近平关于依法治国和以德治国相结合、关于社会主义核心价值观、关于道德的支撑作用、关于道德修养的内容、关于立德树人德法兼修、关于道德底线等重要论述，在中国特色社会主义的新时代，就是要坚持习近平道德思想的指导。在仲裁员职业道德建设中，应当加以应用，把它落实到仲裁员日常行为和仲裁行为中。

（三）马克思主义道德观对仲裁员职业道德建设的方法指导

关于马克思主义道德观对仲裁员职业道德建设的方法指导，可以从两个层面理解，第一个层面是方法论的层面，所谓方法论，是关于认识世界和改造世界的方法的理论。"马克思的整个世界观不是教义，而是方法。"② 方法论意义上的马克思主义理论包括：辩证唯物主义、唯物辩证法、实践论、认识论以及人的全面发展的理论。

马克思主义辩证唯物主义关于世界的物质统一性原理主张：世界是统一于物质的，客观事物是多种多样的，又是不断运动发展的，事物的运动发展是有规律的，因此，我们做事情、想问题要坚持一切从实际出发、实事求是的思想路线，要具体问题具体分析，尊重科学，按规律办事；马克思主义唯物辩证法要求我们要用联系的、发展的和全面的观点看问题，尊重量变质变、肯定否定、对立统一规律；马克思主义实践论认为，实践是人能动地改造物质世界的对象性活动；马克思主义认识论认为，认识的基础是实践，认识是主体在实践基础上对客体的能动反

---

① 习近平：《在纪念马克思诞辰200周年大会上的讲话》，《人民日报》2018年5月4日。
② 《马克思恩格斯全集》第39卷，人民出版社1974年版，第406页。

映。实践对认识有决定作用，同时认识对实践也有导向作用。真理是客观性、绝对性和相对性的统一。实践是检验真理的唯一标准；马克思主义人的全面发展理论认为，人的本质在其现实性上是社会关系的总和。人的价值包括个人价值和社会价值两个方面，具体表现为社会对个人的满足与个人对社会的贡献两个方面，在这两个方面的关系问题上，应将后者放在首位，因为个人的贡献是实现社会进步的源泉，也是实现个人价值的基础。人的发展是通过社会实践在社会关系中实现的，人的发展的程度是社会进步最重要的标志。共产主义社会是实现人对自由而全面发展的社会形态。走向实现人的全面发展的社会形态，既是人类所向往的伟大历史目标，又是一个漫长而艰巨的历史过程。社会主义制度的建立是这一历史过程的重大转折点。建设中国特色的社会主义是朝着这一伟大历史目标的进军。我们要树立共产主义理想，积极投身于建设中国特色社会主义的事业。这些基本原理和方法论对仲裁员职业道德建设具有明显的指导意义。

第二个层面是具体方法层面的指导，马克思主义辩证思维的方法包括归纳和演绎、分析和综合、从抽象上升到具体、逻辑和历史的统一。坚持辩证思维方法的重要意义在于，从认识论来看，它是由感性认识上升到理性认识的正确思维方法，对感性材料进行思维和加工时，只有运用归纳和演绎、分析和综合、从抽象上升到具体等辩证思维方法，才有可能得出正确的结论。同时，坚持辩证思维方法对于建立科学体系、指导社会实践也有重要意义。这些具体方法对仲裁员职业道德建设研究同样是十分有效的研究方法。

第三章

仲裁员职业道德的国际考察

一 大陆法系国家和地区的仲裁员职业道德

(一) 大陆法系国家和地区仲裁员制度及其职业道德规定

1. 德国的仲裁员制度

《德国仲裁法》第一千零三十五条规定,在指定仲裁员的时候,应适当考虑当事人的协议对仲裁员的资格要求,以及其他确保指定独立公正的仲裁员的因素。《德国仲裁委员会仲裁规则》第八条关于仲裁员的回避:可以在下列情况下申请仲裁员的回避:①如果某一国家法官将被禁止行使司法职务。②由于担心仲裁员偏袒,或由于仲裁员在履行其职务时有不正当的延误。

2. 日本的仲裁员制度

《日本商事仲裁协会规则》第二十八条规定:(1) 仲裁员必须公正且中立。(2) 收到就任仲裁员之请求而有意进行该商洽的人,应向请求人公开一切有可能导致对自己的公正性或者中立性产生疑问的全部事实。(3) 被选任为仲裁员的人,应及时向协会公开一切有可能导致对自己的公正性或者中立性产生疑问的全部事实,或提交表明无此类事实的文书。协会应及时向当事人送交其副本。(4) 仲裁员在仲裁程序过程中,应以书面形式向当事人和协会公开有可能导致对自己的公正性或者中立性产生疑问的全部事实(已经公开的除外)。日本跟德国非常相似,即对仲裁员的职业道德无具体的条文式规定,只要求仲裁员品行端正、公正、中立、无私。

3. 《中华人民共和国仲裁法》关于仲裁员职业道德的要求

《中华人民共和国仲裁法》第十三条规定:仲裁委员会应当从公道

正派的人员中聘任仲裁员。基本内容包括：①廉洁自律、勤勉敬业；②公正、独立；③守时、诚信，仲裁员应该守时，讲求工作效率，在保证案件质量的情况下尽快结案；④信誉，是仲裁员的生存之本；⑤言语仪表要适当；⑥保密；⑦感恩；⑧推广业务方式正当。

（二）大陆法系国家和地区仲裁员职业道德的实现

大陆法系国家关于仲裁员职业道德的规定，都是对仲裁员的职业道德层面的要求和约束，旨在保证仲裁员的基本道德操守，同时对不合适的仲裁员据此予以处理。虽然各国具体情况不尽相同，但是对仲裁员如何履行职业道德仍有一些共同的要求：1. 始终重视仲裁员的名誉；2. 仲裁员要严格遵守职业道德，仲裁员要能战胜诱惑，敢于并善于拒绝。从更高的层次上说，廉洁自律反映了一个人的耻辱感和尊严意识，要有尊严感，自尊自爱，不管监督是否到位，都严格自律。仲裁员履行仲裁职责期间必须坚持独立、公平、公正；3. 仲裁员要坚持学习。

如何培养与提高仲裁员的职业道德水平？应该从以下三个方面做出努力。第一，要注重强化现代仲裁意识，避免"传统诉讼式"办案，发挥仲裁的许多不同于诉讼的优点；第二，重视首席仲裁员职业道德培养；第三，加强仲裁机构对仲裁员职业道德的教育、管理以及司法监督。

二 英美法系国家的仲裁员职业道德

研究英美国家的仲裁员职业道德，对于完善我国的仲裁制度，建立一支高素质的仲裁员队伍，核心是培育仲裁员职业道德都是有益的启示。

黄进教授认为，仲裁是指纠纷当事人在自愿基础上达成协议，将纠纷提交非司法机构的第三者审理，第三者就纠纷居中评判是非，并做出对争议各方均有拘束力的裁决的一种解决纠纷的制度、方式或方法。[①] 由此可见，仲裁具有如下特征：第一，仲裁的前提是纠纷当事人在自愿

---

① 黄进等：《仲裁法学》，中国政法大学出版社 2008 年版，第 1—2 页。

的基础上所做的意思表示；第二，纠纷的双方当事人必须达成关于仲裁的协议；第三，作为裁断的第三方机构需得是非司法机构；第四，作为纠纷解决的第三方机构需得保持中立地位，不偏不倚。

仲裁制度早期在英国发展最为迅速。英国作为最早的海洋扩张国家，海洋经济发展迅速，随着商品经济的发展，商人对纠纷解决方式的要求是效率高、程序简单、费用低廉。仲裁无疑是最受商人们欢迎的纠纷解决机制之一。作为国际商事仲裁中心之一，英国在1347年的一部年鉴中就有关于仲裁的记载，但是英国的仲裁制度直到1697年才被国会所承认。[①] 1889年，英国就颁布了第一部仲裁法，之后又于1950年、1975年、1979年相继颁布了仲裁法，新仲裁法在1996年4月经上议院通过，并于同年7月获英王批准。纵观英国仲裁的发展进程，对我国仲裁制度有着很好的借鉴意义。

（一）英国的仲裁员职业道德

英国对仲裁员的选任可以说没有什么正规要求，即任何人可以被任命为仲裁员。非英国公民或在英国没有住所的人也可以担任仲裁员。但在实践中，只有那些具备普通法和仲裁协议要求的人才可以被任命为仲裁员。那么，仲裁员应当具备那些职业道德呢？

1. 公正。仲裁员的职责是居中处理当事人的纠纷，不能偏心于任何一方当事人，公正是其职业与生俱来的本质属性。英国1996年《仲裁法》第三十三条规定，仲裁庭应：（1）公平公正地对待双方当事人，给予他们合理的机会陈述案情和评论对方意见；（2）对特定的案件采用适当的程序，避免不必要的迟延和花费，以便对提交决定的争议事项提供一个公平的解决办法。该条与英国《示范法》第十八条的规定相一致，该法第十八条规定："应当对当事各方平等对待，应给予当事每一方充分的机会陈述其案情。"仲裁员作为仲裁庭的组成成员，有义务贯彻这一公平公正的原则，给予所有当事人平等的陈述的权利，不偏不倚，不能与裁决结果有任何法律上或金钱利益关系。公正对仲裁具有十分重要的意义，例如在"Catalina v Norma"案中，由于仲裁员在开庭时

[①] 中国社会科学院法学研究所民法研究室编：《外国仲裁法》，中国社会科学出版社1982年版，第233—234页。

表示"我最相信挪威人,最不相信希腊人",他被控有偏袒可能或迹象表明有"不良行为"而被撤职。① 对一个三人仲裁庭而言,如果各方当事人都指定一名仲裁员,而首席仲裁员由一名中立人士担任,那么,仲裁员就不得偏向于指定他的那一方当事人。而且,仲裁员应确保仲裁庭充分地考虑任命他的那方当事人所提出的有利于该方当事人的证据和论点,且仲裁员的这种做法是完全合法的。②

2. 程序正义。仲裁员应当具有程序意识,如《伦敦仲裁协会规则》第五条第五款规定:"本协会的会员不论以个人身份或者以代理人身份或者以经纪人身份,如果同仲裁案内任何争执有利害关系,不可以在仲裁案内担任仲裁员或者仲裁长。"③ 该条规定了关于仲裁员的回避,涉及仲裁的程序正义,凡案件涉及本人的就应该回避。仲裁员遵守程序公正对于维护仲裁庭形象和权威具有十分重要的意义。

3. 效率。英国仲裁法经过几百年的发展,更加注重协调公正与效率的关系。新仲裁法也更加强调了效率层面,"在没有不必要的拖延和花费的情况下,使争议获得公平解决","合理迅捷地进行仲裁程序或做出裁决"。1996年仲裁法在其他条款中做了一些相应的规定,以防止"过分迟延"及"不必要的花费"。

4. 提升专业素养。被任命的仲裁员必须具备法律所要求的行使仲裁员职责的行为能力或者具备仲裁协议所要求的资格,仲裁具有很强的专业性,仲裁员实际履行的是专家职责。在仲裁中,纠纷由当事人约定的仲裁员裁决。在品质仲裁中(事实纠纷),仲裁员通常是对争议的货物、材料或者惯例具有专门知识的人,他依据向其提供的证据和自己的知识裁决。仲裁对仲裁员提出了很高的专业要求,这要求仲裁员需要不断提升自己的专业素养。许多国家都禁止法官作为仲裁员审理争议,英国则是认可法官作为仲裁员的国家之一。某些处理法律争端的仲裁,例如单据的解释和合同的解释,法官仲裁员的专业则可以充分发挥。

5. 提升身体素质。任何自然人都可以依法被任命为仲裁员,并制

---

① 杨良宜:《杨良宜论文集》,大连海事大学出版社1995年版,第585页。
② Roy Goode, Commercial Law (second edition), p.1188.
③ 中国国际贸易促进委员会编:《对外贸易仲裁手册》,法律出版社2007年版,第215页。

作有约束力的裁决，这是与我国仲裁法选任资格相区别的。尽管特别年轻或者年老，有精神上或者身体上的疾病，并不能剥夺仲裁员行使其职权的权力或导致其裁决无效。① 但是由于仲裁是讲求效率与成本的一种纠纷解决模式，要以尽可能较快的时间，较低的人力、物力成本实现最大程度的公正，如果仲裁员身体状况不佳势必会耽搁仲裁进程。

（二）美国的仲裁员职业道德

相比较于英国仲裁法，美国仲裁法对仲裁员的职业道德要求似乎显得更加随意。美国《仲裁法》规定：以下列三点理由提起的以仲裁员为被告的诉讼中，该理由都得不到支持：（1）仲裁员没有得到授权或其行为超越权限；（2）仲裁员有偏见；（3）仲裁员犯有程序上的错误。最初由美国仲裁协会和美国律师协会制定于1997年的《商事争议中仲裁员的行为道德规范》，于2003年3月1日做出了最新修订，这是世界上首部关于仲裁员的行为规范，该规范的目的是为了维护高水平的仲裁和人们对其经久不衰的信赖，同时也为商事争议中的仲裁员和当事人制定普遍接受的道德行为指南。

三 国际仲裁机构仲裁员的职业道德

国际仲裁机构的仲裁员具备良好的职业道德对于正确处理当事人提出的仲裁申请具有十分重要的意义。

国际仲裁机构的职能。国际仲裁机构是指依国际条约或国际组织决议设立的，依附于特定国际组织而不隶属于任何国家的仲裁机构。常设仲裁机构本身不负责办理具体某一类仲裁案件，其主要职能是对提交其仲裁的案件实施行政管理，保障所适用的仲裁规则的实施，各个常设机构的具体职责各不相同，但一般都具有以下几个方面的职能：1. 接受当事人提出的仲裁申请，对仲裁管辖问题进行初步审理；2. 协助仲裁庭的组成工作；3. 撤销对仲裁员的指定和指定替代仲裁员。

国际仲裁机构仲裁员的职业道德要求。对于仲裁员职业道德的规定

---

① 罗楚湘：《英国仲裁法研究》，武汉大学出版社2012年版，第96页。

确实很少，只是散见于一些仲裁机构的仲裁规则中，从一些国家的国内法律和法院裁决里也能得到一些线索。美国仲裁协会（AAA）和美国律师协会（ABA）共同颁布的《商事争议中仲裁员的行为道德规范》以及国际律师协会（IBA）的《国际仲裁员行为准则》对仲裁员职业道德的规定相对全面。

1. 仲裁员应维护仲裁程序的廉洁和公平。这也是仲裁员独立性的要求。要求仲裁员以公平之心介入仲裁并维护仲裁程序的廉洁和公平，应当是作为一名仲裁员最基本、最务实的标准之一，也是其应当遵循的最基本的职业道德之一。概括说来，这一规定要求仲裁员不应自己谋求指定，如果没有足够的时间、精力和能力，不应该接受指定或任命；一经担任仲裁员，便应避免与当事人建立金钱、商业、职业、家庭或社会关系，或谋求金钱或私利，也不得接受当事人的礼物和实质性款待；仲裁员不应超越也不应缩小当事人的协议授权，并应按仲裁规则的要求进行仲裁程序。IBA 准则还要求，接受仲裁指定还应通晓仲裁语言，否则不宜接受。

2. 披露可能影响公正或可能造成不公平或偏袒印象的任何利害关系或亲属关系。不管是美国仲裁协会的《道德规范》还是国际商会的仲裁规则，都认为应该并且要最大限度地披露仲裁员与当事人之间被看作是潜在利益冲突的情况，若披露的情况并不会引起当事人的异议或反对，则可不做该披露。但是凡可能引起当事人怀疑的情况，仲裁员应尽量披露，以避免不必要的麻烦。① 美国加利福尼亚州在监督仲裁员披露上一直持严格标准。在程序中，法院有时会强制要求将仲裁员披露限制在合理范围内，并限制公开仲裁员的一些情况。在某案例中，三人组成的仲裁庭做出的仲裁裁决对其中一方当事人有利，而败诉方后来得知仲裁庭的一名仲裁员以前是对方当事人代理人的合伙人，该仲裁员与胜诉方的利益有关。于是，该案件在随后两年的诉讼中，该仲裁员的职业关系受到了广泛的调查。实际上，仲裁员从未见过争议的一方当事人，从没有为他做任何工作，也不知道其当事人曾是他以前公司的客户，况且他已离开了原公司，不再与原公司有利益关系。然而，初审法院认为未

---

① 石现名：《论商事仲裁的性质与仲裁员的权利义务》，《政法丛论》2010 年第 5 期。

披露仲裁员应发现的情况是错误的，该裁决应被撤销。但是，加利福尼亚上诉法院撤销了下级法院的判决。在适用披露的规定时，不妨回顾美国联邦最高法院对一个案件的判决（该判决获得参审法官的一致同意），该判决认为：仲裁员"可能在披露程序中失误"，由于"在仲裁之初，披露此类关系为好"，仲裁员"万一在披露程序中失误"，"当事人可以在了解这种关系时自主拒绝或接受仲裁员"。同时，还应明了"仲裁员的商业关系的确可能是多种多样的，和许多人有不同程度的商事交往"，因此，"不能要求"仲裁员"向当事人提供完整、全面的从商经历"，也不能要求仲裁员披露那些仅为"琐细"的私利或关系。上述案例的判决虽有争议，在国际商会的研讨会上讨论过，很明显，仲裁员在对其背景的调查与自己情况的披露上享有合理的权利。披露是应受到鼓励的，但本案中出现的情况，实际上损害了仲裁员所享有的重要权利。[①]

3. 不应与当事人私下接触。除非讨论是否愿接受指定问题，仲裁员不得与一方当事人庭外讨论案件。即使讨论的问题不涉及实体问题而纯为程序问题，也应适时通告对方，并给予对方表示意见的机会，之后才最后做出是否接受的决定。IBA 准则还规定，若一仲裁员在仲裁过程中与一方当事人有不正当接触，其他仲裁员有权经协商采取一定行动，如要求其停止该种接触。若仍不停止，可告知一方当事人在极端情况下提出质询，或采取其他措施。

美国仲裁协会、美国律师协会的《商事争议中仲裁员的行为道德规范》（简称为 AAA/ABA《道德规范》）第三条告诫仲裁员"在与当事人的接触中应避免不公平偏袒的印象"。在仲裁庭成立后，这样要求本是无可争议的，但这条规定并没有涉及：（1）当事人在指定仲裁员之前与候选仲裁员之间的联系；（2）当事人在指定仲裁员之后就第三名仲裁员的问题与仲裁员的联系。

国际律师协会的《国际仲裁员行为准则》第五条第一款对此表述更为明确："对于仲裁员的指定事宜，候选仲裁员应作充分的查询，以了解是否存在对自己的公正性和独立性的正当疑虑，自己能否确定有争议

---

① 肖彭燕：《美国劳动争议仲裁组织运行及仲裁员管理研究》，《第一资源》2013 年第 5 期。

的问题，自己是否有仲裁所需的时间和精力。对与其接洽而提出的询问，只要此类询问是为了确定指定他为仲裁员是否合适和是否可行，而不是讨论案件的是非曲直，他亦须做出反应。如果候选独任仲裁员或首席仲裁员遇一方当事人单独前来商谈，或作为当事人单方选定的仲裁员（当事人提名仲裁员），他应查明，另一方或几方当事人或其他仲裁员。"该条第2款进一步规定："若一方当事人提名的仲裁员应要求参与对第三名或首席仲裁员的挑选，他可以向提名其为仲裁员的当事人（虽然并不对他提出要求）了解关于接受该类仲裁员候选人的意见。"

AAA/ABA《道德规范》确实提及了当事人和仲裁员之间的交流，但问题是在当事人指定的仲裁员属"非中立"情况下才允许单方面地交流。该规范认为："非中立"仲裁员在考虑接受第三名仲裁员时可与指定他的当事人联系，同时在"涉及案件的其他任何方面"也可在任一时候与指定他的当事人联系，但应该在第一次听审会或与其他当事人、仲裁员的会见时首先就告诉此事或对此事的计划。从中可推知，在美国的实践中，中立的候选仲裁员或已选定的仲裁员不能与当事人进行联系，即使该仲裁员是由当事人指定的。但美国的实践做法实际与IBA的规定更接近，即候选仲裁员常常会见当事人的代表以了解案件的发展、时间或其他要求，回答那些"为了确定指定他为仲裁员是否合适和是否可行"之类的咨询问题，当要求他们选择第三名仲裁员时，他们也照样这样做。但是，通常他们不与当事人讨论案件的是非曲直。

美国法院对仲裁员与当事人联系的问题上所持观点相当不同并难以预测。在康涅狄格州联邦法院的一个案件中，有位仲裁员约见了当事人的代表，并在一定程度上涉及了该案的实体讨论。法官审阅了有关文件后，取消了该仲裁员的资格。而在这个州的另一个最近案件中，联邦上诉法院却不认为仲裁员与当事人之间的联系是不适当的，该案中，当事人指定的仲裁员与证人见面，与其商讨证词、帮助当事人选择顾问、提出专家证人建议并提出如何完善与专家证词相关的图表等，公开帮助当事人准备案件。但奇怪的是，法院不仅没有反对，倒认为是很平常的。这两种情况都涉及美国的国内仲裁，其中"非中立"仲裁员继续发挥着作用。我们有理由相信美国法院会以更高的中立标准要求在美国进行的国际商事仲裁中的仲裁员。这自然会限制仲裁员与当事人的联系，有些仲裁规则和多数美国的仲裁著作强调，已被指定的仲裁员在国际商事仲裁案件中应该保持中立。

要求仲裁员完全中立是否就应排除仲裁员与当事人间的任何联系呢？在关于可能被指定为中立仲裁员的人和当事人代表间交谈范围的问题上，以上判例仍给我们留下很多令人迷惑的问题。笔者认为，仲裁员与当事人之间适当联系的权利应得以确认，理由是：仲裁员要确认其是否有能力承担该仲裁案件的审理，仲裁员要完全了解并评估其可能要披露和其可能不合适等因素，要选择首席仲裁员，要与指定他的当事人商讨等。

4. 给当事人平等待遇，并勤勉地实施仲裁程序。仲裁员应平等公允而耐心有礼地对待当事人，仲裁员之间应彼此给予充分参与程序的机会，相互礼遇并促使当事人效仿。应给予当事人亲自出庭或委托代理人陈述的充分机会和自由。在案情需要时，积极调查，应尽力防止当事人拖延、纠缠或扰乱。应采用适当方式仲裁，使费用不占当事人争议权益太大的比例。除非保证已给缺席当事人适当通知，不做出缺席裁决。另外，仲裁员应建议但不逼迫当事人和解。①

5. 独立公正、审慎地做出裁决。仲裁员不应慑于外界压力而摇摆不定，影响决断。仲裁员不应把做出裁决的职责托付给他人。AAA/ABA 的《道德规范》第五条规定，"仲裁员应以公正、独立和审慎之方式做出裁决"。当然，"经慎重考虑，仲裁员就提交仲裁的争议问题做出了裁决。仲裁员不应裁决其他问题。仲裁员应独立行使裁决权，公正地决定问题，而不受外界压力影响决断"。但如果仲裁员不以当事人提供的方式解决争议，这是否"公正"呢？

首先假定的情况是仲裁员解决了当事人未提出的问题，这一问题可能被忽略，或者当事人已基于自己的理由不提出，或者假定当事人双方都同意对契约引起的最初问题予以适当解释就能解决，对他们未达成一致意见的事项才提交给仲裁员裁决。仲裁员是否有权以一种全然不同的方式来看待这些问题呢？仲裁员是否可以不顾当事人事先约定来对待当时的问题而对契约予以不同解释呢？对未提交给仲裁员的问题予以裁决

---

① 汪祖兴：《国际商会仲裁研究》，法律出版社 2005 年版，第 205—210 页。

是否恰当？应该承认，仲裁员不可以裁决未提交给仲裁庭的问题，否则就会导致该裁决无效。

从另一方面看，仲裁员当然有权决定当事人究竟提出了哪些问题，即仲裁庭在裁决当事人提交的问题方面享有灵活性。国际商会仲裁院的实践以"审理范围书"的形式来列出仲裁案件中当事人提出的问题，借以保证这一灵活方式的正确实现。在修改1975年仲裁规则时，工作委员会提出一条这样的建议："仲裁庭要裁决的问题应是那些源自当事人提交给仲裁庭要求解决的问题，并应与当事人各自的请求和反请求有关。"

在国际商会举办的一次研讨会上，讨论了一条更为详细的示范条款，包括了仲裁庭在裁决具体问题前的示范序言，目的是确保更大的灵活性："仲裁庭将解决所有的产生于当事人正式提交的请求、反请求中所依据的所有事实与法律问题，但并不限于以下问题以及仲裁庭在自主权范围内认为是对做出裁决有必要的、附加的法律或事实问题。"

这是对仲裁员本身所固有的职业道德的一种承认，以使仲裁庭在合理的独立性基础上考虑和界定必要的问题进而形成公正的裁决。通常，当事人的仲裁协议和仲裁机构的仲裁规则并无这样的语言。仲裁员、仲裁机构和国内法院都是以个案为基础找到自己的方式。明确规定或指明从仲裁员权利的文件里找出一条通往实质正义的最好之路似乎还有些困难，但仲裁员本身的职业道德保证了每一个问题都得以公正、合理地解决。确实应该有一种严格的程序规则，但适用这种规则不能令当事人、当事人的代理人感到意外，无论是在仲裁程序过程中还是在最后裁决阶段。①

6. 仲裁员应忠实于职责的信托关系，应当为当事人保密。仲裁员不应利用在仲裁中了解的情况谋取私利或损害他人。仲裁员应保守仲裁程序和决定的机密。裁决宣布前不应通报讨论情况和案件结果。不应就报酬问题与当事人讨价还价或与当事人单方面接触。IBA准则规定，虽应保密，但若发现其他仲裁员有重大过失或欺诈，认为有责任披露时，可披露该类情况。

---

① 张利兆：《仲裁员职业道德探讨》，载《北京仲裁》第82辑，中国法制出版社2013年版，第45页。

7. 非中立仲裁员的例外。在国际商事仲裁中，有些国家要求仲裁员必须是中立的，不代表任何一方当事人的利益，而另一些国家却允许经当事人约定，仲裁员可为非中立仲裁员，在仲裁过程中可以偏向于指定他的一方当事人，这就导致仲裁员行为准则的具体内容彼此之间存在差异。AAA 或 ABA《道德规范》与 IBA 的行为准则就代表了两个不同的类型，具有典型意义。不过，无论在哪种情形下，仲裁庭作为一个整体都应毫无例外地保持公正独立，虽然有时部分仲裁员可以对等方式各偏向一方。

仲裁程序的公正性，裁决的公平合法性均不得有半点疑问。这是任一仲裁制度存在和得到承认的基础和先决条件。事实上也理应如此，且必须如此。若某一程序模式达不到这一点，则可以说是一个失败的模式，肯定是站不住脚的。非中立仲裁员的出现，必然有一定的渊源，或经当事人约定，或依惯例，但不管怎样，都必须符合准据法的要求，否则裁决将没有执行力。AAA 或 ABA《道德规范》准许当事人指定的仲裁员为非中立仲裁员，与中立仲裁员分别遵循不同的规范。但 IBA 行为准则导言所述，"采取坚决措施，不管采用什么指定方式，所有仲裁员均须遵循同一行为准则"。IBA 仲裁员准则是一个中立仲裁员的行为准则。AAA 或 ABA《道德规范》虽然规定仲裁员可为非中立的，但作为前提条件就是首先要求，"使有关人士从一开始就明白他不是中立的仲裁员"。根据该规范，除非双方当事人均事先知晓所有仲裁员或合同、仲裁规则或管辖法律要求所有仲裁员同为中立的仲裁员，否则，当事人指定的仲裁员为非中立仲裁员。

非中立仲裁员在如下几个方面与中立仲裁员遵守不同的职业道德规范：

（1）在接受指定后或担任仲裁员期间，中立仲裁员不得与当事人建立金钱、商业、职业、家庭或社会联系，或谋求金钱或私利，非中立仲裁员不在此限；

（2）非中立仲裁员也应向当事人和其他仲裁员披露有关关系和私利，以便他们了解现存的或显然会发生的倾向，然而只需披露这种关系和私利的性质和范围，而中立仲裁员的披露却更为详尽；

（3）非中立仲裁员在非指定方当事人单独一方要求其回避时，可不回避，而中立仲裁员则可能不同；

（4）非中立仲裁员可与选定方当事人商讨第三名仲裁员人选，而中立仲裁员不能这样做；

（5）非中立仲裁员在通知其他当事人和仲裁员后便可就任何问题与指定方当事人接触，且只要通知将就某类事项接触的意图，在此后接触便无须逐次披露，而这对中立仲裁员是严格禁止的；

（6）非中立仲裁员在就规范准许事项与指定方当事人书面联络时，无须通告，而对此，中立仲裁员则恰恰相反；

（7）非中立仲裁员可与当事人商定报酬，非中立仲裁员可倾向于做出有利于指定方当事人的裁决，而中立仲裁员一概不得如此行事；

（8）虽然非中立仲裁员可在上述方面不受规范的约束，但除此之外，在其他各方面均须遵守规范的要求，特别是，非中立仲裁员不得介入任一方当事人或证人拖延策略和干扰仲裁的行为，也不应向其他仲裁员做不真实的或使人误入歧途的报告，这是规范明文禁止的。①

---

① 史飚：《商事仲裁监督与制约机制研究》，知识产权出版社 2011 年版，第 113—116 页。

第四章

仲裁员职业道德的国内比较

一 国内主要仲裁委员会仲裁员职业道德要求概况

随着社会经济的快速发展，各种利益关系错综复杂，各种民事纠纷不可避免地就会发生，一些恶性纠纷甚至会引发严重的社会问题。由于人们的权利意识不断增强，越来越多的人在遇到民事纠纷时，会选择各种各样的方式来解决这些纠纷。这些纠纷解决方式主要包括诉讼和非诉讼，诉讼和仲裁是其中最重要的两种纠纷解决方式。仲裁作为诉讼外纠纷解决方式中最重要的一种，与和解和调解相比较，是民事诉讼之外的规范性和程序严格性最为明显、与民事诉讼最为相近、最可能与民事诉讼形成实质性竞争关系的民事纠纷解决机制。与诉讼相比，它具有程序简便、结案较快、费用开支较少、不具备行政特色、能独立公正和迅速解决正义和给予当事人充分的自治权等特点。这些特点也使得仲裁具有不同于诉讼的优势，也正是这些优势使得仲裁在短短二十年左右的时间内得到了快速的发展。据统计，2016 年，我国 251 家仲裁委员会共受理案件 208545 件，比上年增加 71621 件，增长 52%；案件标的总额为 4695 亿元，同比增长 14%。2016 年，受理案件数和标的额均再创新高。[①] 其中：受理案件数增加的有 161 家仲裁委员会，占总数的 64%；案件标的额增加的有 140 家仲裁委员会，占总数的 56%。受理的案件中以调解、和解方式结案的有 121527 件，占案件总数的 58%。自 1995 年仲裁法实施以来，全国仲裁工作连续 20 多年保持受理案件数和标的额增长，年均增长率超过 30%，累计受理民商事纠纷 120 多万件，标的额

---

① 范丽敏：《中国国际商事仲裁年度报告（2016）》发布，《中国贸易报》2017 年 9 月 21 日。

22600多亿元，司法监督纠错率始终低于1%。2016年，受理案件数和标的额再创历史新高。

　　由上可见仲裁为我国社会主义现代化建设做出了较大的贡献。但是从另一个角度看，由于仲裁对于社会纠纷的解决和现代化建设具有重要的意义，我们就更加需要推动仲裁制度不断健康地发展，否则仲裁制度就很有可能因为各种原因朝着错误的方向发展，极大地损害人民利益和社会的健康发展。仲裁员一直都是整个仲裁制度的主导，是仲裁制度的核心和关键所在。仲裁员制度的能否健全完善往往会决定整个仲裁制度能否健康快速发展，因此，仲裁员制度也成为仲裁制度的重要组成部分。我国在1995年颁布的《仲裁法》也对仲裁员的选任、指定、除名以及回避做了详细的规定，但不得不说在仲裁员的职业道德方面，《仲裁法》的规定还是有需要完善之处。之所以在这里突出仲裁员的职业道德，是因为仲裁员的素质决定了仲裁的质量和仲裁机构的声誉，只有努力提高自己解决纠纷的水平才能提高在民众中的认可度，才能得到民众的信任。被指定为审理某一特定案件的仲裁员，能否秉公断案，独立、公正地审理当事人所提交的争议，进而做出公正、合理的裁决，与该仲裁员的个人修养、道德、人品、相关业务、法律和独立解决争议的能力有着直接的关系。[①] 什么是仲裁员的职业道德呢？仲裁员的职业道德就是仲裁员在长期的仲裁实践中养成的职业意识、行为规范以及由这些职业意识、行为规范逐渐衍化的仲裁职业所具有的基本道德规范和伦理要求。我国仲裁员制度对于仲裁员道德操守和行为规范设置不足，过于宽泛。纵观我国的《仲裁法》，并没有对仲裁员职业道德做详细的规范，只有第三十四条关于仲裁员回避的条文，而且这些条文也只是规定关于仲裁员不得私自会见仲裁案件当事人这一情形。这种宽泛的规定给实践中规范仲裁员的仲裁行为带来了许多不便，鉴于这种情况，国内各主要仲裁委员会都在仲裁法的基础上根据自己的实际情况制定了符合本仲裁委员会要求的仲裁员职业道德。这些仲裁委员会关于仲裁员职业道德的规定既有共同之处，也有不同之处，但对这些职业道德的规定进行比较是十分必要的。笔者选择其中几个主要的仲裁委员会规定的仲裁员职业

[①] 赵秀文：《国际商事仲裁及其适用法律研究》，北京大学出版社2002年版，第324页。

道德进行比较，这几个仲裁委员会包括武汉仲裁委员会、北京仲裁委员会、上海仲裁委员会、中国国际经济贸易仲裁委员会。下面，笔者将对这些共同点和不同点进行详细的论述。

二 国内主要仲裁委员会关于仲裁员职业道德要求的共同点

（一）公正

通过对这几个主要仲裁委员会的仲裁员守则进行比较后，很容易发现这几个仲裁委员会都强调了仲裁员必须公正进行仲裁活动。《武汉仲裁委员会仲裁员守则》（以下简称《武仲守则》）和《北京仲裁委员会仲裁员守则》（以下简称《北仲守则》）都在第二条规定仲裁员应当公正、公平、勤勉、高效地为当事人解决争议。《上海仲裁委员会仲裁员守则》（以下简称《上仲守则》）第四条规定仲裁员应当根据案件事实，符合法律规定，遵循公平合理原则，凭借仲裁员的良知和社会责任心公正、及时地仲裁案件，不偏袒任何一方当事人。《中国国际经济贸易仲裁委员会仲裁员守则》（以下简称《中贸守则》）第一条规定："仲裁员应当根据事实，依照法律，参考国际惯例，并遵循公平合理原则独立公正地审理案件。"仲裁员是指在仲裁程序中，对当事人的财产权益纠纷进行审理并做出裁决的人，是仲裁程序的主持者和仲裁案件的裁判者。决定公正必须是仲裁员最重要的职业道德之一，原因如下：第一，虽然仲裁员与法官存在着本质的区别，但他们都扮演着裁判者的角色，属于广义上的裁判者，被赋予了在裁判程序的规制下解决纠纷的任务，仲裁员在仲裁关系中不代表任何一方当事人，应当平等地对待双方当事人。这就要求他要做到公正裁判。第二，当事人之所以在遇到纠纷时愿意选择仲裁解决纠纷，除了保密、效率一些优势外，希望通过仲裁能够公正合理地解决纠纷也是一个十分重要的因素。如果仲裁公正的优势不存在的话，仲裁制度将不可能有任何的发展。总之，公正是仲裁制度的生命线，离开了公正，仲裁制度就像失去了翅膀的小鸟，无法存活，仲裁员也就没有任何存在的价值。① 但是，实践中，并不是所有的仲裁员都有着超然的道德，他们说到底还是有欲望、有着丰富情感的人，他们也会产生对某一方的偏见和偏袒。这大大降低了仲裁员在民众心中的形象，阻碍了仲裁制度的健康发展。那么如何才能解决这个急迫的问题呢？如果完全依靠仲裁员努力提高自己的道德水平以及思想情感不受外界影响的能力看起来似乎不太容易，还需要通过仲裁员的职业道德准则规定来帮助实现仲裁员公正的理想。卢梭曾言，人生而自由，但却无往不在枷锁之中。利益连带关系就是束缚人的枷锁之一。② 各大仲裁委员会也都懂得这一道理，于是他们设计制定各种合适的制度来保证仲裁员不受利益关系枷锁的束缚，以保证仲裁员公正地裁决案件。如何做到公正呢？在研究这几个仲裁委员会的仲裁员守则之后，笔者总结了具体如下几个要求。第一，独立。关于独立这一要求，三大仲裁委员会均有所要求。《武仲守则》第三条第一款强调仲裁员能够中立地履行仲裁员的职责，不因一方当事人推选、个人私利、外界压力而影响裁决的公正性；《北仲守则》第十一条强调仲裁员应当独立地审理案件，不因任何私利、外界压力而影响裁决的公正性；《上仲守则》和《中贸守则》虽然没有对仲裁员独立仲裁做出详细规定，但分别在第四条和第一条时已经指出仲裁员应当根据事实，依照法律，并遵循公平合理原则独立公正地审理案件。这也可以看作是对仲裁员独立仲裁的要求。仲裁员独立除了要独立于行政机关、社会团体和个人之外，还要独立于所属的仲裁机构和法院。独立是仲裁员公正仲裁的前提，在面对来自外部的压力时，仲裁员必须要有不屈服于外界压力的胆魄，才能避免畏首畏尾、患得患失甚至是推脱责任的情况出现。第二，披露和主动回避的义务。《武仲守则》、《北仲守则》和《中贸守则》都在第五条规定了仲裁员接受选定或指定时，有义务书面披露可能引起当事人对其公正性或独立性产生合理怀疑的任何事由。而《上仲守则》第五条规定了仲裁员在出现某几种情况下需要向仲裁委员会说明并主动请求回避，虽然表达方式不同但仍然属于对仲裁员职业道德之一——披露的要求。也许仲裁员拥有超然的道德或者这

---

① 魏耀荣：《公正仲裁，勤勉办案》，载《北京仲裁》第82辑，中国法制出版社2013年版，第3页。
② 汪祖兴：《中国仲裁制度的境遇及改革要略》，法律出版社2010年版，第97页。

种关系并没达到让仲裁员认为有必要做出不公正判决，但关系毕竟客观存在，招致其他人的怀疑也是情理之中，所以要求仲裁员做到如实披露一些关系也能够打消当事人的合理怀疑，提高裁决结果的公信力。但仅仅规定仲裁员有披露的义务是不够的，还需要仲裁员有自行回避的义务。仲裁员回避是指当仲裁员遇到法定情形时，应该退出仲裁程序不得参与具体案件的审理及裁决。回避方式包括自行回避和申请回避。由于申请回避是当事人及其代理人申请仲裁员回避，不涉及仲裁员的职业道德，所以不再赘述。自行回避，是指在遇有法定事由时，承办案件的仲裁员自己主动提出回避，这就对仲裁员的职业道德提出了很高的要求。法律规定的法定回避事由可以总结为所有与仲裁员有利害关系的事由，而趋利避害作为人的本能，往往会使一些仲裁员不能够主动提起回避，甚至隐瞒其与案件有利害关系的事实。目前我国的仲裁法与各仲裁委员会仲裁员守则都没有对利害关系做出明确的界定，也没有列举出具体例子，这给仲裁员许多逃避法律制裁的空子。规定当事人自行回避的义务有助于避免在仲裁过程中或者仲裁结束之后因当事人提出回避申请或者仲裁员未回避导致仲裁延误和申请撤销仲裁、不予执行仲裁而浪费大量的时间、金钱。第三，廉洁。《武仲守则》规定"接受了当事人、代理人的请客、馈赠或提供的其他利益的"属于仲裁员应当披露的事由。《北仲守则》规定仲裁员不得以任何直接或间接方式接受当事人或其代理人的请客、馈赠或提供的其他利益。《中贸守则》规定仲裁员在任职期间不得收受当事人的馈赠。这都属于对仲裁员职业道德之一——廉洁的要求。廉洁是公正最基本的保障。从仲裁法规定的仲裁员资格可以看出来，仲裁法对于仲裁员的资格要求的十分严格，凡是能成为仲裁员都是社会上有很高名誉、能力受到认可的成功人士。尽管我们有理由相信绝大部分的仲裁员都拥有比一般人高的抵御能力，能经受住糖衣炮弹的诱惑，但不得不承认，仲裁人作为根植于熟人社会的民间裁判者往往会受到很多复杂情况的影响，还是有少数的仲裁员抵挡不住金钱美色的诱惑。中国有句俗话"吃人家的嘴短，拿人家的手软"，既然拿了别人的好处，肯定难以超脱，无法做到廉洁公正。最后自己不仅丢了岗位而受到法律的制裁，而且还会影响仲裁机构的名声，阻碍仲裁机构的健康发展。

（二）勤勉高效

仲裁员应当勤勉推进仲裁程序进行。当事人在考虑选择什么样的方式解决纠纷时，往往会考虑到纠纷解决的效率，尤其在市场经济如此发达的今天，时间就是金钱，尤其是一些商事纠纷，更需要快速地解决，不然会对一个企业的发展造成很多不利的影响。由于仲裁比诉讼更加高效，所以很多纠纷当事人更加倾向于选择仲裁。为了实现这一优势，仲裁员就应该在仲裁推进的过程中积极迅速，在尽可能短的时间内解决纠纷。仲裁裁决的终局性也对仲裁员的工作提出了很高的要求。公正地解决纠纷是指实体问题裁决正确，又要保证程序上的公正，这就十分依赖仲裁员的勤勉。各主要仲裁委员会为了保证仲裁员都能做到勤勉仲裁，纷纷以条文的形式规定了仲裁员的职业道德要求。一位优秀的仲裁员要做到勤勉就必须做到以下几点。第一，守时。仲裁庭是一个主张公平的地方，公平是指法律面前人人平等，仲裁不守时会破坏公平。在开庭时间确定后，如果申请人迟到或者缺席判决，我们可以视其撤回申请，剥夺其挽回权益的机会。如果是被申请人不按时到庭，我们可以做缺席裁决，使其丧失辩解的权利。而仲裁员不按时到庭，是态度懒散的一个具体表现，这样的行为会浪费当事人的宝贵时间。在时间就是金钱的现代社会，会给当事人的权益带来很多损害。不仅如此，仲裁员的这种行为也会破坏仲裁的形象和法律的尊严，人们会对仲裁员的工作作风产生怀疑，会对仲裁失去信心。第二，全面深入查明案情。第三，正确使用法律。首先要求仲裁员找到最适合该案件的法律，其次准确把握理解法律和谨慎适用法律，不能在一知半解的情况下适用法律，尤其是在涉及一些专业性较强的法律领域时更要求仲裁员认真谨慎研究法律和行业习惯。第四，认真撰写裁决书。裁决书集中体现了仲裁的质量，也是衡量仲裁员水平的标准之一。在制作仲裁书的时候，不能只把注意力放在仲裁裁决的结果上，更多的是要讲清裁决的依据和理由，而且裁决书的内容还要逻辑严密、文理通畅、深入浅出。

（三）保密

几乎所有专家学者都把保密性作为仲裁制度的重要优点之一，由于仲裁的保密性决定了仲裁员也必须对有关仲裁的一些事项保密，不能向外界透露。《武仲守则》第十条规定仲裁员必须忠诚于当事人的信任，并对案情保密。（1）仲裁员不得利用仲裁程序中所获得的应保密的信息为自己或他人谋取利益，也不得影响相对一方当事人的利益；（2）仲裁员应对仲裁程序及仲裁裁决保密，不得向当事人或外界透露本人的看法、仲裁庭合议及裁决的情况，对涉及仲裁程序、仲裁裁决、当事人的商业秘密等所有相关问题均应保守秘密；（3）在仲裁裁决做出后，仲裁员不得协助当事人对裁决提出异议或对仲裁裁决做出任何评论；（4）仲裁员中途退出仲裁程序或在案件审结后，必须采取必要的措施保护当事人的权利，包括向仲裁委员会退还案件材料，并对案情保密。

三　国内主要仲裁委员会关于仲裁员职业道德的不同点

在总结完这几个仲裁委员会关于仲裁员职业道德规定的共同之处后，我们还需要了解，由于各仲裁机构的具体情况有所不同，因此各仲裁机构也都根据自己的实际情况制定了不同于其他仲裁机构的仲裁员守则，其中对仲裁员也提出了一些不同于其他仲裁机构的职业道德要求。

（一）关于谦虚亲和、尊重当事人

《武仲守则》、《北仲守则》和《中贸守则》都在仲裁员条例中规定了仲裁员在仲裁过程中要谦虚亲和、尊重当事人，但《上仲守则》却没有对这方面做任何要求。笔者认为，在这一方面，谦虚亲和应该作为仲裁员的职业道德之一，因此前面三个仲裁委员会在仲裁员守则中对这方面做出规定是值得肯定的，而《上仲守则》对于这一点是有所欠缺的，也需要对这一缺陷做出完善。之所以认为谦虚亲和、尊重当事人是仲裁员的重要职业道德是因为仲裁的自愿性和灵活性决定了仲裁员必须要尊重当事人，使当事人感到仲裁员是有亲和力的。仲裁员只有谦虚亲和才能具有凝聚力，仲裁员是民间司法工作人员，它与法官不同，不是国家公权力的代表，他只是法律服务人员。由于人们的经历不同，每个人都有每个人独特的看事物的角度,在仲裁程序的推进过程中出现很多意见分歧也是非常正常的现象,此时就必须要求仲裁员能够尊重每一个当事人,给予当事人充分表达自己意见的机会,尊重当事人的每一个观点立场,虚心听取他人的每一个意见,千万不能骄傲自大、盛气凌人。只有这样,当事人才能感受到自己是被尊重的,才能提高仲裁员在当事人心目中的形象,也更有利于提高仲裁员的权威,最终推进仲裁判决的快速解决和顺利执行。然而,实践中还是有少部分仲裁员认为自己是法律精英,只有自己是内行,别人都是外行,从而骄傲自大,听不进去别人意见,这种思想最终会对自己不利,也对仲裁机构的发展不利。各主要仲裁委员会也深深明白仲裁员谦虚亲和,学会尊重当事人的重要性,于是大部分的仲裁机构都在自家的仲裁员守则中规定了仲裁员必须谦虚亲和,尊重当事人。比如,《武仲守则》第八条规定仲裁员在仲裁程序中应平等对待案件当事人,尊重参加仲裁活动的各方参与人,言行得体,耐心有礼,避免失当。仲裁员应充分保证任何一方当事人陈述意见、提交证据等项权利,在调解过程中,不得对当事人施加压力或强制进行调解工作。《北仲守则》第六条第二款规定仲裁员对当事人、代理人、证人、鉴定人等其他仲裁参与人应当耐心有礼,言行得体,避免失当。《中贸守则》第六条规定仲裁员应当严格按照仲裁规则的程序审理案件,应当给予当事人充分陈述意见的机会。

(二) 关于仲裁员不能拒绝指定问题

《上仲守则》第六条规定了仲裁员不能无正当理由拒绝当事人指定或仲裁委员会主任指定的义务,而这一义务是其他三个仲裁委员会没有提到的。就笔者来看,这个义务规定的还是十分有道理的,因为当事人是依据仲裁员名册来选择仲裁员的,仲裁员名册的存在保证了仲裁员的质量,只有那些符合任职资格的优秀人员才能被写入仲裁员名册,才能为当事人选择。一个人要想成为仲裁员,他肯定要得到仲裁委员会的肯定,这其中一定包括仲裁委员会相信他是真心想为当事人服务的。既然一个人被写进了仲裁员名册,那么就说明他是能全心全意为当事人服务的,当事人就应该对这份要求严格的仲裁员名册产生了信赖。当事人相信你,最后选择你担任处理他的纠纷的仲裁员,那么你就应该履行仲的义务，不能在没有正当理由的情况下拒绝当事人指定或仲裁委员会主任指定的义务。否则，不仅会影响仲裁员在人民心目中的形象，也会破坏人民对仲裁制度的信任和妨碍仲裁制度的健康发展。

（三）关于调解问题

《武仲守则》第八条规定仲裁员在调解过程中，不得对当事人施加压力或强制进行调解工作，这是其他仲裁机构没有提及的。德国律师诺依曼博士曾指出，在日本国际商事仲裁协会处理的仲裁案件中，如果更多地让当事人达成理想的和解，那么商事仲裁就会获得更高的国际评级，从而也会带来更多的仲裁案件。[①] 可见调解对于仲裁程序顺利推进和仲裁机构发展的重要性。的确，调解作为一种复合式的争议解决方式既吸纳了仲裁的可执行性又融入了调解的灵活、便捷，能够迅速推进纠纷的解决。在调解过程中，仲裁员起着至关重要的作用。仲裁员的认定绝大部分是当事人的指定，既然当事人愿意将关系到自己切身利益的纠纷交给某一位仲裁员来裁判，我们就有理由相信当事人是信任这位仲裁员，这位仲裁员在当事人的心目中是具有公信力的。背负着这样的信任，仲裁员就应该对得起当事人的这份信任，在仲裁过程中尊重当事人的意见，不能强制当事人必须进行调解。虽然这也属于仲裁员应当尊重当事人的内容，但鉴于调解的重要性以及调解的自愿性，武汉仲裁委员会单独提出在调解过程中仲裁员不能向当事人施加压力或强制进行调解这一职业道德是很必要的。

[①] ［日］谷口安平：《程序的正义与诉讼》，王亚新、刘荣军译，中国政法大学出版社2002年版，第384页。

第五章

与仲裁员相邻的法律职业道德分析

一 法官职业道德建设的若干问题

《中华人民共和国法官职业道德基本准则》（最高人民法院 2001 年 10 月 18 日发布，2010 年 12 月 6 日修订后重新发布），法官职业道德的核心是公正、廉洁、为民。基本要求是忠诚司法事业、保证司法公正、确保司法廉洁、坚持司法为民、维护司法形象。

（一）法官职业道德的内涵解读

道德，原本是两个词，即"道"和"德"。"道"字最初的含义是道路。如《诗经·小雅·大东》中的"周道如砥，其直如矢"中的"道"就是这个意思。以后"道"逐步被引申为原则、道理、规律或学问等。孔子讲的"志于道，据于德"（《论语·述而》）和"朝闻道，夕可死矣"（《论语·里仁》）中的"道"，就是指做人治国的根本原则和道理。东汉时刘熙根据"义以音生，字从音造"的传统，对"德"字做了很有意义的解释，他认为："德者，得也，得事宜也。"可见，道德中"德"字的音，是从得到中的"得"而来的。因此，所谓德，就是人与人相处时，要把这种关系处理得合适，使他人和自己都能有所得。许慎在《说文解字》中对于"德"字的定义是："德，外得于人，内得于己也。"即一个有道德的人，在同别人的相处中，对外，要使别人有所获得；对内，还要使自己有所获得。简言之，外得于人，是谓能够以善德施之他人，使众人各得其益；内得于己，是谓能够以善念存诸心中，使身心互得其益。"道德"二字连用而组成一个词，是指对于客观的人类伦理、事物的必然性的规律、道理、规则的一种获得和把握，是与道德主体联系在一起的具有普遍性的人生理则。有客观的"道""伦理",才能谈得上有所谓"道德";有具体的道德主体,才有所谓"道德"。① 周原冰认为,道德是一种特定的社会意识形态,是属于社会上层建筑的现象,"是通过在一定经济基础上产生和形成的社会舆论、人们的内心信念和传统习惯,对人们在处理人与人之间及个人与社会之间关系的态度和行为所做出的社会评价,以及通过这种评价来调整人们对社会和人们相互之间关系的各种观念、规范、原则、标准的总和"②。马克思主义认为,道德是一种社会现象,道德的本质不应该从人的意识中去寻找,也不应该从社会生活之外去寻找,而只能从现实的人类物质生活中去探索。马克思主义将辩证唯物主义和历史唯物主义的基本原理运用于道德理论的研究,认为道德不是人主观自主的,也不是神的意志,更不能用抽象的人性论来说明,道德是由一定经济基础决定的上层建筑、社会意识形态,是社会物质生活条件的反映,并受着社会关系特别是经济关系的制约。马克思主义伦理学认为,道德是由一定社会经济关系所决定的特殊意识形态,是以善恶为评价标准,依靠社会舆论、传统习惯和内心信念所维系的调整人们之间以及个人与社会之间关系的行为规范的总和。③ 这一定义,比较全面地揭示了道德的基本内涵:首先,道德是社会意识形态,属于特殊的上层建筑,道德是由一定经济基础决定的上层建筑,它离不开社会的经济基础并受制于社会的经济基础;其次,道德是调整人们之间以及个人与社会之间关系的行为规范的总和;最后,揭示了道德的调整方式,道德是通过善恶评价、社会舆论、传统习惯和内心信念等维系的。关于职业道德和法官职业道德,恩格斯指出:"实际上,每一个阶级,甚至每一个行业,都各有各的道德。"④ 这里所说的"每一个行业"的道德,就是职业道德。职业道德是同人们的职业活动紧密相关的,具有不同职业特征的道德规范的总和。一般而言,从事某种特定职业的人们,由于有着共同的劳动方式,经受着共同的职业训练和职业的熏陶,承担着共同的职业义务,因而形

---

① 许亚非:《中国传统道德规范及其现代价值研究》,四川大学出版社2002年版,第1—2页。
② 周原冰:《道德问题论集》,上海人民出版社1980年版,第29—30页。
③ 李春秋主编:《新编伦理学教程》,高等教育出版社2001年版,第26—29页。
④ 《马克思恩格斯选集》第4卷,人民出版社1972年版,第236页。

成了具有自身职业特征的道德观念、道德情感和道德品质。① 作为职业道德中的重要组成部分，法官职业道德就是法官在依法行使审判权的过程中，以公正为首要评价标准，依靠社会舆论、传统习惯和内心信念所维系的调整法官之间、法官与当事人之间以及法官与社会其他主体之间关系的行为规范的总和。

林剑教授把道德分为不德、道德和美德三个层次，认为道德行为与美德行为虽然都具有善的性质，但道德之善与美德之善属于不同层次，道德之善是一种普通的善，美德之善是一种至善。不符合社会道德规范与准则的行为是一种不德的行为，符合社会道德规范与准则的行为是一种道德行为，但道德行为仍属于一种应当的行为，而不属于一种崇高的行为。② 由此定位，法官职业道德并不属于美德范畴（当然，我们并不排斥法官对美德的追求，相反我们要采取各种措施鼓励法官职业道德向美德层次升华，塑造若干典型的法官职业道德人格），同时法官职业道德是特殊的职业道德，其要求高于公民道德。这就是法官职业道德和法官职业道德建设的基本定位。对法官提出比一般公民道德更高的职业道德要求是由法官职业的特殊性所决定的。法官的职责就是对各类案件做出裁判，可谓"公堂一言断胜负，朱笔一落命攸关"，法官掌握着对当事人"生杀予夺"的大权，如果不对法官提出更高的职业道德要求，严格约束审判权的运用，当事人以及社会大众就会出现不安定感和不安全感。

（二）我国法官职业道德建设的现状

在依法治国方略的指引下，我国法官职业道德建设取得了较大的成就，制定了一系列有关法官职业道德的规范，落实了法官惩戒制度，树立了一批优秀法官典型，规范了法官行为，培养了现代司法道德观念。但同时，法官职业道德建设也还存在着如司法腐败、司法不公等问题。对法官职业道德建设的现状进行分析，总结经验教训，发现问题，分析问题，找出原因，才能采取相应的对策，加强法官职业道德建设。

---

① 龙静云：《治化之本——市场经济条件下的中国道德建设》，湖南人民出版社1998年版，第182页。

② 林剑：《论不德、道德、美德的区分与判别》，《江汉论坛》2001年第6期。

1. 我国法官职业道德建设取得的基本成就

建国以来,特别是20世纪90年代末以来,各级法院认真贯彻落实党中央有关加强政法队伍建设的一系列重要指示精神,认真执行法官法,在抓好审判工作的同时,大力加强队伍建设,我国法官职业道德建设取得了明显的成绩。主要体现在如下几个方面。

(1) 制定法官职业道德规范

近几年来,我国制定的有关法官职业道德的规范主要体现在以下法律、规定和文件中:1.《中华人民共和国法官法》;2.最高人民法院制定的《中华人民共和国法官职业道德基本准则》(2010年12月6日);3.最高人民法院制定的《人民法院审判人员违法审判责任追究办法(试行)》《人民法院审判纪律处分办法(试行)》《人民法院执行工作纪律处分办法(试行)》和《关于审判人员严格执行回避制度的若干规定》,这几个规定被称作"四项制度";4.最高人民法院制定的《关于加强法官队伍职业化建设的若干意见》;5.最高人民法院制定的《法官行为规范》(2005年11月4日发布试行,2010年12月6日修订后发布正式施行)等。这些法律、规定和文件的出台,为规范法官行为、提高法官职业道德提供了充分的依据和制度保障,同时也得到了切实的贯彻。

(2) 落实法官惩戒制度

在落实法官惩戒制度方面,人民法院建立了违法审判和违法执行的责任追究制度,加大了对违法违纪人员的查处力度,重点查处利用审判权、执行权徇私舞弊、贪赃枉法的人和事,坚决清除腐败分子,纯洁了法官队伍。

2018年3月9日,在十三届全国人大一次会议上,最高人民法院院长周强在《最高人民法院工作报告》中讲到,要以零容忍态度坚决惩治司法腐败,显示了人民法院惩腐的决心和意志。落实全面从严治党"两个责任",认真贯彻中央八项规定及实施细则,目前,各级法院先后查处违反中央八项规定精神的干警1011人,对1762名履职不力的法院领导干部严肃问责。严格执行司法巡查、审务督察、防止干预过问案件"两个规定"等制度,持续改进司法作风,严防"四风"问题反弹回潮。加强警示教育,从违纪违法案件中深刻吸取教训。坚持反腐败无禁区、全覆盖、零容忍，最高人民法院查处本院违纪违法干警53人，各级法院查处利用审判执行权违纪违法干警3338人，其中移送司法机关处理531人。

(3) 树立优秀法官典型

优秀法官典型可以从两次评选的"中国法官十杰"和"天平奖章"获得者中体现出来。2003年，最高人民法院和中央电视台联合举办了"中国法官十杰"（2003）评选活动，按照公开、公正原则，由群众投票，通过填写报纸选票、登录互联网站、发送手机短信等方式，最终产生10名当选者，荣获"中国法官十杰（2003）金法槌奖"。他们是：河北省高级人民法院刑一庭审判员陈印田，山东省青岛市中级人民法院民三庭庭长牟乃桂（女），吉林省长春市二道区人民法院院长石成军，北京市海淀区人民法院民五庭庭长宋鱼水（女），河南省漯河市源汇区人民法院民二庭庭长王树华（女），山西省阳泉市中级人民法院执行局局长于昌明，甘肃省张掖市甘州区人民法院院长韩经荣，黑龙江省龙江县人民法院执行局副局长张晓红，江苏省南京市鼓楼区人民法院民一庭副庭长吴苹（女），湖南省岳阳县人民法院荣家湾法庭审判员罗绍铭。该年度中国法官十杰拥有以下共同特点：1. 全心全意为人民服务、殚精竭虑为人民群众谋利益的高尚品德；2. 坚持原则、公正司法的工作态度；3. 严于律己、一尘不染的职业操守；4. 求真务实、严谨细致的工作作风；5. 不辞劳苦、无私奉献的精神品格。他们立足本职，努力实践"三个代表"重要思想，认真落实司法为民要求，紧紧围绕"公正与效率"工作主题，公正司法，清正廉洁，恪尽职守，兢兢业业，以实际行动，捍卫了法律尊严和社会正义，树立了人民法官良好形象，赢得了人民群众的衷心赞誉。同时也带动广大法官忠于职守、爱岗敬业、廉洁奉公、严肃执法、秉公办案。他们是新时期人民法官的优秀代表，为广大法官树立了榜样。荣获"中国法官十杰"（2005）称号的是：黑龙江省宁安市人民法院东城人民法庭审判员金桂兰、广东省佛山市中级人民法院民一庭副庭长黄学军、北京市朝阳区人民法院民二庭副庭长钟蔚莉、吉林省延吉市人民法院刑庭副庭长费云龙、山东省冠县人民法院定远寨人民法庭庭长李昆仑、河北省秦皇岛市中级人民法院刑一庭副庭长赵爱彬、福建省莆田市秀屿区人民法院副院长姚丽青、解放军军事法院北京军区天津军事法院院长杜建军、上海市第二中级人民法院民一庭审判员袁月全、江西省高安市人民法院新街人民法庭庭长刘晓金。十杰法官中，既有像金桂兰等已经在全国广为宣传、为人民群众耳熟能详的模范人物，又有像钟蔚莉等通过当地媒体报道、具有一定知名度的先进典型。他们大多身处基层，做的大多是小事，凭借"老实做人，踏实做事，清白做官"的朴素信念，凭借一件又一件看似微不足道的小事，赢得了千百万人民群众的信任和尊重，代表了新时期人民法官的整体风貌和队伍建设的方向。① 通过法官典型的示范效应，带动广大法官争先创优，在人民法院形成了积极向上的良好风气。

2018年3月9日，在十三届全国人大一次会议上，最高人民法院院长周强在《最高人民法院工作报告》中讲到②，法院系统要加强政治建设，坚决维护以习近平同志为核心的党中央权威和集中统一领导，严守政治纪律和政治规矩，坚决做到维护核心、绝对忠诚、听党指挥、勇于担当。扎实开展党的群众路线教育实践活动、"三严三实"专题教育，推进"两学一做"学习教育常态化制度化，牢固树立"四个意识"，切实增强"四个自信"。加强人民法院党的建设，严肃党内政治生活，以党建带队建促审判。认真接受中央巡视，狠抓整改落实。在认真贯彻习近平总书记重要指示精神，深入开展向邹碧华同志学习活动中，相继涌现出以黄志丽、刘黎、郭兴利、方金刚等为代表的一大批先进典型。各级法院共有1777个集体、2739名个人受到中央有关部门表彰奖励。面对繁重的工作任务，广大干警不辞辛劳，无私奉献，85名法官积劳成疾，有的甚至遭受暴力伤害因公牺牲，他们是共和国审判事业的忠诚卫士，他们用奉献诠释了为民情怀，用生命捍卫了公平正义。

(4) 内化司法道德观念

法官职业道德的核心是公正、廉洁、为民，基本要求是忠诚司法事业、保证司法公正、确保司法廉洁、坚持司法为民、维护司法形象。这些司法道德观念已经内化、深入法官的头脑。在法官任职或主审法官任命时，法官都已经宣誓，从司法实际看，绝大多数法官践行了自己的

---

① 张景义：《"2005中国法官十杰"评选揭晓，肖扬向"法官十杰"颁发"金法槌奖"》，《人民法院报》2006年2月27日。

② 周强：《最高人民法院工作报告》，《人民日报》2018年3月10日。

诺言。

2. 对法官职业道德建设存在主要问题的理性反思

不可否认,当前人民群众日益增长的司法需求与司法能力不相适应的矛盾是现实存在的,一方面我们要充分肯定法官职业道德的主流,全国绝大多数法院和干警是好的,是党和人民可以信赖的,他们清正廉洁、公正司法,为保障改革、促进发展、维护稳定做出了应有的贡献,涌现出了一大批优秀法院和优秀法官;另一方面,也应当清醒地看到,法院队伍还存在一些这样那样的问题,有些问题还相当严重,《中共中央关于全面推进依法治国若干重大问题的决定》(2014年10月23日中国共产党第十八届中央委员会第四次全体会议通过)指出,必须清醒看到,同党和国家事业发展要求相比,同人民群众期待相比,同推进国家治理体系和治理能力现代化目标相比,法治建设还存在许多不适应、不符合的问题,主要表现为:有的法律法规未能全面反映客观规律和人民意愿,针对性、可操作性不强,立法工作中部门化倾向、争权诿责现象较为突出;有法不依、执法不严、违法不究现象比较严重,执法体制权责脱节、多头执法、选择性执法现象仍然存在,执法司法不规范、不严格、不透明、不文明现象较为突出,群众对执法司法不公和腐败问题反映强烈;部分社会成员尊法信法守法用法、依法维权意识不强,一些国家工作人员特别是领导干部依法办事观念不强、能力不足,知法犯法、以言代法、以权压法、徇私枉法现象依然存在。这些问题,违背社会主义法治原则,损害人民群众利益,妨碍党和国家事业发展,必须下大气力加以解决。

法官队伍整体素质尚不能完全适应形势与任务发展的需要,违法违纪现象还时有发生。概括起来,法官职业道德建设存在的主要问题包括法官队伍素质问题、少量的司法腐败和司法不公等。

3. 对法官职业道德建设存在问题的原因解析

法官职业道德建设中存在问题的原因概括起来有以下几个方面。

(1) 市场机制对法官职业道德的负面效应

我国建立社会主义市场经济体制,实行对外开放,打开窗子新鲜空气进来了,也进来了"蚊子""苍蝇"。邓小平同志说过:"实行开放政策必然会带来一些坏的东西,影响我们的人民。要说有风险,这是最大的风险。我们要用法律和教育这两个手段来解决问题。只要不放松，认真抓，就会有办法。"① 在市场经济大潮的冲击下，封建主义意识、其他的落后腐朽意识也会趁机冒出来，少数法官心理失衡，经受不住腐化堕落思想的侵蚀，滋生了拜金主义、享乐主义、个人主义，讲排场、比阔气，成为金钱、权力和情欲的俘虏。对市场经济的负面效应，我们必须认真面对，冷静思考，采取对策。

（2）法官约束长效机制的不完善

所谓"长效机制"，就是建立具有长期性、持久性、经常性的运作、管理和约束规范。法官约束长效机制缺失，表现之一是，对法官的法律与道德约束体系尚不完善。我国法制建设还处在初级阶段，法律法规的规定线条较粗，留下了一定的幅度或弹性空间，司法机关和法官的自由裁量权过大，这就为以权谋私留下了漏洞。如果法官职业道德素质较高，在运用自由裁量权裁判案件时，就可以忠实地解释、理解法律规定的精神或含义，能够公正地解决案件，反之，则可能曲解法律，侵犯当事人的合法利益；同时，现行法律及道德约束规定对法官行为的规范主要是从提倡、正面引导的角度进行规定的，而对违反道德规范的行为如何制裁则不够具体。表现之二是，我国长期以来，由于受"人治"的影响，法治意识淡薄，对违反道德规范的行为，往往因人因事临时处置，法官违法或违反道德规范，相当一部分得不到追究或者从轻发落，法律及规定刚性不足，执行不力，对违法司法的制裁不到位，没有树立规范的权威，导致在司法实践中道德约束弹性大，违规处置随意性明显，也助长了当事法官的侥幸心理。

（3）法院人事管理制度留下的道德空场

多年来，法院人事管理制度存在很多问题，一是人员素质没保证，法官之间竞争机制不健全，很多法官习惯于事务性工作，对思想政治觉悟的提高、业务学习、能力培养重视不够；二是出口不畅，有的不适合继续担任法官工作，但没有妥善的退出机制；三是法院人事自主权不够。这些问题就导致了法院人事管理制度不科学，留下道德空场，呈现进口不严、出口不畅、激励竞争不够、道德约束软化的状况。

---

① 《邓小平文选》第3卷，人民出版社1993年版，第156页。

(4) 少数法官自我约束能力的下降

法官的素质包括思想政治素质和业务素质，道德素质是思想政治素质的重要方面，所谓道德素质就是法官职业道德各要素的总和，其中，自我约束能力是重要要素，而业务素质则是法官的知识和能力的总和。司法腐败、司法不公等与法官职业道德水平低下、自我约束能力的下降有密切关系。极少数司法人员在市场经济大潮的冲击下，经受不住腐化堕落思想的侵蚀，不能自我约束，滋生了拜金主义、享乐主义、个人主义，讲排场、比阔气，成为金钱、权力和情欲的俘虏。有的地方不能坚持警察法、检察官法、法官法中规定的任职条件，致使一些文化程度偏低、不懂法甚至有不良行为的人混进了司法队伍。如山西绛县法院的"三盲（氓）"（文盲、法盲加流氓）院长姚某某原是个司机，顶多只有小学文化程度，却因非常手段而"一路升官"，先当上了该县法院的办公室主任，后又晋升为副院长。素质低下、自我约束能力不强的人对权力、财色诱惑的抵御力较差，极易产生索贿受贿、吃拿卡要、胡乱办案甚至草菅人命等司法腐败行为。① 法官职业道德建设中之所以存在各种问题，从微观的角度、从法官个体的角度看，与少数法官意志力薄弱，自我约束能力下降有着直接的关系。

(5) 地方保护主义对法官职业道德的消极影响

地方保护主义是司法腐败的表现，同时也是司法腐败的原因，有"地方保护"做挡箭牌，少数法官借机中饱私囊，对法官职业道德具有向下牵引的作用。地方保护主义损害了国家法制的统一；只顾眼前利益、局部利益，损害了长远利益和全局利益；严重挫伤了公众的信心，损害了人民法院的形象和威信。

总而言之，近些年来，我国法官职业道德建设取得了较大的成就，制定了法官职业道德规范，落实了法官惩戒制度，树立了一批优秀法官典型，规范了法官行为，培养了司法道德观念。但同时也还存在着法官队伍素质偏低、司法腐败、司法不公等问题。法官职业道德建设中存在问题的原因主要有：市场机制对法官职业道德的负面效应、法官约束长效机制的不完善、法院人事管理制度留下的道德空场、少数法官自我约

---

① 李文生：《腐败防治论》，中国检察出版社2004年版，第428—429页。

束能力的下降、地方保护主义对法官职业道德的消极影响等。针对法官职业道德建设中存在的问题及原因，我们必须采取相应的对策，加强法官职业道德建设。

（三）法官职业道德规范的国际比较

1. 英国法官的职业道德

大约在17世纪60年代，英国大法官马修·黑尔爵士为自己定下"自我警示录"，其内容包括：1. 我为上帝、国王和国家职司裁判，伸张正义；2. 审判案件时应当做到诚实正直、深思熟虑、坚决果断；3. 我应依赖上帝的指引和力量，而非个人的理解与力量；4. 为实现正义，我必须摒弃个人私欲，在任何情况下都不允许私欲主宰自己；5. 我应将全部精力投身于事业之中，不可分心于不当烦扰；6. 在聆讯全案和双方当事人辩论之后方做判断；7. 开始听审案件时不可有先入之见，且应在整个听审过程中保持中立；8. 人之天性可能使我对当事人心怀同情，但我从不敢忘记自己对国家所负之责；9. 如果案件之是非只能以良知为标准做出判断，我便不应过于苛求与刻板；10. 在正义面前，我不应因怜悯而偏袒穷人，也不应因好感而偏袒富人；11. 不论公众是否喜欢，也不论法庭上出现的是掌声还是嘘声，我都应公正裁判而不受其左右；12. 只要完全依照公正原则行事，则不必考虑旁人说长道短；13. 对于普通刑事案件，我的原则是首先考虑宽恕和无罪释放；14. 在只有言辞伤害而无其他伤害的刑事案件中，温和处置未必就是不公正；15. 在恶性刑事案件中，如果事实清楚，则应严惩以求实现正义；16. 任何人以任何方式私下过问与案件相关之事项，只能得到我的蔑视；17. 我的助手和工作人员应遵守以下准则：不许介入任何诉讼事项；不许收取额外费用；不许对诉讼给予不公之偏袒；不许为当事人介绍律师；18. 饮食有度，保持健康，以便更好地工作。① 这份"自我警示录"对法官提出了比较全面的要求，尤其是道德要求，实际上也就成为英国法官的基本道德规范。

2. 美国法官的职业道德

根据联邦宪法和州宪法，美国的法官分为两个部分即联邦法官和州

---

① 于秀艳编译：《英国法官"自我警示录"》，《人民法院报》2001年4月30日。

法官，根据《美国法官行为准则》①，美国法官的职业道德或美国法官行为准则包括如下内容。1. 法官应恪守司法机构的正直与独立。一个独立的、有尊严的司法机构与我们社会的正义是分不开的。一名法官应参与高标准司法行为的建立、维持和执行，还应努力遵守这些标准，以使司法机构的正直和独立得以维持；2. 法官应公正、勤勉地履行其司法职责。法官的司法职责优先于任何其他活动，法官在履行法律赋予的审判职责时应遵循如下标准：法官应忠于法律并保持胜任职业要求的能力，不应摇摆于当事人利益、公众舆论，或惧怕批评之中；法官除需要回避的情形外，应审理所有分配其审理的案件，并应在司法程序中维持法庭秩序与礼仪；法官应耐心，有威严、尊重人。法官在履行司法职责时对当事人、陪审员、证人、律师及其他法官等人员要有礼貌，并应要求包括律师在内的受法官监督的人员在司法程序在其角色要求的范围内履行相应的行为；法官应使诉讼上有法律利害关系的所有当事人或律师依据法律享有充分陈述的权利，并除非法律另有授权，不应就正在或即将审理的案件首先考虑与当事人进行单方面接触。然而，法官也可以听取与案件没有利害关系的专家关于法律适用的意见，但要在通知双方当事人及其所咨询的人员并得到咨询意见，并给予当事人合理的回应机会后方可。法官可以在双方当事人同意的情况下出于调解或和解的目的，与当事人及其律师单独协商；法官应迅速处理法院事务；3. 回避。法官在其公正性可能会受到合理怀疑时应主动回避，包括但不仅限于下列情形：法官对某方当事人具有个人的偏见或成见，或其个人对所涉案件的争执事实系知悉者；法官曾为该起案件的律师，或法官曾与该案件的律师合伙开办事务所，或法官及律师曾为该案的主要证人；法官知悉不管其作为个人还是作为受托人，或者法官的配偶及其未成年子女，与诉讼主体存在财产利益，或者其他可能在实质上对案件结果有影响的其他利益；法官或其配偶，或者与任何一方有三等亲内的亲属关系等；

---

① 美国司法委员会最初于 1973 年 4 月 5 日制定了《美国法官行为准则》，当时被称为"美国法官的司法行为准则"。随后经历了 1987 年、1992 年、1996 年和 1999 年的四次修改。凡属联邦司法系统授权履行司法职责的官员，包括兼职法官、临时法官、退休法官都应遵守本准则。《美国法官行为准则》载于苏泽林主编《法官职业化建设指导与研究》，人民法院出版社 2003 年版，2003 年第 2 辑。

4. 对法官业外活动的约束。简言之，法官职业道德要求做到五个不准①，包括：不参加党派，也不能表现出偏爱一派而怠慢另一派。实际做到并且永远表现为公平、公正、无偏私。

　　3. 加拿大法官的职业道德

　　根据《加拿大法官职业道德准则》②，加拿大法官职业道德的主要内容包括：1. 司法独立。一支独立的司法队伍是实现法律公平正义的保障。因此，无论是从个人还是从机构的角度，法官都应支持司法独立，并在行动中做维持司法独立原则的表率。法官必须独立地不为外界影响地履行其司法职能。法官必须严厉拒绝法庭上正当程序以外的任何形式的对其判案的干扰企图。对于旨在维持和提高法官队伍在机构上和运作中的独立性的安排和保障措施，法官都应给予鼓励并支持。法官有义务展现并促进司法行为的高水准，以此来加强公众的信心，这是司法独立的基础所在；2. 正直。法官应力求行为公正无私，以维护和加强公众对法官队伍的信任。法官应尽一切努力做到，在合理、无偏见并了解具体个案情况的人们眼中，其行为无可挑剔。法官除自身遵守这一高标准的人格要求外，还应鼓励和支持他们的同僚们遵守这一标准；3. 勤勉。在履行司法职责过程中，法官应做到勤勉。法官的职业活动应服务于广义的司法职责，它既包括主持庭审、做出判决，也包括与法院的活动有实质关联的其他司法任务。法官应采取合理步骤，保持和提高服务于司法机关所必需的知识、技能和个人素质。法官应尽力合理快捷地履行所有司法职责，包括公布预定判决。法官不得从事与勤勉履行司法职责不相符的行为，或者在同僚中姑息纵容这类行为；4. 平等。法官的自身表现和对案件的处理都应是为了保障法律上的平等。法官履行职责时应毫无偏见地恰当地考虑到所有各方（例如当事人、证人、法庭工作人员和同僚）。法官应尽力去认识并理解源自社会各方面的差异，比如性别差异、种族差异、宗教信仰差异、文化差异、民族背景差异或者残疾原因引起的差异。如果法官了解到某组织目前从事与法律相违背的带有歧视内容的活动，无论这种歧视表现为何种形式，法官都应避免

---

① 于秀艳编译：《美国法官的基本司法技能》，《人民法院报》2003年1月6日。
② 加拿大司法委会于1988年11月公布。其英文名称：Ethical Principles Judges。载于苏泽林主编《法官职业化建设指导与研究》，人民法院出版社2004年版，2004年第1辑。

参加任何该类组织。在案件审理过程中，对于法院其他工作人员、律师或任何其他人做出的评论或行为中，那些明显与案件无关的带有性别、种族或其他法律禁止的歧视色彩的部分，法官应将其分别看待，并不作认同；5. 公正。法官所作判决及其过程必须是公正的，而且，表面上在人们看来也应该是公正的。法官应力求确保他们庭内庭外的行为都是为了维持和增强公众对法官的公正和整个司法队伍的信任。法官应在合理可能的限度内处理好个人事务，减少由于这些原因而使其丧失庭审资格的可能性。对公正的外在表现进行评价的标准，采用的是合理、无偏见并了解具体个案情况的人的判断标准。司法仪态：法官在行动果断、有力地控制庭审进程和保证快捷的同时，应礼貌地对待所有出庭的人。公民身份和慈善活动：法官可以自由参加与公民身份有关的慈善和宗教活动，但是要有下述几项顾忌：任何与法官的公正有冲突的活动或组织，法官都应避免参与；法官不得募集资金（除非是向同事或出于正当的司法目的）或者将其法官声望借予他人进行资金募集活动；法官应避免卷入可能进行诉讼的事由或组织；法官不得出具法律或投资意见；6. 关于利害冲突。如果法官认为在某案件审理过程中无法保证做到公正裁决，那么，应自认对该类案件无审理资格。如果法官认为，在案件中，合理、无偏见并了解具体个案情况的人，将对法官个人利益（或者法官近亲属或亲密朋友或组织的利益）和法官职责间的冲突存有疑问，那么法官应自认对该类案件无审理资格；7. 对法官业外活动的约束。

4. 德国法官的职业道德

根据《德国法官法》[①]，德国法官的职业道德主要内容包括：1. 遵循《联邦德国基本法》和法律来行使法官职权，尽我所知、依我所信来进行裁判，一视同仁，仅服务于真理和公正的事业；2. 独立性的保持。在本职工作内外，法官的行事应确保有关政治活动不会危及其独立性；3. 审议的保密。法官应对审议过程和投票的情况保守秘密，即使在其任期结束之后亦不例外；4. 名誉法官的独立性和特殊义务，名誉法官应与职业法官具有同等程度的独立性。名誉法官应对审议过程保密，在第一次就任法定职位之前，名誉法官应由主审法官主持在法院的

---

① 依据 1972 年 4 月 19 日出版并经 1993 年 1 月 11 日最新修订版本。载于苏泽林主编《法官职业化建设指导与研究》，人民法院出版社 2003 年版，2003 年第 1 辑。

公开场所宣誓。州法院的名誉法官在誓言或者保证中可包括效忠于州宪法的内容；5. 对法官业外活动的约束。

5. 俄罗斯联邦法官的职业道德

根据《俄罗斯联邦法官地位法》①，法官职业道德的主要内容包括：1. 法官必须无条件地遵守俄罗斯联邦宪法和其他法律；2. 法官要忠心耿耿、勤勤恳恳地履行自己的职责，行使司法权，只服从法律，公正、正直，受法官职责和良心支配；3. 法官职权的终止。法官职权根据以下理由被终止：从事与法官职业相悖活动的；法院对法官做出有罪判决或者对法官采取强制措施，且司法判决发生法律效力的；实施了玷污法官名誉和尊严或者其他有损司法权威的行为的；4. 对法官业外活动的约束。

6. 对各国法官职业道德比较的结论

综上所述，尽管各国法官职业道德规范的表述各有不同，但是我们仍然可以从中发现一些共同的原则或规范，这就是：遵法、公正、正直、独立、勤勉、回避、廉洁等。也有一些规范属于具有某一国特色的规范，如英国法官职业道德中的依据上帝的指引、摒弃个人私欲、聆讯全案、不可有先入之见、心怀同情又不忘国家、不过于苛求与刻板、公正裁判不受影响、不必考虑旁人说长道短、宽严适度、助手不得介入诉讼等；美国法官职业道德中的避免不适当的行为和不适当的表现、有耐心、有威严、尊重人、当事人充分陈述、不与当事人进行单方面接触、迅速处理法院事务、避免公开评论、定期申报所得、避免参与政治活动、不参加党派、无合理怀疑等；加拿大法官职业道德中的平等；德国法官职业道德中的职权不可兼得、一视同仁、保密等；俄罗斯联邦法官职业道德中的避免有损司法权威和法官尊严的行为、无权加入任何政党和运动、无权从事企业活动、法官有良心等。

其中共同的原则或规范应该具有普遍意义，我国可以采纳，但是应当分为不同的层次区别对待，遵法、公正与正直、廉洁等可以归入基本道德规范的层次，而独立、回避归入制度保障的层次，勤勉归入工作要求的层次。在具有某一国特色的规范中，一部分不适合我国国情，不应

---

① 该法于1992年6月26日通过后，历经多次修改，2000年6月20日再次修订。载于苏泽林主编《法官职业化建设指导与研究》，人民法院出版社2003年版，2003年第2辑。

采纳，如英国法官职业道德中的依据上帝的指引，美国法官职业道德中的避免参与政治活动、不参加党派，俄罗斯联邦法官职业道德中的法官无权加入任何政党和运动等。一部分可以采纳，但是放入一般规范和工作要求之中，如英国法官职业道德中的摒弃个人私欲、聆讯全案、不可有先入之见、心怀同情又不忘国家、不过于苛求与刻板、公正裁判不受影响、不必考虑旁人说长道短、宽严适度、助手不得介入诉讼等；美国法官职业道德中的避免不适当的行为和不适当的表现、有耐心、有威严、尊重人、当事人充分陈述、不与当事人进行单方面接触、迅速处理法院事务、避免公开评论、定期申报所得、无合理怀疑等；加拿大法官职业道德中的平等；德国法官职业道德中的职权不可兼得、一视同仁、保密等；俄罗斯联邦法官职业道德中的避免有损司法权威和法官尊严的行为、无权从事企业活动等。也有一部分可以作为基本道德规范加以吸收，如俄罗斯联邦法官职业道德中的法官要有良心等。

（四）我国法官职业道德规范体系的建构

1. 关于法官职业道德规范体系建构的不同认知及其启迪

关于法官职业道德规范及其体系建构，学术界以及司法实务部门讨论都十分热烈。学术界有代表性的观点这里考察三种，第一种观点可以概括为"八规范论"。北京大学法学院教授、博士生导师贺卫方认为，法官的职业伦理应主要包含以下几点：法官必须体现公正和正义的风范。不仅实体要公正，而且要保证程序公正。实体公正是相对的，但程序公正是绝对的；不允许以偏见影响司法的过程和结果。法官不能有偏见，带有偏见的审判其公正性很难保证；禁止单方面接触当事人。法官中立性的立场不能动摇，现在有些法官非常不注意，在公开场合谈论具体案件和当事人，与当事人在娱乐场所吃喝玩乐等，这都是违背法官职业伦理的；要避免司法拖延。第二种观点可以概括为"六规则论"。中国人民大学陈卫东教授认为，在法治国家里，司法是保护公民权益，维护社会正义的最后一道屏障。因而司法裁判的公正与否直接关系到社会正义能否实现，并进而影响着公众对法律制度的信心和信赖。司法公正根植于法官的职业道德素质，从我国的司法现状及现实需要出发，法官应确立公正、独立、廉洁、行为正当、勤勉尽责、忠于职守的道德规范与行为规则。① 第三种观点可以概括为"六要求论"。中共河南省委党校吴建红认为，法官职业道德的内容可概括为以下几个方面：公正是法官职业道德的底线。始终保持超然独立的地位和心态，严格依法办事；忠于法律。法官除了法律以外没有别的上司，法官忠于法律就是忠于法律规则；文明、稳重、不迫。法官应力戒轻浮、粗俗、争吵、斗殴、慌乱、发脾气，法官应遵守司法礼仪；廉洁。法官本身不应当追求奢华的生活方式，而应以清廉、俭朴为美德。从一定意义上讲，司法公正在很大程度上依赖于法官的廉洁无私；勤勉敬业。官无论职位高低、分工如何，都要在自己的工作岗位上履行应尽的职责、兢兢业业、勤勤恳恳；要树立效率意识，严格遵守法律关于审限的规定，优质、高效地审结案件；谨慎。医生不能不谨慎，因其职业关系人命，法官更要谨慎，因其职业不但关系人命，还关系社会的命运。② 这三种观点具有一定的代表性，尤其是贺卫方、陈卫东的观点产生了广泛的影响。

司法实际部门有代表性的观点这里也考察两种，第一种观点可以概括为"五方面论"。山东省烟台市中级人民法院邹川宁认为，法官职业道德定位于五个方面：法官应当忠诚。这是法官职业道德的最高原则。法官应当忠实于国家和人民的利益，忠实于宪法和法律，忠于职守，忠实履行审判职责；法官应当公正；法官应当廉洁；法官应当文明；法官应当严谨。③ 第二种观点可以概括为"四要点论"。福建省龙岩市中级人民法院郑伟认为，法官职业道德的基础应建立在法官应具备的基本素质上，主要包括以下几个方面：忠诚于国家、忠诚于人民、忠诚于法律；良好的职业技能与学识，即受过系统的法学教育和严格的职业训练，通晓法律，阅历丰富；刚直不阿、清正廉洁；谦逊文明、勤勉敬业。法官在履行其司法职责时应当是文明的楷模。④ 这两种观点在司法实际部门具有一定的典型性，也反映了司法实际工作的要求。

综上所述，无论是学术界的探讨，还是司法实际工作部门工作人员

---

① 陈卫东：《司法公正根植于法官的职业道德素质》，《南通师范学院学报》（哲学社会科学版）2001年第4期。
② 吴建红：《法官职业道德建设：一个伦理学的解读》，《行政与法》2006年第1期。
③ 邹川宁：《关于法官职业道德的理解与限定》，《法律适用》2001年第10期。
④ 郑伟：《法官职业道德建设之管见》，《人民司法》2001年第8期。

的意见，都是经过认真思考的，对构建我国法官职业道德规范体系具有一定的启发性。从探讨中可以看出，达成一致的规范包括：忠诚、公正和正义、独立、廉洁、谨慎、勤勉、文明与修养，没有达成一致的规范包括：不允许有偏见、禁止单方面接触当事人、避免司法拖延、与商业生活保持距离、推进法律教育的发展、行为正当、敬业、良好的职业技能与学识等。笔者认为，不管是达成一致的规范，还是没有达成一致的规范，有的是法官职业道德的基本规范，有的则是一般规范或者工作要求。可以作为法官职业道德基本规范的包括忠诚、公正和正义、廉洁等，显然还需要进行补充和优化。而如下的规范只能视为一般规范或者工作要求，包括独立、谨慎、勤勉、文明与修养、不允许有偏见、禁止单方面接触当事人、避免司法拖延、与商业生活保持距离、推进法律教育的发展、行为正当、敬业、良好的职业技能与学识等。

2. 我国法官职业道德基本规范体系的具体建构

现行的《中华人民共和国法官职业道德基本准则》规定，法官职业道德的核心是公正、廉洁、为民。基本要求是忠诚司法事业、保证司法公正、确保司法廉洁、坚持司法为民、维护司法形象。笔者认为，其中有的准则是法官职业道德的基本规范，有的则是工作要求。参照对国外法官职业道德规范的考察以及上述关于法官职业道德规范体系建构的讨论意见，我国法官职业道德的基本规范体系应当包括下述规范：忠诚司法事业、保证司法公正、确保司法廉洁、坚持司法为民、维护司法形象、体现司法良心。

接下来对基本规范分别进行论述。

第一，忠诚司法事业。

做到四个忠于：忠于党、忠于祖国、忠于人民、忠于司法事业。体现四个意识：牢固树立政治意识、大局意识、核心意识、看齐意识。

马克思曾经指出："法官的责任是当法律运用到个别场合时，根据他对法律的诚挚的理解来解释法律。"法官唯一信守的是稳定的法典，这是他们安身立命的根本，法律是法官的目的。他们不会轻易随着不可靠的民意或流行的看法变来变去，因为民意总是矛盾的，总是有分歧的，总是含糊不清的，符合一些人的意见就会有悖另一些人的意见。因此，跟随民意的大众司法只能导致法律的堕落。法官坚守法律正是要坚守普遍性、稳定性、客观性、超越性和中立性。① 我国历来重视对法官不忠于法律或违法的惩罚。中国古代社会在确立法制时就非常重视执法者的责任，规定了一套比较缜密的狱讼制度。秦朝对于审判不公平的官员罚筑长城；汉代制定了法官"出罪为故纵，入罪为故不直"的律文，犯罪者免职受罚，甚至弃市。② 我国《国家赔偿法》第二条规定："国家机关和国家机关工作人员违法行使职权侵犯公民、法人和其他组织的合法权益造成损害的，受害人有依照本法取得国家赔偿的权利。"在国家承担赔偿责任后，根据国家机关工作人员违法行使职权的具体情况，再追究相关人员的行政责任、民事责任乃至刑事责任。法官作为以司法为职业的国家机关工作人员，必须严格依法审判，以法律为准绳。法官忠实于宪法和法律，这是法治国家以及广大人民对法官的基本要求。法官只有忠实于宪法和法律，才能维护法治的秩序，才能维护社会秩序、经济秩序，保护当事人的合法权益，促进社会的健康发展。

第二，保证司法公正。

《中共中央关于全面推进依法治国若干重大问题的决定》指出，公正是法治的生命线。司法公正对社会公正具有重要引领作用，司法不公对社会公正具有致命破坏作用。必须完善司法管理体制和司法权力运行机制，规范司法行为，加强对司法活动的监督，努力让人民群众在每一个司法案件中感受到公平正义。

司法是正义的最后一道防线。法官的正当职责，就是生产正义。因此，法官本人的道德形象就具有至关重要的意义。当事人之所以愿意接受法官的判断，具有正常理智与情感的旁观者之所以认可法官的判断，归根到底，不是取决于法官背后的国家的强制力，而取决于：一是法官审理案件的程序是正当的；二是他做出判断所依据的规则是正义的；三是法官自己的行为是正当的。只有做到这三点，人们才会相信法官的判决是公正的。对于司法公正，其实很难有一个实在的衡量标准，人们只能做出"模式判断"：假如人们看到，司法机构是独立的，法官精通法律，法官基本上没有道德上的瑕疵，那他们就会相信，司法是公正

---

① 强世功：《法律人的城邦》，生活·读书·新知三联书店2003年版，第36页。
② 徐金奎等主编：《社会主义职业道德》，光明日报出版社1996年版，第92—93页。

的。① 司法公正是法的自身要求，也是依法治国的要求，司法公正包括司法活动过程的公正和司法结果的公正两个方面，在司法中必须体现公平、平等、正义的精神。通过公正的司法，依法合理地分配当事人之间的权利和义务，化解矛盾，把社会关系纳入法制的轨道，促进社会正常有序发展。如果司法不公则会造成当事人的不服、积怨甚至做出极端情绪化的行为，造成社会的不稳定。因此，司法公正不仅具有解决个案的意义，而且具有重要的社会意义和政治意义。

第三，确保司法廉洁。

如严格执行最高人民法院发布规范执行行为的"十个严禁"。2017年4月19日，最高人民法院召开新闻发布会，首次对外发布了规范人民法院执行行为的"十个严禁"，为执行行为划出"高压线"。这十个严禁是：1. 严禁在办理执行案件过程中"冷硬横推"及消极执行、拖延执行、选择性执行；2. 严禁明显超标的额查封、扣押、冻结财产及违规执行案外人财产；3. 严禁违规评估、拍卖财产及违规以物抵债；4. 严禁隐瞒、截留、挪用执行款物及拖延发放执行案款；5. 严禁违规适用终结本次执行程序及对纳入终结本次执行程序案件不及时定期查询、司法救济、恢复执行；6. 严禁违规使用执行查控系统查询与案件无关的财产信息；7. 严禁违规纳入、删除、撤销失信被执行人名单；8. 严禁在办理执行案件过程中违规会见当事人、代理人、请托人或与其同吃、同住、同行；9. 严禁在办理执行案件过程中"吃拿卡要"或让当事人承担不应由其承担的费用；10. 严禁充当诉讼掮客、违规过问案件及泄露工作秘密。最高法院有关负责人介绍，这"十个严禁"是执行工作的十条"高压线"，人民法院工作人员凡触碰高压线的，依纪依法严肃追究纪律责任直至刑事责任。另外还要落实《最高人民法院党风廉政建设主体责任和监督责任追究暂行办法》。②

第四，坚持司法为民。

党的十八大以来，党中央一再强调"坚持以人民为中心的发展思想"，要求司法机关"恪守司法为民的职业良知"。这些都要求在检察

---

① 秋风：《法官的道德》，《潇湘晨报》2005年7月11日。
② 最高人民法院关于印发《最高人民法院党风廉政建设主体责任和监督责任追究暂行办法》的通知，《人民法院报》2016年1月4日。

官职业道德中把"为民"突出出来，做到"亲民为民利民便民"。

第五，维护司法形象。

法官的司法形象就是公正的形象，包括实体公正、程序公正两个方面。天津市高级人民法院院长高憬宏认为，法官形象使当事人和社会公众对法官及其司法过程和结果的公正性产生信赖，排除合理怀疑，形象公正有助于让人民群众感受到司法公正，也有助于真正实现司法公正。

第六，体现司法良心。

所谓良心，就是人们在履行对他人和社会的义务的过程中形成的道德责任感和自我评价能力。

司法良心，是指司法工作者在职业活动中，在履行对他人、对社会、对国家的法律义务和职责的过程中形成的道德责任感和自我道德评价和自制能力。它是深刻的司法道德认识、强烈的司法道德感和坚定的司法道德意志在司法工作者主体意识中的有机统一。司法道德良心的特点在于：（1）它是和司法职责、司法义务密切相联、不可分割的。义务来自道德的主体之外，它表现为司法工作者个人对他人、对社会、对国家应尽的道德责任；良心出自道德主体之内，它表现为司法工作者个人对自己行为的道德责任感。从义务向良心的转化，是从道德的规范性、他律性向道德的主体性、自律性的升华。如果义务是司法工作者对司法道德客观规范性的自我意识，那么，良心则是司法工作者对自己道德主体性的弘扬，是一种发自内心深处的对道德主体性的自我呼唤。所以，司法道德良心的最显著的特征就是自律性；（2）在阶级社会中，司法道德良心具有强烈的阶级性。正如马克思在揭露资产阶级陪审员的虚伪性时所指出的："共和党人的良心不同于保皇党人的良心，有产者的良心不同于无产者的良心，有思想的人的良心不同于没有思想的人的良心。一切除了资格以外没有本事的陪审员，他的良心也是受资格限制的。"并进一步揭示："特权者的'良心'也就是特权化了的良心。"[①]社会主义司法工作者，是无产阶级和广大劳动人民意志和利益的执行者、实施者，在执法办案中，只有忠实于人民和国家，忠实于社会主义法律，才是有良心的、道德才是高尚的；（3）司法道德良心是司法工

---

① 《马克思恩格斯全集》第6卷，人民出版社1961年版，第152页。

作者在司法职业实践活动中，在接受国家和社会道德教育的过程中逐渐形成的。良心作为一种社会意识形式是主观的，是人内心的情感和理智，但它的内容是客观的，是一定的社会道德关系、道德原则规范在人们意识中的反映。[①] 司法道德良心与司法职业实践密不可分，司法实践提出司法良心的要求和内容，司法良心反映司法实践的客观实际，法官在司法道德良心的支配下进行司法活动，因此，司法道德良心具有明显的实践性。

法官的司法良心主要体现在：首先表现在法官要有正确的公平观、正义观，有深厚的人文底蕴，具有平等意识，能够一视同仁地维护当事人的合法权益；其次，法官要有法律至上的理念，并且拥有丰富的法律知识和法学理论修养，能够正确理解、体会法的精神，落实法律的规定；最后，在解决具体纠纷时，能够独立依法做出判断，不受法律以外因素的干扰。

二 检察官职业道德建设的若干问题

（一）检察官职业道德建设的发展历程

检察机关一贯高度重视检察官职业道德建设，检察官职业道德建设的发展可以分为三个阶段。

第一阶段，建院以来到2002年，探索、摸索阶段。这一阶段，检察官职业道德的规范在宪法、检察院组织法、诉讼法（尤指刑事诉讼法）、《中华人民共和国检察官法》以及高检院颁布的诸操作规程等规范性文件中都有所体现。特别是1995年2月28日，第八届全国人大常委会第十二次会议审议通过并于同年7月1日正式实施的《中华人民共和国检察官法》（以下简称《检察官法》）。《检察官法》明确规定，检察官必须忠实执行宪法和法律，全心全意为人民服务。担任检察官必须有良好的政治、业务素质和良好的品行。

第二阶段，2002—2009年，职业道德规范阶段。2002年，最高人

---

① 沈忠俊、刘同华编著：《司法职业道德》，中国政法大学出版社1999年版，第121—125页。

民检察院制定了《检察官职业道德规范》和《人民检察院基层建设纲要》，2005 年又出台了《关于进一步深化检察改革的三年实施意见》。其中，出台的《检察官职业道德规范》尤其具有文本价值，其全文内容仅 167 字：忠诚——忠于党、忠于国家、忠于人民，忠于事实和法律，忠于人民检察事业，恪尽职守，乐于奉献；公正——崇尚法治，客观求实，依法独立行使检察权，坚持法律面前人人平等，自觉维护程序公正和实体公正；清廉——模范遵守法纪，保持清正廉洁，淡泊名利，不徇私情，自尊自重，接受监督；严明——严格执法，文明办案，刚正不阿，敢于监督，勇于纠错，捍卫宪法和法律尊严。这些规定对规范检察人员职业行为、促进检察队伍建设发挥了重要作用，但也存在相对原则抽象、可操作性不强的缺憾。

第三阶段，2009 年职业道德准则颁布至今。2009 年 9 月，《检察官职业道德基本准则（试行）》颁布，有 6 章 48 条。2016 年 12 月，最高人民检察院召开第十二届检察委员会第五十七次会议，通过《中华人民共和国检察官职业道德基本准则》（下称《准则》），并印发落实《准则》的通知，要求全体检察官遵照执行，检察辅助人员参照执行。《准则》从印发之日起实施，《中华人民共和国检察官职业道德基本准则（试行）》同时废止。①

（二）《检察官职业道德基本准则》的主要内容

2016 年 12 月，最高人民检察院通过的《中华人民共和国检察官职业道德基本准则》，共有五条，第一条为坚持忠诚品格，永葆政治本色。第二条为坚持为民宗旨，保障人民权益。第三条为坚持担当精神，强化法律监督。第四条为坚持公正理念，维护法制统一。第五条为坚持廉洁操守，自觉接受监督。

（三）检察官职业道德的基本要求

"忠诚、为民、担当、公正、廉洁"是检察官职业道德的基本要求。

---

① 徐盈雁：《最高检印发检察官职业道德基本准则》，《检察日报》2016 年 12 月 5 日。

1. 忠诚

忠诚是检察官职业道德的基石。要坚决维护以习近平同志为核心的党中央权威，把习近平新时代中国特色社会主义思想作为全党全国人民为实现中华民族伟大复兴而奋斗的行动指南，且必须长期坚持并不断发展；坚持"四个自信"，强化"四个意识"，坚定道路自信、理论自信、制度自信、文化自信，贯彻党的基本理论、基本路线、基本方略。用习近平新时代中国特色社会主义思想统一思想、统一行动，牢固树立政治意识、大局意识、核心意识、看齐意识；做到"五个忠于"。忠诚之于我们并不陌生，"忠"为尽职、尽责，子曰："居之无倦，行之于忠。"意思是说在位的时候不要疲倦怠惰，执行政令时要保持忠心。为了民族的整体利益，为了国家的整体利益，"鞠躬尽瘁，死而后已"，忠诚是人形成自我意识和世界观的主要内容。因此，一个国家需要讲忠诚，一个集体需要忠诚，一个组织需要忠诚，一个人需要忠诚。一个民族，具有忠诚的品质，必定众志成城，中华民族素以爱国主义精神和集体主义精神著称于世；一个集体，具有忠诚的品质，必定战无不胜、攻无不克；一个人，具有忠诚的品质，必定奋发有为。忠诚是人走向信仰的前提，只有忠诚，才能不负党的重托，才能取信于人民。

忠于党。中国共产党是中国工人阶级和中华民族的先锋队，代表中国先进生产力的发展要求，代表中国先进文化的前进方向，代表中国最广大人民的根本利益。忠于党是检察官的政治义务，要求检察官坚定共产主义信念，坚定对党的事业的信心，接受和服从党的领导，与党中央保持高度一致，始终遵循党的路线，自觉贯彻党的方针，坚决执行党的政策，努力维护党的声誉和检察工作的正确政治方向。忠于国家。《检察官法》第三十五条规定，检察官不得散布有损国家声誉的言论，不得参加非法组织，不得参加旨在反对国家的集会、游行、示威等活动，也不得参加罢工。这就要求检察官依法忠实履行法律监督职能，切实维护国家利益和国家尊严。忠于人民。必须牢固地树立"立检为公、执法为民"的观念；在行动上，必须始终把人民利益作为检察工作的出发点和落脚点，切实做到权为民所用、法为民所执、情为民所系、利为民所谋，为人民用好权，切实保障宪法和法律赋予人民的权利得到充分实现，为人民的工作、生产、学习和生活创造良好的法治环境。忠于宪法和法律。做到"以事实为根据，以法律为准绳"。忠于人民检察事业，恪尽职守，乐于奉献。忠于人民检察事业，关键是要做到恪尽职守。

忠诚，不仅是一项重要的道德品质，而且是一切美德的根基。只有培养忠诚的好习惯、好品德，才能成为一个值得信赖的人、一个可委以重任的人、一个富有职业成就的人。对于检察官来说，忠诚，既是检察官职业道德的第一项基本要求，也是一种决定职业责任感、敬业精神和职业成就的人格素质和政治品格。

2. 为民

（1）为人民服务的含义

《为人民服务》是毛泽东同志在1944年中央警卫团追悼张思德同志会议上的讲演稿，其核心就是确立为人民服务的宗旨。具体内容主要包括：一是我们共产党是为人民的利益工作的。"我们的共产党和共产党所领导的八路军、新四军，是革命的队伍，我们这个队伍完全是为着解放人民的，是彻底地为人民的利益工作的"；二是树立正确的生死观。"为人民利益而死，就比泰山还重；替法西斯卖力，替剥削人民和压迫人民的人去死，就比鸿毛还轻；张思德同志是为人民利益而死的，他的死是比泰山还要重的"；三是与时俱进，修正错误，不断前进。"我们是为人民服务的，我们为人民的利益坚持好的，为人民的利益改正错的，我们这个队伍就一定会兴旺起来。"

（2）把为人民服务作为我国检察官职业道德基本要求的依据

把为人民服务作为我国检察官职业道德的基本要求，可以从如下几个方面来分析。

首先，从讲政治的角度看。社会主义道德建设要以为人民服务为核心，在党的十九大报告中，"人民"二字一共出现了203次，直抵人心，激发共鸣。"不忘初心，牢记使命"，是中国共产党人始终不变的心系人民的初心和情怀。"永远把人民对美好生活的向往作为奋斗目标"，党的十九大再次向人民做出了庄严的承诺。[①] "为人民服务是社会主义道德的集中体现"，也是社会主义权力道德的最基本原则。习近平总书记在十九大报告中强调，全党一定要自觉维护党的团结统一，保持

---

① 李海霞：《十九大代表热议报告：203次提到"人民"二字说明了什么》，《人民日报》2017年10月20日。

党同人民群众的血肉联系，中国共产党人的初心和使命，就是为中国人民谋幸福，为中华民族谋复兴。这个初心和使命是激励中国共产党人不断前进的根本动力。全党同志一定要永远与人民同呼吸、共命运、心连心，永远把人民对美好生活的向往作为奋斗目标。作为人民检察官，不仅应当坚守为人民服务的道德原则，而且要把全心全意为人民服务作为检验工作的试金石，时刻对照自己的行为，检验自己的思想，真正做到权为民所用。

其次，从职业特点看，服务是职业道德的一致性原则，各行各业都是服务，我们的检察官是人民的检察官，检察官职业同样是服务，从检察官的产生、权力来源上就可以找到根据。我国《宪法》规定，检察机关都由人民代表大会产生，对它负责，受它监督。最高人民检察院对全国人民代表大会和全国人民代表大会常务委员会负责。地方各级人民检察院对产生它的国家权力机关和上级人民检察院负责。我国《检察官法》规定，最高人民检察院检察长由全国人民代表大会选举和罢免，副检察长、检察委员会委员和检察员由最高人民检察院检察长提请全国人民代表大会常务委员会任免。地方各级人民检察院检察长由地方各级人民代表大会选举和罢免，副检察长、检察委员会委员和检察员由本院检察长提请本级人民代表大会常务委员会任免。地方各级人民检察院检察长的任免，须报上一级人民检察院检察长提请该级人民代表大会常务委员会批准。在省、自治区内按地区设立的和在直辖市内设立的人民检察院分院检察长、副检察长、检察委员会委员和检察员由省、自治区、直辖市人民检察院检察长提请本级人民代表大会常务委员会任免。通过人民的代议机构产生的检察院和检察官，当然要为人民服务。

最后，为人民服务是我国人民司法的优良传统和根本宗旨。自有人民司法以来，在中国共产党领导下，人民司法工作始终秉承为人民服务的宗旨，应当予以继承和发扬光大。

（3）为人民服务对检察官职业道德的基本要求

检察官在工作中贯彻为人民服务的基本要求，必须做到如下几点。

首先，牢固树立司法为民的理念。习近平在《中国共产党第十九次全国代表大会报告》中指出，坚持以人民为中心。人民是历史的创造者，是决定党和国家前途命运的根本力量。必须坚持人民主体地位，坚持立党为公、执政为民，践行全心全意为人民服务的根本宗旨，把党的群众路线贯彻到治国理政全部活动之中，把人民对美好生活的向往作为奋斗目标，依靠人民创造历史伟业。我国宪法的总纲规定："中华人民共和国是工人阶级领导的、以工农联盟为基础的人民民主专政的社会主义国家。中华人民共和国的一切权力属于人民。人民依照法律规定，通过各种途径和形式，管理国家事务，管理经济和文化事业，管理社会事务。国家行政机关、审判机关、检察机关都由人民代表大会产生，对它负责，受它监督。"人民是国家的主人，人民检察院由人民的代议机构人民代表大会产生，检察官由人民代表大会及其常务委员会任免，因此，检察院和检察官都必须维护人民的合法权益，全心全意为人民服务。

其次，树立正确的价值观、道德观，为人民服务应当成为人民检察官的基本价值观，人生的永恒追求。弘扬社会主义核心价值观。我国《公民道德建设实施纲要》明确要求，从我国历史和现实的国情出发，社会主义道德建设要坚持以为人民服务为核心，以集体主义为原则，为人民服务作为公民道德建设的核心，是社会主义道德区别和优越于其他社会形态道德的显著标志。它不仅是对共产党员和领导干部的要求，也是对广大群众的要求。每个公民不论社会分工如何、能力大小，都能够在本职岗位，通过不同形式做到为人民服务。在新时代，必须继续大张旗鼓地倡导为人民服务的道德观，把为人民服务的思想贯穿于各种具体道德规范之中。

再次，树立正确的权力观，真正代表人民掌好权、用好权。树立正确权力观必须强化"公仆"意识，"公仆"意识实际就是党的宗旨意识。党的宗旨是全心全意为人民服务，因此权力就是为人民服务的工具，绝不能把手中的权力私有化甚至商品化。在任何时候，任何情况下，都要为人民掌好权、用好权。绝不允许以言代法、以权压法、逐利违法、徇私枉法。要加强对权力运行的制约和监督，让人民监督权力，让权力在阳光下运行，把权力关进制度的笼子。强化自上而下的组织监督，改进自下而上的民主监督，发挥同级相互监督作用，加强对党员领导干部的日常管理监督。

最后，做到"亲民为民利民便民"。强化群众观念，重视群众诉求，关注群众感受，依法维护和保障诉讼当事人参与人及其他有关人员的合法权益。人民检察院和人民检察官要想人民群众之所想，急人民群众之所急，充分体现全心全意为人民服务的核心原则。人民检察官要用人民群众的利益来衡量自己的工作，以民为本，热爱人民、忠于人民、服务人民。检察官对工作要谨慎勤恳、不辞辛劳、任劳任怨，重视程序，一丝不苟，做到"亲民为民利民便民"。

3. 担当

（1）"担当"的含义

"担当"，即承担并负责任。敢于承担责任，有魄力。担当就是专门做某事的人。《朱子语类》卷八七云："岂不可出来为他担当一家事?"唐顺之《与俞总兵虚江书》云："若夫为国家出气力，担当大任，有虚江辈在，山人可以安枕矣。"老舍《四世同堂》三六云："每一个有点知识的人都应当挺起胸来，担当这个重任。"

（2）检察官"担当"的要求

敢于监督，坚守防止冤假错案件底线。不搞"老好人主义""怕得罪人"。《人民日报》批评过一种现象，"兄弟对不住，找你谈话是领导意思"，到基层调研采访，听闻有基层纪检干部在约谈出现苗头性问题的干部时，开场白便"直抒胸臆"："兄弟，对不住了，让我找你谈话是领导的意思。"还有的则说："约谈你，是上级纪委的安排，请多理解。"这种以"领导"为托词，搬"上级"当"救兵"的做法，实则是少数纪检干部极力撇清责任，努力装"老好人"的"障眼法"。约谈提醒、谈话函询本该严肃庄重，被约谈人也只有在严肃而又紧张的谈话氛围中才能红脸出汗，达到提神醒脑，或是悬崖勒马的效果。相反，如果谈话人一开始就撇清责任，谈话就可能纯粹沦为"喝杯茶""聊聊天"，也就自然达不到教育提醒干部的效果了。① 勇于担当，是共产党人自身应具备的鲜明特征。习近平总书记指出，是否具有担当精神，是否能够忠诚履责、尽心尽责、勇于担责，是检验每一个领导干部身上是否真正体现了共产党人先进性和纯洁性的重要方面。承担重任，就应勇于担当、敢于作为，纪检干部必须在执纪问责、较真碰硬中淬炼本色。

---

① 孟祥夫：《人民日报批"兄弟对不住，找你谈话是领导意思"》，《人民日报》2016年10月25日。

4. 公正

习近平在中国共产党第十九次全国代表大会上的报告《决胜全面建成小康社会 夺取新时代中国特色社会主义伟大胜利》中指出，深化司法体制综合配套改革，全面落实司法责任制，努力让人民群众在每一个司法案件中感受到公平正义。公正是检察官职业道德的价值取向。公正是司法的生命，恪守客观公正义务是对检察官的根本要求。

实现司法公正应当注意的如下问题。

（1）严格遵守检察纪律

检察官要严格遵守检察纪律，这是对检察机关工作人员工作的具体要求，检察工作人员之间不能相互干涉，检察人员同其他司法机关工作人员之间不能相互干涉。这对于检察的公正性具有十分重要的作用。

（2）提高案件质量

检察官要努力提高案件质量和办案水平，严守法定办案时限，提高办案效率，节约司法资源。检察官与各行各业一样，都有与本行业的职责、权利及义务相一致的道德准则和行为规范，也就是职业道德。检察官因承担着法律监督的神圣职责，承载着老百姓对社会公平正义的殷切期盼，职业要求更高，更有其特殊性，以"忠诚、公正、清廉、文明"为核心的检察官职业道德，既是对检察官的基本素质要求，也是检察官这个群体的共同价值追求。始终坚守忠诚，就不会偏离检察人生的基本方向，就不会脱离执法为民的根本宗旨，就会坚定自己的理想信念，牢记使命，不管遇到多大的困难、遭受多大的挫折，始终怀着一颗对党、对国家、对人民、对宪法和法律的忠诚之心，不犹豫、不动摇、坚定不移，追求到底；也就会敬重检察这份职业，对职业产生认同感、责任感和荣誉感，恪尽职守，在自己的工作岗位付出应有的努力，做出应有的贡献。始终坚守公正，就不会随意执法，更不会徇私枉法，就会站在当事人双方和老百姓的角度换位思考，排除外界干扰，不偏不倚、不枉不纵，认真处理好每一起案件，着力化解矛盾，追求案件处理的最佳效果。始终坚守清廉，就不会滥用职权、以权谋私，以致走向堕落，就能守住执法的底线，无所畏惧，不为情所扰、不为物所惑、不为色所诱，问心无愧、一身正气、两袖清风，也就有了公正执法的底气。

(3) 实行过错责任追究制度

严格执行检察人员执法过错责任追究制度，对于执法过错行为，要实事求是，敢于及时纠正，勇于承担责任。十八届四中全会通过的《中共中央关于全面推进依法治国若干重大问题的决定》强调，完善主审法官、合议庭、主任检察官、主办侦查员办案责任制，落实谁办案谁负责。"检察官"的特殊称谓，饱含了人民群众对检察执法办案的期盼和要求，老百姓一方面希望检察机关能够保护自身的合法权益，另一方面也希望检察机关能维护整个社会的公平正义。当前，各类社会矛盾增多，上访事件频发，说明老百姓心中有不满，有委屈，这其中也不乏涉检信访案件，其主要原因还在于执法办案有瑕疵，存在有不规范、不严谨、不到位的地方，也有个别的徇私枉法，导致部分老百姓对司法的不信任和对执法群体的不信赖，队伍的形象在群众心中打了折扣，最后造成我们很多正常的执法行为都遭受到不应有的质疑、猜测，甚至非议，为什么会这样，因为信任度出了问题。要真正赢得人民群众的理解、信任和支持，提高执法公信力，必须树立起百姓对检察官职业的敬重感，对检察干警执法办案的认同感，信你才会真正服你。老百姓常议论的，哪个地方某某办案我最放心，某某人处理事情我最服气等，说明老百姓心中的司法权威不在法律本身，而在于对执法机关和执法者的信赖。执行检察人员执法过错责任追究制度，对提高办案质量、提高检察公信力具有重要意义。

5. 廉洁

廉洁是检察官职业道德的底线。习近平在《中国共产党第十九次全国代表大会上的报告》中要求树立清正廉洁的价值观。

(1) 检察官廉洁原则的意义

一方面，检察官清廉原则对于检察官提高职业道德素质具有一定的导向作用。如果仅依靠一些外在的约束力是很难保证所有检察官一直遵纪守法、严格自律，因为任何制度都不可能做到尽善尽美，都会被一些人钻空子。要想让检察官都能够一直遵纪守法，必须让检察官内心有所觉悟，有牢固坚定的价值观念。这一条文的存在能够为检察官树立正确的职业理想，正确把握国家和人民的要求，从而能够从内心出发自觉抵制各种不良思潮价值观念的影响，做一个为人民服务、清正廉洁的官员。另一方面，检察官作为行使国家检察权、对其他权力进行监督的人，是建设法治社会的主力军。在检察官清廉原则的引导下，检察官的职业道德素质会得到大大的提高，公正、高效、文明、廉洁执法，维护社会公正，并且能够以自己的行动为他人做榜样，教育更多的人清正廉洁。如此一来，把中国建设成社会主义法治国家也就指日可待了。

（2）检察官廉洁原则的实现

如何使检察官遵守清廉原则？

首先，提高检察官职业道德素质。十八届四中全会通过的《中共中央关于全面推进依法治国若干重大问题的决定》指出，全面推进依法治国，必须大力提高法治工作队伍思想政治素质、业务工作能力、职业道德水准，着力建设一支忠于党、忠于国家、忠于人民、忠于法律的社会主义法治工作队伍，为加快建设社会主义法治国家提供强有力的组织和人才保障。所以要想使每位检察官都能遵守检察官职业道德准则26条的规定，遵纪守法，廉洁自律，提高检察官的职业道德素质就显得十分必要。不得不承认，"文革"结束后的这几十年，检察官的职业道德素质有了很大的提高，但提高的速度还是落后于社会主义法治建设的要求，检察官职业道德素质不高的例子还比较多。提高检察官职业道德水平不是一项简单的工程，它是一个系统化的工程。

其次，要严格对检察官的学历要求。在对检察官进行选拔时，我国对检察官的要求之一是"高等院校法律专业毕业或者高等院校非法律专业，具有法律专业知识，工作满两年的或者获得法律专业学士学位，工作满一年的"。这一任职要求，存在一定的问题。高等院校法律专业包括本科和专科，而本科专科学习要求有着明显的区别。虽然不能以学历来评价一个人素质的高低，但学历的确是一个评判的标准。把非法律专业的、具有法律专业知识的人纳入检察官队伍中，也降低了检察官的门槛。这与法律是一门艺术，在一个人能够获得对它的认识之前，需要长期的学习和实践"是违背的"。① 所以我们要提高检察官任职的门槛。加强对检察官道德素质的教育。在司法实践中，常常出现检察官贪污腐败，违法乱纪，置群众利益于不顾，嚣张跋扈。检察官的道德素质不高

---

① ［美］诺内特·塞尔兹尼克：《转变中的法律和社会》，张专铭译，中国政法大学出版社1994年版，第64页。

就是其中一个原因。检察官背负着巨大的职业压力,这导致了许多检察官只注重提高办案的效率而忽视自身的道德建设,加上我国司法职业道德教育理念一直比较落后也导致了许多检察官职业道德素质比较低,这种观念必须改变,加强职业道德教育,在当代中国,必须以马克思主义思想为指导方针,以社会主义核心价值观为导向教育检察官以提高其职业道德素质。

再次,提供完善的经济保障。纵观一些检察官非常清廉的国家,几乎全都为检察官提供了一个非常完善的经济保障制度。为了保证检察官的公正廉洁,这些国家普遍实行高薪制,十分注重对检察官的物质保障。在日本,检察官的工资水平远高于公务员,最高检察厅检事总长的月薪为154.1万日元,最高检察厅一级检事的月薪为123.2万日元。检察官的平均工资高于公务员平均工资的40%。在我国香港,律政司的检察官平均年薪在60万港元以上。[①] 在我国,由于种种原因并没有实行高薪制,然而借鉴国外的检察官高薪制是十分必要的,一方面,可以通过高薪来吸引许多优秀的法律人才,提高检察官的整体素质。长期以来,由于检察官的工资不高,导致了许多有能力的法律人才选择了当律师,这就导致了检察官行业的人才流失。另一方面,高薪制度会让检察官增加对自己工作的积极性,促使检察官珍惜这份来之不易的工作,从而严于律己,公正执法。检察官贪污腐败之事频发固然与检察官的职业道德素质欠缺有关,但检察官的待遇过低也是其中重要原因之一。通过丰厚的待遇可以让检察官对生活没有后顾之忧,能够抵挡住金钱的诱惑,做到洁身自好。

最后,检察官不以权谋私。要求检察官不以权谋私,以案谋利,借办案插手经济纠纷。检察官应秉持清正廉洁的情操,要求检察人员树立清廉意识,模范遵纪守法,不徇私情、淡泊名利、自尊自重、接受监督。要具有不为钱所诱、不为利所惑的坚定立场,做到"拒腐蚀,永不沾",严格维护法律的公正性和权威性。不利用职务便利谋取不正当利益。作为检察人员,不能利用自己的职务去谋取不正当利益,更不能在职务之外进行一些经商、经营类活动。检察官应当明确自己的职务性质

[①] 肖扬主编:《当代司法体制》,中国政法大学出版社1998年版,第340页。

和内容，避免从事某些业外活动而对检察官的形象带来损害。不收受各种非法利益。

三 律师职业道德建设的若干问题

（一）律师职业道德的依据

律师职业道德的依据首先是中国共产党的政策、国家法律的规定，最直接的依据是《中华人民共和国律师法》以及中华全国律师协会制定的《律师执业行为规范》（2017年版）。概括起来，律师职业道德的基本规范就是：忠诚、诚实守信、勤勉尽责、公平和正义、维护律师行业声誉、保密、尊重与正当竞争、公益。

（二）律师职业道德的具体要求

1. 忠诚

（1）作为律师职业道德之"忠诚"的基本内容

一方面，在新修改的《律师执业行为规范》的第三条规定："律师应当把拥护中国共产党领导、拥护社会主义法治作为从业的基本要求。"律师要按照法律规定约束自己的行为，不得违反中国共产党的领导和法律的有关规定。恪守职业道德，忠实于社会主义事业和人民利益。另一方面，律师应当忠于宪法、法律，恪守律师职业道德和执业纪律。律师不得利用律师身份和以律师事务所名义炒作个案，攻击社会主义制度，从事危害国家安全的活动，不得利用律师身份煽动、教唆、组织有关利益群体，干扰、破坏正常社会秩序，不得利用律师身份教唆、指使当事人串供、伪造证据，干扰正常司法活动。要求律师的执业行为必须遵守宪法、法律的规定，遵守从业规范，恪守职业伦理与道德，坚持谨言慎行，以正确的思想为指引，维护律师行业的良好形象，力争在全面依法治国中发挥更加重要的作用。要求律师不得以个人或律师事务所身份的名义进行案件炒作，以免引起不必要的社会负面影响，同时要求不得攻击社会主义制度，不得有危害国家安全等利用律师身份进行违法犯罪的行为，此行为严重干扰司法正常秩序，严重者应当按照刑法相关规定予以刑事处罚。

(2) 我国律师必须拥护中国共产党领导、拥护社会主义法治

中国共产党是我国的执政党，我国走中国特色社会主义法治道路，区别于西方的政治体制。党的十八届四中全会中指出，中国共产党和法治的关系是："党的领导和社会主义法治是一致的，社会主义法治必须坚持党的领导，党的领导必须依靠社会主义法治。"

社会主义法治必须坚持党的领导。我国是中国共产党领导的社会主义国家，党的领导是中国特色社会主义最本质的特征。没有党的领导这一政治基础，就没有中国特色社会主义。坚持党的领导，是社会主义法治的根本要求，是党和国家的根本所在、命脉所在，是全国各族人民的利益所系、幸福所系，是全面推进依法治国的题中应有之义。只有在党的领导下依法治国、厉行法治，人民当家做主才能充分实现，国家和社会生活法治化才能有序推进。事实证明，党的领导是社会主义法治最根本的保证，把依法治国方略落到实处须臾离不开党的领导。坚持党的领导是我国宪法的基本原则。我国宪法序言反映了我们党带领人民进行革命、建设、改革所取得的伟大成就，确立了在历史和人民选择中形成的中国共产党的领导地位。中国共产党是中国工人阶级的先锋队，同时是中国人民和中华民族的先锋队，是中国特色社会主义事业的领导核心。除了最广大人民的根本利益，党没有自己的特殊利益。在党的领导下发展社会主义民主政治、建设社会主义法治国家，是坚持人民民主专政的必然要求。只有不断加强和改善党的领导，充分发挥党总揽全局、协调各方的领导核心作用，才能确保依法治国的正确政治方向；只有在党的领导下依法治国、厉行法治，才能真正实现党的领导、人民当家做主和依法治国有机统一。

党的领导必须依靠社会主义法治。面对新形势新任务，我们党要团结带领全国人民更好统筹社会力量、平衡社会利益、调节社会关系、规范社会行为，使我国社会在深刻变革中既生机勃勃又井然有序，实现经济发展、政治清明、文化昌盛、社会公正、生态良好，要实现我国和平发展的战略目标，就必须更好发挥法治的引领和规范作用。依法执政是依法治国的关键。"为了保障人民民主，必须加强法制。必须使民主制度化、法律化，使这种制度和法律不因领导人的改变而改变，不因领导

人的看法和注意力的改变而改变。"邓小平同志的这段名言告诉我们：有效制约和科学运用公权力，必须通过法治的方式。我国法治建设和中国共产党的领导有着密不可分的联系。而律师在我国法治建设过程中，又有着重要作用。

（3）律师应当忠于宪法、法律

1980年，全国人大常委会颁布《中华人民共和国律师暂行条例》，对律师行为的规定集中体现在第三条，"律师进行业务活动，必须以事实为根据，以法律为准绳，忠实于社会主义事业和人民的利益"。这个条例虽然也规定建立律师协会组织，但是律师协会组织的任务主要是"维护律师的合法权益，交流工作经验，促进律师工作的开展，增进国内外法律工作者的联系"。①

全国律协2017年1月8日九届二次常务理事会进行第2次修订的《律师执业行为规范》，将"律师应当忠于宪法、法律，恪守律师职业道德和执业纪律"这一条文作为基础准则，律师执业规范的首要原则就是遵守宪法法律、遵循执业道德规范。这一原则性的规定是对律师职业的总体要求，律师在具体执业过程中的行为规范都要以此为准则，要求自我、规范自我。不得攻击社会主义制度，律师执业过程中，应当把拥护中国共产党、拥护社会主义法治作为从业的基本要求。要求律师具备崇高的法律职业精神、严格的执法品格和精湛熟练的法律业务能力，在知法的情况下，更要严格要求自己，杜绝利用律师身份做出危害国家安全、扰乱司法秩序的行为。

近几年，在司法改革的大背景下，律师受案量不断提升，律师行业也积极投入社会公共服务，提供有效的法律援助，这都对律师执业提出了更高的规范要求，要以正确的理论引导实践，在宪法和法律规定的前提下，积极从事律师行业，响应司法改革，为我国司法公正做出一定贡献。

作为社会法律服务者，律师在提供法律服务时遵守法律法规、行为规范，这是律师执业活动的准则。应当做到：第一，以宪法为根本准则。宪法是国家的根本法，确立了社会主义制度是我国的根本政治制

---

① 吴洪淇：《从纪律到规则：律师行业规范的演进逻辑》，《法治研究》2009年第3期。

度，中国共产党领导的多党合作和政治协商制度将长期存在和发展。广大律师要深入学习宪法，自觉遵守宪法，树立宪法的权威。① 这是基本要求。第二，遵守法律法规。决不能扭曲解释、毫无顾忌。律师应当在执业活动中带头遵守现行法律规范，全面践行《律师法》中规定的法律义务。第三，遵从执业规范。执业规范是律师在执业过程中应当遵守的行为准则。司法部制定的《律师和律师事务所违法行为处罚办法》等部门规章，全国律协制定的《律师执业行为规范》等行业准则对于律师与委托人的关系、保守执业秘密、利益冲突的预防与处理、律师与其他法律职业的关系以及相应的职业责任等方面均做出了较为具体的规定。律师应当按照规范的指引，在执业活动中履行应尽的职责。第四，恪守职业伦理与道德。职业伦理与道德主要表现为一种主观化的职业规范，反映律师信仰和追求的职业价值目标，如诚实守信、勤勉敬业地完成委托事项，积极参与法律援助，热心投身社会公益事业等。

遵守宪法法律、恪守职业道德规范是贯彻党的十九大报告以及"两会"精神，充分发挥律师在全面依法治国中作用的必然要求。要做到全面依法治国需要全体法律人带头遵守、维护法律，在全社会营造知法守法意识。律师执业行为的规范不仅影响律师执业的整体形象，也会影响公众对法治的信仰以及对社会公平正义的信心。若律师在执业过程中不遵守宪法法律，行为就会失去规范，管理也会失去秩序，从而导致社会失衡。同时，遵守宪法、法律，恪守律师职业道德和执业纪律是保证律师行业健康发展、保持和维护律师行业良好形象的必然要求。

要做到遵守宪法法律、恪守律师职业道德和执业纪律就要把握机遇，切实增强责任感和使命感。要深入学习十九大精神、以习近平新时代中国特色社会主义思想为指导，正确理解习近平总书记关于法治建设的重要论述，把握好社会主义法治建设的精髓。

2. 诚实守信

（1）律师职业道德之"诚实守信"的基本内容

律师应当诚实守信。这是一般概括性的规定，是从概括性的高度对于律师的角色身份及道德底线做出要求，该要求贯穿于律师的整个执业

---

① 张学兵：《懂规矩守规矩的律师队伍才能在全面依法治国中发挥重要作用》，《中国司法》2015年第10期。

生涯，不因其代理的案件不同、处理的具体事务不同而不同。从律师这一职业存在的目的出发对律师的角色身份提出要求，对于律师在整个职业过程中所需遵循的行事准则和道德原则做出要求。律师是当事人合法权益的守护者。

（2）律师职业道德之"诚实守信"的背景分析

律师作为法律行业的从业者，其职业性质决定了其应当维护当事人的合法权益、维护法律的正确实施、维护社会公平正义，但是由于我国律师这一职业出现得较晚，对其规制不完善，导致现实中出现了少数律师执业违背职业道德的状况。

第一，现实中存在大量律师代理不尽职的现象。律师不履行代理职责主要体现在不按约定提供法律服务、不按时出庭等。一些律师受到利益的驱使，盲目追求案件数量，不合理分配时间，无法积极对当事人委托的法律事项提供法律分析，甚至转手他人，罔顾诚实守信、勤勉尽责的职业道德。

第二，律师唆使当事人作伪证的现象频频出现。例如，① 2014年成都蒲江人何某找到没有农机具购买需求的35户农户，并使用他们的身份证、户口簿等证件，办理购买享受国家补贴的农机具35台，骗取国家补贴共计1296200元，其后何某之妻王某委托詹某为其辩护人。2014年11月5日，詹某向王某提供了购买农机具村民的证人名单，并要求王某联系名单上的证人以便调查取证，同日詹某对其中9名证人进行取证。随后，詹某将形成的9份《调查笔录》提交给了法庭。《调查笔录》中，上述9人均改变了自己此前在公安机关的证言，并称自己曾购买过农机具，补贴款已被自己取得并使用，现农机具已卖掉。公安机关随后再次调查，9名证人则再次变更证言称，因王某、詹某找到他们，要求他们改变证言，以便帮助何某减轻罪责，因此他们做出与事实不符的证言。2016年1月13日，詹某被警方抓获，其涉案行为是涉嫌引诱证人违背事实改变证言，检察机关以辩护人妨害作证罪对其提起公诉。这种行为不仅危害了司法的公正和社会正义，同样突破了法律从业者的道德底线，将本应尊重的事实与法律抛之于脑后让位于利益。

---

① 东方白：《涉嫌引诱他人作伪证 成都两律师接受刑事审判》，《成都商报》2016年8月18日。

第三，律师不当勾兑法官的行为时有发生。这种现象的存在，不仅需要规制法官的行为，也需要对律师进行职业道德的引导和教育。

第四，律师损害当事人利益的情形屡有发生。律师职业操守是律师在从事执业活动过程中必须遵循的道德底线和行为规则，它既包括职业道德也包括个人道德。由于目前我国的律师收费标准一般采取以标的额为基数的收费方式，律师唆使当事人扩大争议标的额，就可按扩大后的争议标的额收取更多的代理费用。

以上这些现象的存在都说明律师的职业道德还存在欠缺，在现实中，仍有律师不能认清自己的身份，不诚实守信，不能以维护当事人合法权益、维护法律正确实施、维护社会公平和正义为己任。

（3）对少数律师不诚实守信的理论分析

我国律师欠缺职业道德的现象并不鲜见，对于上述现象的产生则可从三个方面进行分析。首先是律师制度改革中存在的漏洞，让少数律师有了可乘之机。其次是在对国外律师制度的移植中产生了偏差，有学人曾做过一项关于律师业状况的研究，在针对一次全国律师论坛参会律师的调查中，有将近80%的律师认为律师事务所和律师本身就是营利机构，认为律师是正义的卫道士的仅占11%，① 也就是说，绝大部分的中国律师认为律师职业仅仅是一个赚钱的行当。三是有关律师的制度建设不够完善。如律师实习制度存在缺陷，我国司法部1996年颁布的《律师执业证管理办法》和2007年修订的《律师法》都规定申请律师职业必须到律师事务所实习满一年。但是现实中，实习制度往往流于形式。以上三点是造成律师违背职业道德现象发生的原因，对症下药，一方面需要从问题出发加强相应的制度建设和思想建设，另一方面对律师的职业道德加以规制和引导也是必须的，设置"诚实守信"的原则和底线，对于律师职业道德和律师行业的建设都至关重要。

3. 勤勉尽责

所谓"勤勉尽责"，是指律师应当牢固树立诚信意识，自觉遵守执业行为规范的各项具体要求，在执业中恪尽职守、勤勉尽责、严格自律，积极履行合同约定义务和法定义务，维护委托人合法权益。"维护

---

① 索站超：《中国律师职业伦理为什么成为问题?》，《河南财经政法大学学报》2012年第6期。

当事人合法权益",是指律师应当始终把执业为民作为根本宗旨,全心全意为人民群众服务,通过执业活动努力维护人民群众的根本利益,维护公民、法人和其他组织的合法权益。据调查,北京市2005年至2009年律师因为代理不尽职而遭到当事人投诉的案件数量高达513件,投诉率高达43%,以非律师身份代理为由投诉量39件,占总投诉的3.2%,非律师执业投诉率则只有2.1%。2011年5月25日,北京朝阳区律协执业纪律与执业调查委员会正式成立,到2014年10月,受理投诉案件537起,其中代理不尽职占投诉的36.87%,[①]由此可见律师不勤勉尽责的现象相当严重,应当下大力气予以解决。

4. 公平和正义

维护社会公平正义,是律师执业的价值导向。公正是法律最重要的价值,律师维护社会公正义务是法律公正价值的体现,要求律师的职业行为从目的上有利于实现社会公平正义,通过律师的法律服务,客观地还原法律事实从而纠正错误或违法状态,实现当事人之间的公平。

在维护社会公平正义问题上,律师应当处理好以下冲突。

第一,当事人利益与社会公共利益的冲突。当事人的利益与公平正义在很多情况下是违背的,尤其是在刑事诉讼领域,一方为受害者,另一方为加害者,当律师为犯罪嫌疑人辩护时,当事人利益与社会公益的冲突最为激烈。人有趋利避害的特性,个人私益与社会公共利益存在天然的冲突,法律就是要在各种利益之间进行权衡从而实现秩序与和谐。律师接受委托人委托,出于报偿理论应当为委托人利益服务,但如果仅遵照当事人的意欲行事,必将有损社会公共利益。而且委托人作为侵权责任人时,其利益已经在一定程度上损害了他人合法权益,损害了社会公共利益。因此,委托人的自由是有边界的,律师身兼承揽者和法律工作者、社会公民的多重身份,应当在合法限度内争取当事人权益的最大化,在符合社会公共利益情况下最大地依法实现当事人的利益。

第二,商业利益与社会期待的冲突。法律服务作为服务,具有与普通商品交易共同的特征。在某种意义上说,商业化能够提高律师法律服务质量,促进法律服务的发展,从而为当事人提供更多的选择。但律师

[①] 何小婷:《我国律师职业伦理研究》,硕士学位论文,四川师范大学,2017年。

一味追逐经济利益，律师行业过度商业化，则必然导致律师被异化为法律商人，律师事务所非营利性组织的性质被自我否定，律师行业在国家政治社会领域中的特殊职能将被弱化。律师为社会公众服务的精神难以彰显，会造成整个行业社会责任的集体缺失和社会美誉度的大幅下降，律师行业恶性竞争的局面难以改善。而且，过度商业化的律师无规则地满足委托人利益，必将在一定程度上辜负社会公众的信赖，损害社会公共利益。

第三，实质正义与程序正义的冲突。从亚里士多德以来，通过一定过程实现什么样的结果才合乎正义，一直是正义理论的中心问题。[①] 律师在执业过程中始终面临着来自程序正义与实质正义之间的冲突。在刑事诉讼中，律师为保护当事人的利益，在法庭上与检察机关进行对抗，实现了程序正义，却阻碍了实质正义。美国著名的辛普森杀妻案就引发了一场有关程序正义与实质正义的争论。虽然在此案中实质正义最终没有实现，但是却体现了律师及美国司法机关对程序正义的重视。忽视程序正义的实质正义，实质是毒树之果的非正义；而盲目追求程序正义，偏废结果的公正，其正义与法的终极价值目标背道而驰，也就失去了灵魂而变得无意义。因此当律师为维护当事人的利益选择了程序正义时，不能由此就认定律师违背了职业伦理，因为其最终原因还是为了实现更广泛的社会正义。律师应当把程序正义与实质正义协调起来。

第四，律师保密义务与律师作证义务的冲突。《律师执业行为规范》第九条明确规定律师负有保密义务，但《中华人民共和国刑事诉讼法》第六十条规定："凡是知道案件情况的人，都有作证的义务。生理上、精神上有缺陷或者年幼，不能辨别是非、不能正确表达的人，不能作证人。"律师并不属于《刑事诉讼法》所规定的例外情况。毫无疑问，律师在为被告人提供法律服务时，其可能了解到对被告人有利的情况，也可能了解到对被告人不利的情况，甚至律师会了解到可能影响整个案件发展趋势的情况。律师在此种情况之下就会面临着两难的选择，一方面是对国家法律的忠诚，另一方面则是对自己职业道德的忠诚。律师此时该做出如何的选择？当律师保密义务与律师的作证义务二者相冲

[①] ［日］谷口安平：《程序的正义与诉讼》，王亚新、刘荣军译，中国政法大学出版社2002年版，第1页。

突时，一般情况下律师负有保密义务，但是当案件重大、特殊涉及国家利益、集体利益、公共安全时则不负有保密义务。此时应把律师拒证权及其例外结合起来。

5. 维护律师行业声誉

律师职业道德之"维护律师行业声誉"的基本内容。律师应当注重职业修养，自觉维护律师行业声誉。《中华人民共和国律师法》《律师执业行为规范》对于律师的职业修养做出了全面的规定，律师在执业过程中应当注重自身的品质修养，努力提高自己的道德修养和专业技巧，为提高律师整体行业素质和声誉做贡献。

律师行业的发展已经成为当今时代文明的重要标志，如何让律师注重职业修养，自觉维护律师行业声誉，在对接需求中深化职业精神和责任使命，已经成为所有律师的价值追求。

律师行业的规模已经急剧扩大了。2004 年，全国有专职职业律师106491 人，律师事务所 11823 个，其中国资所 1653 个，合作所 1805 个，合伙所 8161 个。① 2013 年，全国有专职职业律师 225267 人，律师事务所 20609 个，其中国资所 1469 个，合作所 11 个，合伙所 14318 个、个人所 4635 个。② 截至 2017 年 1 月，全国律师总人数超过 30 万，律师事务所达到 2.5 万多家。最近 10 年，我国律师人数保持年均 9.5%的增速，以每年 2 万左右的速度增长；律师事务所数量也是年均 7.5%的增速。2015 年全国律师业务总收入 679 亿元，近八年保持年均12.8%的增速。③ 律师和律师事务所的快速增长给律师行业管理带来了严峻的挑战。应从以下几方面予以应对。

在激发律师职业素养的同时，同步培育职业责任与使命。建立健全律师服务民生质量评价体系，激发诚信良知，培育责任习惯。从行政与行业有为以及执业行为规范入手，探索推广法律服务进程中的法律风险告知，律师事务所统一收案、收费、监管及结案立卷告知，律师执业行为约束事项告知，律师事务所及律师法定责任及当事人权益救济事项与

---

① 于宁、邓甲明主编：《中国律师年鉴（2004）》，中国法制出版社 2005 年版，第 312—319 页。
② 李海伟：《中国律师年鉴（2013）》，中国法制出版社 2014 年版，第 276—278 页。
③ 李豪：《我国职业律师人数已突破 30 万》，《法制日报》2017 年 1 月 10 日，第 1 版。

路径告知，类别化诉讼、非诉讼法律服务如法律顾问专业化服务权利、义务、约束、免责条款与事项告知等，以行政及行业公权保障将民生权益落到实处，确保具有专业、职业与实践优势的律师执业行为在规范及公开透明的约束中同步培育诚信、良知与责任习惯。

建立健全律师行业职能作用激发机制与跨业联动共享共建体系，激发广泛认同。法律职业共同体与社会服务认知应成为广大律师的自觉共识，法律职场的同一性，法律体系的同源性，法律结果的唯一性，而法治行为及权利的差异性，付出与回报的不尽相同，不仅要探索行业与社会的内在机理，更要引导广大执业主体、管理主体共同探讨，努力把内在的、看不见的关系转化成普遍共识，并且努力使其可视化、易把握，以此促进律师服务职能的发挥和职责使命的落实与提升。

6. 保密

律师职业道德之"保密"的基本内容。律师在职业过程中对于需要保密，律师应当保守在执业活动中知悉的国家秘密、商业秘密，不得泄露当事人的隐私。律师对在执业活动中知悉的委托人和其他人不愿泄露的情况和信息，应当予以保密。但是，委托人或者其他人准备或者正在实施的危害国家安全、公共安全以及其他严重危害他人人身、财产安全的犯罪事实和信息除外。可见，需要保密的范围包括国家秘密、商业秘密和当事人的隐私三种。

律师保守执业秘密是指律师对其因职务活动而知悉与委托人有关而为其委托人不愿透露的事项或信息有享受法律免除其作证义务的特别权力。西方国家很早就出现了类似的制度，1577年英国的判例法就正式确立了律师特免权制度。随后西方国家对律师保密制度的理论基础出现了不同的观点，先后经历了如下过程。从最早来源于英国法学家威格摩尔提出的"荣誉说"，当时的律师多出身于上流社会而且社会地位较高，律师不得公开委托人的秘密，从而来彰显上流贵族的荣誉。边沁随后提出了"功利说"，该理论认为从整个社会的经济效益考虑，律师保密制度所增加的社会效益超过了律师不去保密的社会效益。之后，克瑞特梅克提出了"隐私说"、维斯汀提出了"人性说"等观点。现代法学界逐渐达成"信赖说"的共识，这种观点认为委托人是基于信任关系和律师之间建立委托关系，并且正是由于委托关系的存在，委托人才能充分地与当事人进行交流，便于办案律师理解案件的情况，为委托人提供更好的专业服务。我国著名学者陈瑞华主张保守职业秘密对于辩护律师而言主要是一种法律义务。辩护律师在保守职业秘密方面不具有选择或放弃的权利，而负有严守这一规则的义务。律师一旦违背了保守职业秘密规则，则有可能会承担法律责任。

犯罪嫌疑人、被告人和律师都享有隐私权。隐私是当事人不愿他人知道的个人信息。犯罪嫌疑人、被告人有获得辩护的权利。在刑事审判中，检察机关具有天然的强势地位，为了保证犯罪嫌疑人、被告人能够充分获得有效辩护，就不能要求律师报告所了解的全部事实。

目前我国的律师保密制度仍需完善。缺乏统一有体系的律师保密制度立法或行业规范，《刑事诉讼法》和《律师法》对律师保密制度的两个方面做出了原则性的规定，但仍然存在衔接的不明确。[①] 律师的法律义务与道德义务相混同，保密范围的界定不恰当。[②] 权利主体过于狭窄，辩护律师与委托人的身份界定不明确。为此有必要对我国的律师保密制度进行完善，而且完善我国律师保密制度对我国律师职业的发展具有重大意义。律师与当事人之间的互相信任是律师对当事人诉讼权利维护和实施的基础。统一律师保密制度不但是刑事诉讼的重要理论问题，也是实务中律师行业的基石之一。

7. 尊重与正当竞争

（1）律师职业道德之"尊重与正当竞争"的基本内容

尊重同行，公平竞争，同业互助则是律师职业过程中应当遵守的非常重要的一项义务，也是一项基本的职业道德。尊重同行，要求律师对同行应当尊重，不得怠慢、诽谤同行，不得故意抬高和标榜自己，贬损和诋毁其他律师，更不得用不正当手段损害对方律师的威望和名誉。公平竞争，倡导通过公开、平等的竞争促进律师业务水平和律师整体素质的提高，坚决反对贬低他人、抬高自己，唯利是图、损人利己，弄虚作假、互相拆台的不正当竞争。同业互助，要求接受共同代理的律师尊重

---

① 庄永生、王伟韬、赵力：《对我国律师职业保密制度现状的若干思考》，《中国司法》2017年第4期。

② 司莉：《律师保密：是权利还是义务——关于重构我国律师保密义务的思考》，《中国律师》2003年第12期。

当事人的选择和服从律师事务所的指派，互相明确分工和责任，彼此合作，协同办理好法律事务；律师之间应增加经验和信息的交流，共享，互通有无，而不应该搞封闭垄断。同业互助既是《律师职业道德和执业纪律规范》的要求，也是法律服务市场深入发展的客观需要。

（2）律师职业道德之"尊重与正当竞争"的背景分析

随着市场经济体制的建立，在市场经济条件下，凡与经济沾边的行业和职业都不能回避竞争，律师行业同样存在着激烈的竞争。我国律师制度自 1997 年恢复重建以来，已经得到了长足的发展。律师人数由原来的数千多人发展到现在的 30 万人，律师事务所由原来的几百家发展到 2.5 万多家，律师开拓的业务范围也愈来愈广。律师、律师事务所数量的增加无疑意味着律师行业的竞争愈来愈激烈，在一些国家和地区，这种竞争甚至还达到了白热化的程度。[①]

竞争有两种类型：正当的和不正当的。律师行业的不正当竞争则是指律师或律师事务所在执业过程中，违反公平、平等、诚实、信用原则，通过不实宣传、诋毁、低价收费等手段妨碍其他律师或律师事务所正常业务的开展，损害其合法权益，扰乱法律服务市场，扰乱司法秩序的行为。[②] 规范积极的正当竞争是律师行业的兴奋剂，但是，不正当竞争则只会在律师行业内助长一些不正之风。究其原因，不难发现，律师行业的内、外部机制及其所处的环境对该行业的不正当竞争也有一定的推波助澜作用。

律师行业不正当竞争问题的存在，究其根本，可以把主要原因概括总结为以下几点。

一是经济体制变革的压力因素，有律师不能正确面对。作为受市场利益驱动的律师及其执业机构之间，为了追求利益的最大化而产生竞争以及伴随而来的不正当竞争便不可避免了。《律师法》的颁布，进一步明确了律师在市场经济体系中的法律地位即律师是为社会提供法律服务的执业人员。从此，律师不再是国家职能的执行者，而是特殊的市场主体。面对经济体制变革的压力，有律师不能正确处理，以搞不正当竞争

[①] 孙国华主编：《法理学教程》，中国人民大学出版社 1994 年版，第 309 页。
[②] 盛杰民主编：《反不正当竞争法的理论与实务》，中国商业出版社 1994 年版，第 261 页。

来缓解压力。

二是相关法律、法规的不健全是律师业不正当竞争产生的制度原因。自我国恢复律师制度以来,国家加快了律师管理法规的立法步伐。颁布的《中华人民共和国反不正当竞争法》《中华人民共和国律师法》都对律师业的竞争行为做了一些基本规定,司法部颁布的《关于反对律师行业不正当竞争行为的若干规定》也对律师行业的不正当竞争行为做了列举式的规定。但以上的规定都较为宏观,不够详细、具体,缺乏可操作性,仍需进一步的完善、修改和补充。例如对律师、律师所的广告宣传问题缺乏详细规定,导致律师业中利用各种广告形式进行不正当竞争的行为比比皆是。一些虚假夸大的宣传混淆视听,不仅误导当事人,损害律师的形象,也扰乱了法律服务市场的正常秩序。实践中,律师的不正当竞争行为愈演愈烈,但因为"不正当竞争"而受过处罚的律师所和律师却是屈指可数,两者之间的悬殊不能不说与我们现有的法律、法规不健全、缺乏可操作性有关。①

三是多头管理导致法律服务市场存在很多问题,是律师业不正当竞争得以滋生的土壤。根据现有的法律,对法律服务市场的监管是由司法行政、公安、工商、经贸等部门共同行使的。法律没有规定由统一的组织机构对律师业的不正当竞争行为进行监督和管理,从而导致律师行业的不正当竞争在较大范围存在却没有得到较好治理的局面。一些依法不能从事律师工作的机构和人员纷纷加入"律师"行业,一些政府的法制部门未经批准设立了法律服务中心,一些公检法机关的离退休人员以离退休法官检察官协会为依托设立法律服务部,一些公民直接到工商行政管理部门登记法律服务部,一些社会闲散人员凭着对法律的一知半解冒充律师、非法设点、非法执业。在这种混乱的法律服务市场中,一些律师所和律师为了追求经济利益,也纷纷采用不正当竞争的手段,使得法律服务市场更趋混乱。

四是管理的不到位和体制的不合理,是导致律师行业产生不正当竞争行为的外部原因。目前,我国律师业实行的是行政管理和行业管理相结合的律师管理体制。作为行政管理职责承担者的司法行政机关,由于

---

① 杨建华:《当代中国律师权益制度研究》,硕士学位论文,中南民族大学,2005年。

受政府编制、财力的制约，普遍存在着人员不足、编制不到位、财力不到位等一系列问题。作为行业管理职责承担者的律师协会又大多依附于司法行政机关，不能独立、充分地发挥其行业管理的功效。如此一来，律师管理者的大部分时间都用于应付在受理律师证照、律师机构的申请上，而对法律服务市场的监管自然就无暇顾及了。他们在管理内容上只注重日常事务，疏于法律服务市场的监管，只注重管理工作的一般布置，疏于监督检查和落实。这样的管理自然为律师业的不正当竞争留下可乘之机，降低了律师业不正当竞争的风险成本。此外，相关体制的不合理也是导致律师行业产生不正当竞争行为的另一个外部原因。例如在律师税费制度上，对律师事务所征税时倾向以企业定性，实行高税率的实时征收制，而在制订收费标准时又倾向以事业单位定性，实行低收费，由此导致一些律师所为了减轻税负，用发票冲账进行不正当竞争。

五是社会整体导向和当事人价值取向是导致律师行业产生不正当竞争行为的社会原因。现实生活中，只有打赢官司的律师才会被社会认可为好律师，当事人也才会把自己的案子委托给他办理。为此，律师唯有将追求胜诉作为办理案件的目标，为了胜诉，一些律师所和律师甚至会动用各种手段、通过各种途径进行不正当竞争。律师行业的不正当竞争与社会风气也有较大关系。

六是少数律师所和律师的公平竞争意识淡薄是导致律师行业产生不正当竞争行为的主观原因。现阶段，我国的律师素质参差不齐。在激烈竞争的法律服务市场面前，正规的、杂牌的、有证的、无证的机构和人员竞相争揽案源，一些部门、一些地方从局部利益出发，搞行业垄断、案件垄断，使正当竞争的律师缺乏案源。为此，一些后进的律师所和律师为了眼前利益、为了在市场竞争中分得"一杯羹"，不惜使用"支付回扣"等各种手段满足自己的暂时需要。在我国现有的律师当中，就不乏有素质不高、职业道德低下之辈，他们往往成为律师业不正当竞争的主体。

（3）律师职业道德之"尊重与正当竞争"的理论分析

就当下的律师市场而言，矫正不正当竞争的任务显得更加紧迫。但是"对症下药"，方能"药到病除"，胡乱用药，只会贻误病情。那么，我们应该做出怎样的策略回应呢？

针对律师行业产生不正当竞争的原因，应从以下几个方面采取措施予以防治。

第一，加强律师职业道德教育、树立良好的市场公平竞争意识。思想是行动的指南，律师的职业道德是约束律师行为的一个无形的尺度，良好的职业道德能鞭策律师自尊、自律。在市场经济大潮中，更不能放松律师职业道德的建设，各级司法行政机关要切实担当起律师职业道德建设的重任，要定期或不定期地对律师进行职业道德、市场公平竞争意识的教育，要做到有计划、有检查、重落实。在加强教育的过程中，必须深入地向律师灌输律师职业道德和市场竞争的基本知识，使律师在提高认识、加深理解的基础上自觉接受律师职业道德和市场公平竞争意识，自觉地按照职业道德和市场竞争规则去选择自己的行为。

第二，建立、完善关于律师行业反不正当竞争的法律制度，加大执法力度。以《律师法》为基本法律依据，以司法部颁布的《关于反对律师行业不正当竞争行为的若干规定》为基础，建立完善律师行业反不正当竞争的法律制度。笔者建议制定一个更加具体的实施办法，使各级司法行政机关在实施中容易操作。各级司法行政机关要加大查处不正当竞争的力度，坚持平时查处与年检注册查处相结合、群众投诉举报与自查自纠相结合的制度，要大力加强对不正当竞争行为的宣传，在公民中开展这方面的法制教育，提高公民的法律水平，增强他们抵制不正当竞争的能力，笔者建议在律师行业推行公开挂牌服务制度，由司法行政机关统一配发服务卡，以监督律师依法执业。

第三，完善外部监督系统。目前我国律师文化氛围不够浓厚，律师职业道德缺失，仅依靠律师的自觉性来抵制律师行业的不正当竞争是很困难的。这就急需一套科学、完备、公允的外部监督系统，给予律师执业以外部约束力。而目前我国还未建立起这一监督系统。笔者认为在律师行业不正当竞争日益加剧的今天，应尽快完善律师执业行为的外部监督系统。该系统主要有官方监督（即国家监督）、社会舆论监督、人民群众监督和当事人的监督。四种监督各有优缺点，只有将其有效结合，充分发挥其各自优势，优缺互补，才能实现对律师执业活动的全方位监督，才能有效预防我国律师行业的不正当竞争。应当强化官方监督的警示作用，发挥社会舆论监督的优势，扩大人民群众监督的参与广度，实施当事人监督的鼓励措施。

8. 公益

（1）律师职业道德之"公益"的基本内容

律师协会倡导律师关注、支持、积极参加社会公益事业。律师可以以自己或者其任职的律师事务所名义参加各种社会公益活动。公益事业是一项浩大的工程，律师在这项工程中的地位举足轻重。律师可以参加的公益活动包括一般社会公益活动和公益法律服务两个方面。

（2）律师可以参加一般社会公益活动

律师参与公益活动的必要性。由于律师职业具有很强的专业性，其参与的公益活动一般是指公益的法律援助或者公益诉讼活动，律师作为社会公平正义的追求者，应该积极维护公益利益。

第一，律师追求和维护社会公平正义的需要。律师作为法律职业人，应当对自由、公平、正义、法治具有不懈追求的精神。

第二，律师执业独立性的要求。律师的执业行为不应受到行政机关和司法机关的干涉，作为律师在法律事务中的特殊群体，是有赖于独立的委托人的存在，否则，律师将无法保持职业的独立性。所以无论是提供公共的法律援助还是涉及公益诉讼的案件，律师都可以独立的身份参与其中。

第三，律师执业推广的需要。由于公益法律活动具有特殊之处，如社会援助需求多和公益诉讼社会影响范围广等，律师及其律师事务所若以自身名义积极参与了公益活动，一方面，无论是进行法律援助或者公益诉讼，都有助于法制的完善和社会正义的实现；另一方面，一旦取得较好的结果，公益性和社会影响性会帮助律师及其任职的律师事务所获得积极的社会评价，达到自身推广的效果。律师及其任职的律师事务所可以自己的名义参与公益活动，有助于体现律师服务的专属性和社会公众对律师行业的信赖。

律师参与公益活动可行性分析。第一，律师的专业性。律师是受过法律职业训练的专业人士，精通法律及诉讼程序规定，比普通公民拥有更多诉讼上的知识和能力。第二，诉讼的平等性。由于绝大多数需要法律援助的案件中，诉讼当事人往往都是经济困难群体或其他社会弱势群体，公益诉讼中，加害方往往是实力雄厚的公司、企业或国家机关，社会公关能力和财力都不容小觑，作为受害方的普通公民来说很难与之抗衡。因此从诉讼的平等性而言，律师良好的业务水平和专业技能也为民众参与公益诉讼保障公共利益提供了保障。

总而言之，对律师可以自己或其任职的律师事务所的名义参与社会公益活动的规定，鼓励和支持律师积极参与公共法律援助和公益诉讼等公益活动，以事实为依据，以法律为准绳，进行公益法律服务活动，既维护了委托人的合法权益，又维护了国家法律的权威和社会正义的实现。

（3）律师的公益法律服务

什么是公益法律服务？在规范性依据层面，并没有对什么是"公益性法律服务"做出界定，只是以提倡的方式，对特定的职业群体提出建议。这一点从《律师执业行为规范》的制定和修订可以得到证实。2004年施行的《律师执业行为规范（试行）》第三十六条以"不得拒绝司法行政机关和律师协会指派的法律援助、其他公益法律服务"进行表述，反映出一种倾向于强制性的规范；2009年修订后的《律师执业行为规范》则将该条取消，而是以倡导性的表述，要求律师按照国家规定履行法律援助义务。显然，这是这份规范性文件制定的进步，因为对需要法律帮助的群体提供服务是政府的责任，这不仅是各法治进步国家的主流观点，而且也体现在我国《法律援助条例》之中。因此何为"公益性法律服务"，并不需要官方来加以界定。我们可以将其概念确定为："非官方实施，不以营利为目的，为人民群众以提供专业法律知识、智力活动为表现形式的服务工作。"突出几点：第一，政府机关并不扮演主要角色，但不排斥政府机关组织社会群体、个人实施；第二，不得营利，但不排斥其他经费支持；第三，此种法律服务的对象是人民群众，以困难群体为主；第四，服务的方式是提供法律方面的专业智力支持。

律师参与公益法律服务的必然性。当辨析"公益法律服务"的概念之后，便很好理解律师参与公益法律服务具有"必然性"，甚至可以说是具有"天然性"。细数具备提供法律方面的专业智力支持能力的群体：法官、检察官、公安、司法行政人员、法学院老师、法学院学生、律师。唯有律师是"公益法律服务"提供者的最佳人选。首先，法官、检察官、公安、司法行政人员，作为被国家赋予特殊职能的群体，一定程度上代表国家履行职能，他们不应当从事公益性质的法律工作。例如偶现报端、网络报道某法院组织法官进入企业提供无偿法律服务的新闻，似乎为司法为民的亮点，实则破坏了司法机关中立性的基础，试想这家曾经接受"帮扶"的企业出现在该法院的诉讼案件，是不是会得到稍有"亲和力"的区别对待。另外，被赋予特殊职能的法官、检察官、公安和司法行政人员，他们应该将本职工作做好，而不是拿着国家的待遇去从事所谓的公益活动。其次，法学院老师、学生，虽然也可以从事部分公益活动，但是毕竟社会实践方面受案例经验积累，以及专业方向、投入时间等因素所限，也并非最佳的公益法律服务提供者人选。反观律师职业特点：非体制内人员，开展的工作不代表国家，没有行政职能色彩；高素质职业群体，自愿从事公益性工作，以自律、道德高度规范自身行为，并辅之以较为严厉的行业监管，所从事公益法律服务的非营利性可以得到保证；专业从事法律服务工作，能够充分保证服务的质量。因此，律师无疑应当是提供公益法律服务的主流职业群体。

律师在公益性法律服务中的角色。以香港地区为例，看律师在公益性法律服务中所扮演的角色：香港律师承担法律援助的重要工作。目前香港法律援助署有550名左右公务人员，其中包括70余名专职律师，160余名律政书记。私人律师需要申请并经过审查后方能进入法援署《法律援助律师名册》，进入名册才可以受委派从事法律援助工作，目前名册上有超过800名大律师及2200名律师。2017年1至3月，香港法援署签发法援证书，民事、刑事案件2217件，其中外派给名册内大律师、律师办理的案件有974件，占比达到44%。可见律师从事公益性法律服务在香港社会中非常重要。香港地区秉承法律援助是政府当然职责的精神，在其他涉及法律帮助的领域均不以"法律援助"的名义开展，其中比较突出的是：第一，当值律师计划，于1978年由香港律师公会和大律师公会联合组建设立。虽然资金来自政府，但其性质是民间性质的免费法律帮助机构。当值律师计划在所有裁判法院、少年法庭及死因研究庭为符合资格的被告人提供执业律师出庭辩护。该计划中还有免费法律咨询计划、电话法律咨询计划及为免遭返声请人法律援助计划。第二，法律义助服务计划，于2000年由香港大法律公会设立。其宗旨是对那些未能获得法援署援助而又无法支付律师服务费的申请人提供协助。可见，社会对律师提供公益性法律服务具有巨大的需求，也已经具备丰富实践经验可以借鉴。

律师参与公益法律服务的收获。律师一旦选择参与到公益法律服务中，其目标必然不应当是为了物质利益。因为其中并没有现实的物质利益可言，但是精神利益的获取，是其他法律工作所无法替代的。一是打通实践性学习通道。由于社会活动范围尚未展开，专业化、品牌化尚未建立，缺乏案源是困扰绝大多数初始执业律师的屏障。没有案件办理意味着再娴熟的法律专业知识也不能得以应用，没有实践的专业知识显得苍白无力。但是公益性法律服务，在不以营利为目的的前提下，青年律师则有机会接触到法律实务工作，在具体个案中历练、提高执业能力。二是有助于理解律师精神。《民主与法制》总编辑刘桂明老师在他的《律师百年与律师精神》一文中以20个字概括中国律师精神："法律为上，正义为先，忠诚为本，理性为重，自治为主。"然而，我们的青年律师目前往往陷入了要办理IPO业务、私募股权项目、并购重组，重大涉外诉讼业务的盲目追求误区之中，以为只有这样才是"高大上"的业务，才能够成为别人眼中的"金领"。却忘记了律师的根本品质来源于以法律为武器，帮助别人。公益法律服务以困难群众为主要服务对象，在帮助实现他人的正义同时，服务提供者也会得到净化和提升。

参与公益法律服务的建议。由于公益法律服务的非官方性，决定政府机关只能以倡导的方式推进，不宜强制干预。2017年2月17日司法部、财政部《关于律师开展法律援助工作的意见》中对于公益法律服务也是以"倡导"的方式表述。目前，律师参与公益法律服务的途径有三种：一是司法行政机关法律援助中心指派的法律援助案件；二是行业协会组织的"送法"活动；三是各律师事务所自行组织的公益咨询。第一项法律援助作为一项司法制度，政府机关和律师均有责任贯彻、落实。然而第二、三项的执行并没有广泛化和常态化。"送法"积极的律师长期承担公益性工作的同时，其他青年律师却不知道如何参与其中。因此，不妨借鉴香港地区模式，在律师协会建立青年律师公益服务名录，不局限于原来的法律援助专委会委员来研究公益法律服务，而是动员全社会青年律师都加入名录中，让青年律师开展公益活动组织化、常态化，也可以通过平均工作量来提高工作质量。另外，在经费来源方面，不妨建立专项基金，鼓励社会力量共同推进公益法律服务。政府在"倡导""监督"这项工作开展的同时，对有突出贡献的青年律师给予荣誉，使得青年律师在付出的同时取得精神上的现实收获。

（三）律师执业的三个禁止

律师执业的三个禁止包括禁止虚假承诺，禁止非法牟取委托人权益，禁止不正当竞争。

1. 禁止虚假承诺

（1）禁止虚假承诺的内容

律师根据委托人提供的事实和证据，依据法律规定进行分析，向委托人提出分析性意见。律师的辩护、代理意见未被采纳，不属于虚假承诺。

实践中，部分律师为了招揽客户而进行虚假承诺、虚假宣传。当事人对律师的虚假承诺、宣传抱以期待，而律师则不能实现其对当事人的承诺，这种违反职业道德的行为无疑损害了当事人的利益，也影响了当事人对律师的评价。关于律师虚假承诺、虚假宣传的问题，根据重庆市律师协会的一项调查结果显示，近四分之三的受访者认为律师存在（司空见惯或有时出现）做虚假承诺、虚假宣传的情况。[①] 可见，虚假承诺问题比较突出。

（2）禁止虚假承诺注意的问题

一般来讲，当事人在委托律师时都希望律师就拟委托事项做出某些或者某种程度的承诺。对此，律师应该保持客观理性，对于当事人的任何承诺都应该非常谨慎。根据《律师执业行为规范》，律师的承诺应注意以下问题。

第一，不得就判决结果做出虚假承诺。实践中，有些律师为了承揽案件的需要，急于承诺能够满足当事人的要求，有的律师甚至做出违背法律和事实的承诺。律师虚假承诺的危害很大，不仅误导了当事人，也严重损害了律师的职业形象。《律师执业行为规范》明确规定："律师

[①] 索站超：《律师职业伦理是如何形成的》，《郑州大学学报》（哲学社会科学版）2013年第1期。

根据委托人提供的事实和证据，依据法律规定进行分析，向委托人提出分析性意见。""律师不得就法律服务结果或者诉讼结果做出虚假承诺"，但律师的辩护、代理意见未被采纳，不属于虚假承诺。这样做，并不仅仅是出于律师的自我保护，更是因为法律事项的结果往往受多种因素影响，律师在接受委托前对于事实的了解往往是有限的甚至是虚假的，这时所做的法律分析也是初步的，如果在此时给委托人做出某种承诺，很可能对委托人是误导，不利于事情的解决。

第二，谨慎、诚实、客观告知风险。[①] 无论是诉讼业务，还是非诉讼业务，律师对于拟委托事项、对可能发生一切不利于当事人的后果或者法律风险，应该有所预见，并且应该在接受委托之前或接受委托之时，详细、诚实、客观地向当事人解释，使当事人了解并理解可能发生的风险，这样，不仅使当事人对于自己的要求保有客观清醒的态度，也能够对律师的工作给予更多的理解和支持。

第三，拒绝不当要求。在实践中，经常会遇到委托人对律师提出不当要求的情形，这种时候律师要谨记律师执业行为规范的要求，明白哪些行为可以为，哪些行为不可以为，拒绝的时候要直接、明确，说明原因和利害关系。

第四，避免利益冲突。由于律师与委托人的关系，或者由于律师事务所的规模或管理结构以及律师的流动等问题，常常会在律师和委托人之间产生利益冲突。利益冲突问题是律师在执业活动中经常会遇到的情形，无法完全避免，律师所要做的只是应该在事前做到公开，给予当事人选择和判断的机会，使委托人免于受到来自自己委托的律师的可能性侵害。

（3）意见未被采纳不属于虚假承诺

律师根据委托人提供的事实和证据，依据法律规定进行的分析，向委托人提出分析性意见，即使辩护、代理意见未被采纳，也不属于虚假承诺。原因如下。

首先，案件的结局是多种因素综合作用的结果，律师承办的案件，最终的承办结果与案件事实有关、与双方的证据有关、与法官对事实的

---

① 程金华：《法律变迁的结构性制约——国家、市场与社会互动中的中国律师职业》，《中国社会科学》2012年第6期。

判断有关、与法官对法律的理解有关，还与其他不可控的多种因素有关，一个因素的变化，整个结局就可能变化。

其次，案件的结局并不是所有问题都能由律师决定的。在诉讼业务中，律师的职责是根据证据能够证明的案件事实和法律的规定，运用其专业知识经验、诉讼技巧，根据相关法律规定有理有据地发表有利于当事人的言论，尽最大可能维护当事人的合法权益。但判决的决定权在法官而不在律师。

最后，禁止虚假承诺，不能承诺办案结果是《律师执业行为规范》和职业道德的要求。要求律师代表委托人的利益处理法律事务时，必须采取一切合法的、合乎道德的方法全面维护其委托人的利益，必须尽最大的努力热忱地为委托人的利益工作。

2. 禁止非法牟取委托人权益

（1）禁止非法牟取委托人权益的基本内容

禁止非法牟取委托人权益包括三个方面内容，第一，律师和律师事务所不得利用提供法律服务的便利，牟取当事人争议的权益。第二，律师和律师事务所不得违法与委托人就争议的权益产生经济上的联系，不得与委托人约定将争议标的物出售给自己。不得委托他人为自己或为自己的近亲属收购、租赁委托人与他人发生争议的标的物。第三，律师事务所可以依法与当事人或委托人签订以回收款项或标的物为前提按照一定比例收取货币或实物作为律师费用的协议。

（2）律师和律师事务所不得利用提供法律服务的便利，牟取当事人争议的权益

社会法治发展的历史业已证明：一个国家司法制度的完善，很大程度上要通过建立完备的律师制度来实现。在西方法治发达国家，律师制度被认为是社会法治化程度的重要表征，律师业发展水平被作为衡量国家法制文明程度的尺度。在我国，虽然律师制度恢复只有三十多年时间，但律师制度作为国家民主政治制度重要组成部分，其重要性正获得越来越多的认同，律师作为建设社会主义法治国家不可或缺的重要力量，在国家政治生活、经济生活、社会生活和民主与法制建设中发挥了不可替代的重要作用。据统计，我国律师队伍快速发展壮大，截至2017年年底，全国执业律师人数已超过29.7万人，律师事务所达2.4

万多家，目前，全国共有1445名律师担任各级人大代表，4033名律师担任各级政协委员，其中有27名律师担任全国人大代表、政协委员。[①]全国律协将进一步推动律师制度改革，净化法律服务秩序，努力建设一支政治坚定、精通法律、维护正义、恪守诚信的律师队伍。

如何避免律师和当事人产生利益冲突。首先，委托人的监督与豁免。委托人可以监督律师的代理行为，但监督需要委托人拥有相关的信息和能力，否则监督只能是空中楼阁、可望而不可及。其次，律师事务所的内部自律。每个律师事务所的控制措施是不尽相同的，但建立健全内部防范和矫正机制无疑将成为一种发展趋势。可采取的措施包括：由专门的机构或人员负责内部利益冲突的查证；采用更为有效的利益冲突审查方法；制定详细的操作流程来处理被发现的利益冲突，包括利益冲突的告知、退出代理以及终止代理的款项处理等；制订持续的教育和培训计划。最后，法律对律师和律师事务所牟取当事人权益的行为进行禁止。禁止律师的双重代理；律师兼职之限制。《律师法》第13条规定："国家机关的现职工作人员不得兼任执业律师。律师担任各级人民代表大会常务委员会组成人员期间不得执业"；曾担任法官、检察官引起的律师执业禁止。

（3）律师不得违法与委托人产生经济上的联系

律师和律师事务所不得违法与委托人就争议的权益产生经济上的联系，不得与委托人约定将争议标的物出售给自己；不得委托他人为自己或为自己的近亲属收购、租赁委托人与他人发生争议的标的物。

之所以这样处理，理由如下。

其一，遵守律师与委托人关系的约束规则。律师与委托人、对方当事人关系的约束主要包括下内容：律师的忠诚义务。律师应当充分运用自己的专业知识和技能，尽心尽职地根据法律的规定完成委托事项，最大限度地维护委托人的合法利益。律师不应接受自己不能办理的法律事务。律师应当遵循诚实守信的原则，客观地告知委托人所委托事项可能出现的法律风险，不得故意对可能出现的风险做不恰当的表述或做虚假承诺。律师的服务信息传播规则，《律师职业道德和执业纪律规范》第

[①] 李万祥：《中国律师事务所达2.4万多家 执业律师超29.7万人》，《经济日报》2016年3月31日。

21条规定，律师不得向委托人宣传自己与有管辖权的执法人员及有关人员有亲朋关系，不能利用这种关系招揽业务。这一规定的主要目的是保证有关律师服务信息的纯正性，避免因不当信息的传播损害公众对司法活动的信任，避免委托人对律师能够取得的结果抱有不切实际的幻想。

其二，出于地位平衡的考虑。当事人一方与委托律师相比较处于相对弱势的一方，当事人为了案件的需求会把关乎自己核心利益的"秘密"告知律师，律师在掌握了大量的信息后，相对处于优势的地位，如果不禁止律师与律师事务所与委托人之间的经济联系，势必会造成侵害委托人权益的事件出现，律师执业的性质决定了律师在接受委托代理后要限制自己与委托人之间对委托标的物出售给自己以及自己的亲人，避免出现影响律师自律性与约束性的情形。

其三，防止律师非法获得相关利益。律师和律师事务所的的使命就是维护当事人合法权益，遵守律师行为规范与律师执业道德。保护当事人的合法权益不受非法的侵害，防止律师就争议的利益在诉讼中或者诉讼之外，通过非法方式获得相关利益。

（4）律师事务所可以依法与当事人签订律师费用协议

律师事务所可以依法与当事人或委托人签订以回收款项或标的物为前提按照一定比例收取货币或实物作为律师费用的协议。有如下特征：第一，律师费用协议的签订主体是律师事务所与当事人或委托人；第二，以回收款项或标的物为前提，有风险代理的性质，以《湖北省律师服务收费标准》为例，可风险代理的民事案件政府指导价标准，最高收费金额不得高于收费协议约定标的额的30%；第三，收取货币或实物作为律师费用。以《湖北省律师服务收费标准》为例，代理民事诉讼案件，不涉及财产关系的：600—8000元/件；涉及财产关系的，除收取600—8000元/件外，还应按下列比例另行分段累计收费：争议标的100000元以下，免收；争议标的100001元—1000000元，收费标准1%—5%，等等。

3. 禁止不正当竞争

律师和律师事务所在工作当中，应严格遵守律师行为规范，不得损害其他律师及律师事务所的声誉或者其他合法权益等，不得进行不正当竞争。

律师是指依法取得律师执业证书，为社会提供法律服务的执业人员。其在人们心目中是正义的化身，具有崇高的形象。如果律师通过互相指责、诋毁来争抢案源，搞不正当竞争，则无疑有损于律师所或律师的形象与职业尊严，更不利于律师社会地位的提高。律师间的不正当竞争，说白了就是律师之间的自相"残杀"，到最后损害的还是律师自己的利益，尤其是不正当竞争中诋毁同行信誉的行为，在不同程度上败坏了律师的整体形象。一些律师所和律师为了争案源，不惜采用不正当手段拉关系、走后门，这就为某些部门的某些人员创造了利用介绍律师业务来谋取回扣的机会，有的甚至逼迫律师所和律师提高回扣比例，与律师所或律师徇私舞弊。一些律师所和律师为了在一些案件中获得胜诉或有利的结果，不惜用金钱、礼品、特殊服务等不正当手段讨好法官、检察官、权力部门的有关人员。由此出现某些法官、检察官、权力部门人员与律师狼狈为奸、受贿行贿的腐败行为，败坏了社会风气，助长了不正之风。①

律师行业的不正当竞争，不仅扭曲了正当的、合理的竞争，而且引起了律师行业的严重混乱，虽然从表面上能暂时提高律师业的创收和办案数量，但从全局、长远上看来，其带来的必定是恶果，其最终也会因破坏律师执业的大环境而自食其果，危害了律师行业的健康发展，给律师业带来了极大危害，不利于统一、健康、有序的法律服务市场的形成。

从律师本身来讲，要加强自身素质的提高，时刻进行政治理论学习，不断提高自己的思想觉悟，树立正确的世界观、人生观、价值观，锻炼业务能力，通过自己的真实本领取得案源以及得到群众的认可，要靠全体律师同仁的齐心合力和团结协作，只有每个律师从自身做起，依法执业、诚信执业，不断提高业务能力，才能换来整个律师界的兴旺发达。

---

① 李洁：《我国律师行业的不正当竞争及其预防》，硕士学位论文，西南政法大学，2015年。

第六章

仲裁员职业道德基本准则体系的构建

党的十八大提出，倡导富强、民主、文明、和谐，倡导自由、平等、公正、法治，倡导爱国、敬业、诚信、友善，积极培育和践行社会主义核心价值观。富强、民主、文明、和谐是国家层面的价值目标，自由、平等、公正、法治是社会层面的价值取向，爱国、敬业、诚信、友善是公民个人层面的价值准则，这 24 个字是社会主义核心价值观的基本内容。

中国共产党十八大报告中，十次提到"道德"一词，对"职业道德建设"尤为重视。研究仲裁员职业道德的实际意义具体而言，首先，仲裁员职业道德建设对仲裁员职业具有重要意义；其次，仲裁员职业道德建设对仲裁员队伍建设具有重要意义；第三，仲裁员职业道德建设对仲裁公正具有重要意义；第四，仲裁员职业道德建设对治理司法过程中的腐败具有重要意义。

《中共中央关于全面推进依法治国若干重大问题的决定》强调，坚持依法治国和以德治国相结合。加强法治工作队伍建设，全面推进依法治国，必须大力提高法治工作队伍思想政治素质、业务工作能力、职业道德水准，着力建设一支忠于党、忠于国家、忠于人民、忠于法律的社会主义法治工作队伍，为加快建设社会主义法治国家提供强有力的组织和人才保障。

在中国共产党十九大报告中，对"道德"和"职业道德"建设尤为重视，习近平总书记在报告中有四个段落涉及"道德"和"职业道德"建设的内容。强调坚持依法治国和以德治国相结合，依法治国和依规治党有机统一，深化司法体制改革，提高全民族法治素养和道德素质。要求全体人民在理想信念、价值理念、道德观念上紧紧团结在一起。深入挖掘中华优秀传统文化蕴含的思想观念、人文精神、道德规范，结合时代要求继承创新，让中华文化展现出永久魅力和时代风采。加强思想道德建设，深入实施公民道德建设工程，推进社会公德、职业道德、家庭美德、个人品德建设。可见，加强仲裁员职业道德建设，是贯彻落实十九大提出的职业道德建设任务的重要体现之一。

我国仲裁员职业道德基本准则体系如何构建？我们必须找出它的特色，区别于其他相关职业道德，特别是找准和法官、检察官职业道德的不同。《中华人民共和国法官职业道德基本准则》（最高人民法院2001年10月18日发布，2010年12月6日修订后重新发布）认为，我国法官职业道德的核心是公正、廉洁、为民。基本要求是忠诚司法事业、保证司法公正、确保司法廉洁、坚持司法为民、维护司法形象。2016年12月，最高人民检察院第十二届检察委员会第五十七次会议通过《中华人民共和国检察官职业道德基本准则》，《准则》共有五条，第一条为坚持忠诚品格，永葆政治本色。第二条为坚持为民宗旨，保障人民权益。第三条为坚持担当精神，强化法律监督。第四条为坚持公正理念，维护法制统一。第五条为坚持廉洁操守，自觉接受监督。检察官职业道德的基本要求是忠诚、为民、担当、公正、廉洁。我们认为，我国仲裁员职业道德的基本准则应当是①：公正、诚信、独立、文明。

一 仲裁员职业道德基本准则之一：公正

（一）仲裁公正的界定

十九大报告以及十八届四中全通过的《中共中央关于全面推进依法治国若干重大问题的决定》强调，努力让人民群众在每一个司法案件中感受到公平正义。

1. 公正的含义

公正，在英语中对应的单词是 justice，该词具有公正、正义、正

---

① 关于仲裁员职业道德基本准则体系的构建，石先钰在2018年上海国际仲裁周高峰论坛武仲分论坛上进行了阐述，参见张维《提高仲裁公信力仲裁员要专业化国际化职业化》，《法制日报》2018年3月18日。

当、公平等意思，公正和正义在大多数情况下是同义语。正义一词来源于拉丁语 justitia，它是由 jus 一词演变而来的。从字面上看，它同样具有正直、公平、公正、不偏不倚等含义。

庞德、罗尔斯、博登海默对公正或正义的论述分别选取了不同的角度，有一定的代表性。庞德指出："在伦理上，我们可以把它看成是一种个人美德或是对人类的需要——或者要求的一种合理、公平的满足。在经济和政治上，我们可以把社会正义理解为一种与社会理想相符合，足以保证人们的利益与愿望的制度。在法学上，我们所讲的执行正义（执行法律）是指在政治上有组织的社会中，通过这一社会的法律来调整人与人之间关系及安排人们的行为，现代法哲学的著作家们也一直将它解释为人与人之间的理想关系。"① 博登海默认为，"如果用最为广泛和最为一般的术语来谈论正义，人们就可能会说，正义所关注的是如何使一个群体的秩序或社会的制度适合于实现其基本目的和任务……满足个人的合理需要和要求，并与此同时促进生产进步和社会内聚性的程度——这是维持文明社会生活方式所必需的——就是正义的目标"②。美国当代哲学家罗尔斯（John Rawls）认为，"正义的主要问题是社会的基本结构，或者准确地说，是社会主要制度分配基本权利和义务，决定由社会合作产生的利益之划分的方式"③。可见，庞德是从哲学的角度，博登海默是从实体的角度，罗尔斯是从程序的角度，对公正或正义分别进行论述的，由于思考角度的不同，不免只能揭示某一方面的内涵。

综合关于公正的各种理解，可以看出公正的基本价值内涵：公正是指人们之间权利或利益的合理分配关系，如果人们之间的权利或利益分配——分配过程、分配方式和分配结果——是合理的，则被称为公正；反之，则被称为不公正。公正是指人们之间分配关系上的合理状态。④ 笔者同意这种观点，这一概括包含三层意思：一是高度抽象，公正是指

---

① ［美］庞德：《通过法律的社会控制法律的任务》，沈宗灵、董世忠译，商务印书馆 1984 年版，第 55 页。
② ［美］博登海默：《法理学法哲学及其法律方法》，邓正来、姬敬武译，华夏出版社 1987 年版，第 238 页。
③ ［美］罗尔斯：《正义论》，何怀宏等译，中国社会科学出版社 1988 年版，第 5 页。
④ 陈桂明：《仲裁公正与程序保障——民事仲裁程序之优化》，中国法制出版社 1996 年版，第 1—2 页。

人们之间权利或利益的合理分配关系,是人们之间分配关系上的合理状态;二是程序公正,人们之间的权利或利益的分配过程、分配方式的合理性;三是实体公正,也就是分配结果的合理性。公正就是这三个方面的有机统一。

2. 仲裁员公正规范的国际借鉴

大多数国家和仲裁机构多通过不同的形式将公正作为仲裁员最基本的义务加以规定。一是在仲裁法中明确仲裁员的公正义务。例如,1997年《新加坡国际仲裁中心仲裁规则》规定,仲裁员无论是否为当事人各方所指定,在依本规则进行仲裁的过程中,均应保持完全独立与公正,不应代表当事人任何一方;1999年《斯德哥尔摩商会仲裁院仲裁规则》第十七条第一款规定,仲裁员必须独立、公正。《伦敦国际仲裁院仲裁规则》《美国仲裁协会仲裁规则》以及《国际争端解决中心规则》中都有类似要求仲裁公正的规定。二是在仲裁员的行为规范中对仲裁员的公正提出具体要求。比如,在美国仲裁协会的《商事争议中在仲裁员的行为道德规范》中规定仲裁员应当避免与当事人建立特殊联系,仲裁员应当披露可能对公正产生影响的利益关系,仲裁员在与当事人交流时,应避免造成不公正之印象。在国际律师协会的《国际仲裁员行为准则》中,也对仲裁员的公正做了指导性的规定。三是规定仲裁员违反公正义务所承担的责任。例如,日本在其《仲裁法》第五十条至第五十二条分别对仲裁员受贿、索贿及接受委任前受贿,仲裁员按贿赂者的要求或与其约定向第三者提供贿赂,以及因以上情形而进行不正当的行为或没有按职责行事,曾为仲裁员的人员接受委任后受贿等行为规定了相应的刑事责任。在美国,仲裁员可能因其欺诈或腐败行为而承担刑事责任。[①] 仲裁员违反了公正义务除了可能承担法律上的责任外,还会受到行业内部的处分,如被所属仲裁机构除名,免除其仲裁员资格并且予以公布,甚至被终身禁止担任仲裁员。我国《仲裁法》虽然没有明确将仲裁员的公正义务予以规定,但可以从第七条规定仲裁应当"公平合理地解决纠纷"这一条款中推出仲裁员应当具有公正裁判之义务。

仅把公正作为仲裁员道德方面要求是不够的,需要对从程序上加以

---

① 王定贤译,宋连斌校:《美国商事争议中仲裁员道德准则》,http://www.cietac.org.cn/magzine/97-8.shtml。

保障。在国际商事仲裁实践中形成了以下两仲保障仲裁员公正的机制。一是仲裁员披露制度。仲裁员必须主动揭露可能影响公正的信息，当事人可以根据具体情况做出选择，排除缺乏公正性的人担任仲裁员。二是仲裁员回避制度。回避制度是仲裁员具有可能影响案件公正判决的情形，既可以是仲裁员主动回避，也可以是当事人提出异议申请回避。披露制度和回避制度是保障仲裁员公正的重要途径，两种制度双向制约为保障仲裁员公正达到了较好的效果。我国《仲裁法》仅规定了回避制度，对仲裁员的披露制度虽然没有相关规定，从当事人角度来讲，变相地加重了当事人申请回避时的举证负担，但是在仲裁实践中各大仲裁委员会实际上都有仲裁员信息披露制度。

关于仲裁员公正的标准，许多国家和地区都比照法官的标准来界定。美国、法国、瑞士、荷兰等多认为仲裁员和法院都是裁判者，有着类似的职权职责，所以仲裁员公正的标准与法官相同。但有的国家对仲裁员适用比法官更严的标准，有的国家适用比法官略低的标准。较之法官更严的观点认为，仲裁实行一裁终局，不允许对实体问题进行上诉，若不提出更高的要求，难以树立仲裁权威。较之法官更低的观点认为，当事人选择仲裁就是放弃了法院判决的救济，选择仲裁选择的不是公正的裁判而是专业的评价，选择仲裁是"在专业知识与公正性之间作交换"。笔者认为，对仲裁员适用的公正的标准应当高于法官的标准。首先，一裁终局确实为仲裁员提出了更高的要求。其次，法官做判决前有周密的制度约束，相反仲裁员具有更大的自由裁量权，制度约束相对较少，对其自身的公正就提出了更高的要求。最后，在国际商事仲裁中较有威望的仲裁员多由从事经济贸易领域审判工作的资深法官担任。

3. 仲裁公正的含义

笔者认为，仲裁公正是指仲裁构成之公正，即仲裁过程的公正及仲裁结果的公正两方面的有机结合，也就是程序公正和实体公正的结合。仲裁过程的公正即指仲裁程序的公正或正当，仲裁结果的公正也就是裁决公正、实体公正。

（二）仲裁公正的重要作用

之所以把仲裁公正作为仲裁员职业道德的首要准则，是因为仲裁公正具有多方面的重要作用。

1. 仲裁公正对实体法律正义性的保障作用

我国社会主义市场经济法律体系已经建立起来，这些法律都是由全国人民代表大会及其常务委员会经过严格的立法程序制定的，它们体现和反映了全国人民的意志和要求，是公正和正义的集中体现。那么，如何把这些法律中的正义、公正、对市场各主体合法利益的保护落到实处呢？仲裁是其中重要的一种途径。仲裁是实现实体法正义的重要形式，公正的仲裁，才能忠实地完整地体现实体法的正义性；反之，如果歪曲实体法的内涵和精神，则正是仲裁不公的表现。所以，只有仲裁公正，才能不折不扣地实现我国法律中体现的全体人民的意志，保护主体的合法权益和全体人民的根本利益，因此，仲裁公正是实现实体法正义性的本质要求，公正的仲裁保障实体法律正义性的落实。

2. 仲裁公正对仲裁员形象的提升作用

所谓仲裁员形象是指仲裁员在社会公众心目中的印象、感受、评价和地位，是仲裁员在长期的仲裁实践中形成的，包括仲裁理想与目标、价值追求、意志品质、行动准则、仲裁效果、仲裁智慧、仲裁水平、仲裁公信以及仲裁员为追求仲裁公正而长期形成的健康向上群体意识等因素的综合体现。其中，仲裁公正是树立、提升仲裁员形象的关键，仲裁公正的最大受益者是人民群众，仲裁不公的最大受害者也是人民群众，老百姓心中都有一杆秤，公正的仲裁会逐步提升仲裁员的形象，反之，仲裁不公则会损害仲裁员的形象。我们的仲裁员都应该以人民群众的根本利益为出发点，实现仲裁为民的目的。

3. 仲裁公正对市场经济秩序的维系作用

仲裁属于法律的范畴，是上层建筑的重要组成部分，是由经济基础决定的。马克思曾明确指出："社会不是以法律为基础的。""相反的，法律应该以社会为基础。法律应该是社会共同的，由一定物质生产方式所产生的利益和需要的表现……"① 同时，上层建筑对经济基础又有反作用。"政治、法律、哲学、宗教、文学、艺术等的发展是以经济发展为基础的。但是，它们又都互相影响并对经济基础产生影响。并不只是

---

① 《马克思恩格斯全集》第6卷，人民出版社1961年版，第292页。

经济状况才是原因，才是积极的，而其余的一切都不过是消极的结果。"① 把马克思主义关于经济基础与上层建筑相互关系的原理应用到仲裁工作上来，仲裁工作作为上层建筑的重要组成部分，一方面，它必须反映当代中国经济改革的实际和成果；另一方面，通过仲裁工作，又可以促进市场经济各项法律的贯彻落实，从而维系社会主义市场经济新秩序，并促进其健康发展。

我国形成了以宪法为核心和基础的，包括一系列国家机构的、民商的、刑事的、仲裁程序的、经济的、行政的重要法律在内的社会主义法律体系，这些法律构成了我国市场经济的骨架。但是，徒法不能自行，法律的生命在于它的实行，仲裁即是法的实施的一种重要方式。通过仲裁工作落实市场经济法律，带动全社会自觉遵守法律，从而把各个市场主体的行为纳入社会主义市场经济法制的轨道。公正的仲裁增强了它自身的吸引力，大量的民事、经济案件的解决，使我国社会主义市场经济法律的触角深入民事行为、经济行为的方方面面，使市场经济法律落到实处，从而保障、促进市场经济新秩序的建立、完善和发展；反之，如果仲裁不公，则会阻碍甚至破坏社会主义市场经济秩序。

4. 仲裁公正对社会风气的引导作用

社会风气，是对在一定时期和一定范围内，大量社会成员的相近或相同的思想意识、价值判断、行为意向、行为方式等的一种总称，或者说是社会成员的共同的行为模式。② 社会风气的好转需要全社会的共同努力，仲裁机构和仲裁员在其中担负着重要的角色，如果仲裁工作中不正之风泛滥，将会对社会信心造成严重打击，进一步败坏社会风气。仲裁公正，则对社会风气可以起到示范、感召和促进的作用，从而引导社会风气的好转。

总之，仲裁公正对仲裁活动具有基石作用，对实体法律正义性具有保障作用，对仲裁员形象具有提升作用，对市场经济秩序具有维系作用，对社会风气具有引导作用，所以，我们要把仲裁公正作为仲裁员职业道德的首要准则加以确立。

---

① 《马克思恩格斯选集》第 4 卷，人民出版社 1972 年版，第 506 页。
② 刘长海、杜时忠：《论转型期社会风气与美德培养的关系》，《当代教育论坛》（上半月刊）2006 年第 3 期。

(三) 实现仲裁公正应当坚持的原则

1. 秉公办案原则

秉公办案要求仲裁员树立忠于职守、秉公办案的观念，坚守惩恶扬善、伸张正义的良知，保持客观公正、维护人权的立场，养成正直善良、谦抑平和的品格，培育刚正不阿、严谨细致的作风。要求仲裁员有正确的职业素养和职业精神，做到对自己的职业负责、对自己的良心负责、对社会负责、对广大人民群众负责，恪尽职守，崇尚法治。要求仲裁员严格要求自己，做到自觉、自律、自爱、自尊、自重。

2. 回避原则

回避原则要求仲裁员自觉遵守法定回避制度，对法定回避事由以外可能引起公众对办案公正产生合理怀疑的，应当主动请求回避。

关于无合理怀疑，我们看一个典故，古罗马的凯撒虽是盖世英雄，但他的妻子庞贝亚却不安于室。有一次，罗马举行波娜女神纪念仪式，依照当时的习俗，男人必须离开家。这天，庞贝亚的情夫克罗地亚斯便利用这个机会溜进了凯撒的家中。不料，这事被侍女发现了，消息很快传遍了整个罗马城。凯撒在听到这件事后，马上将庞贝亚休弃，克罗地亚斯也因亵渎神灵而受到审判。在法庭上，凯撒被传作证，出人意料的是，凯撒说他根本不相信庞贝亚会与克罗地亚斯有染，起诉官于是质问凯撒为何又要休妻，凯撒回答："除非我的妻子连被人怀疑都没有！"一方面，凯撒拒不承认妻子红杏出墙，而另一方面，仅仅因为妻子的贞操被人猜疑，便做出休妻一途。虽然凯撒并没有做过皇帝，后人却将这个故事附会成"皇后的贞操不容怀疑"的说法，即鉴于皇后的特殊身份，只要皇后的贞操受到人们的怀疑，哪怕皇后真的是清白的，她也不能再母仪天下。① 由此，我们得到如下启示，仲裁员应当时刻规范自己的一言一行，谨言慎行，不给当事人留下任何负面的想象空间。

回避制度不仅可以保障仲裁公正，防止徇私舞弊，枉法裁决，而且可以使当事人各方免受不公正的对待。

---

① 典故出自王琳《皇后的贞操与仲裁员的操守》，《检察日报》2002年1月16日。

3. 以事实为根据，以法律和仲裁规则为准绳原则

辩证唯物主义是以事实为根据以法律为准绳原则的哲学基础。恩格斯指出"不论在自然科学或历史科学的领域中，都必须从既有的事实出发"①。列宁多次指出：仲裁员办案要以事实为根据，以法律和仲裁规则为准绳，不偏不倚，不滥用职权和漠视法律，这是仲裁员执行职务的基本要求。以事实为根据即案件的处理应当以客观存在的事实为基础，忠于事实真相。这不但要求仲裁员必须客观、全面地调查收集证据，查明案件事实，防止主观臆断，同时还要求仲裁员人员要敢于坚持真理，忠于事实真相。以法律为准绳，是指仲裁员在仲裁中必须严格遵守法律规定。

（四）实现仲裁公正仲裁员应当树立的意识

仲裁员应当树立的意识包括：1. 证据意识；2. 程序意识。仲裁员要树立程序意识，坚持程序公正与实体公正并重，严格遵循法定程序，维护程序正义。要把程序正义与实体正义放在同等重要的地位，遵循法定程序。在现代社会，法治与正义的程序密不可分，任何良好的法律必须通过正当的程序才得以运行，从而体现其应有的价值。程序正义既是仲裁公正的先决条件，也是实现仲裁公正的保障；3. 人权保护意识。仲裁员要树立人权保护意识，尊重仲裁当事人、参与人及其他有关人员的人格，保障和维护其合法权益。在人类历史上，第一次明确提出作为"人权"概念的是意大利的伟大诗人但丁。在当时，"人权"概念是作为思想口号提出的。16 世纪之后，资产阶级把人权作为政治口号把它与君权、神权直接对立起来，从根本上否定以君权神授为支柱的封建专制主义，否定封建社会的人身奴役制度，确立起个人的尊严与价值。资产阶级革命及其之后的数百年的实践，丰富和发展了人权基本理论。什么是人权呢？国内外学者有着不同的理解。一般来说，西方学者所理解的人权概念，往往是一种道德权利。美国的范伯格认为，人权是"基于人的一切主要的有效的道德要求"。英国的麦克法兰认为，人权是属于每个男女的道德权利，它们之所以为每个男女所有，仅仅因为他们是人。我国学者对人权的概念有着不同的看法。我们认为，人权可以这样

---

① 《马克思恩格斯选集》第 3 卷，人民出版社 1972 年版，第 469 页。

定义：人权即人的权利，是人应当享有和实际享有的，并被社会承认的权利的总和。人权的内容十分广泛，自由权、平等权、财产权、生存权和发展权五项权利是其基本内容。仲裁员要践行仲裁为民，全心全意为人民服务，人民的根本利益通过行使法律上的权利来得以实现，尊重人权是一个国家民主法制发展程度的重要标志；4. 尊重律师的意识。仲裁员要尊重律师的职业尊严，支持律师履行法定职责，依法保障和维护律师参与仲裁活动的权利。律师权利得到充分保障，是律师依法履行职责，保护当事人合法权益，保障法律正确实施，维护社会公平和正义的前提，是现代法治的必然要求。

二　仲裁员职业道德基本准则之二：诚信

我国仲裁事业经过二十多年的艰苦创业，已获得长足发展，成为构建和谐社会，解决民商事纠纷的一项重要的、不可或缺的法律制度。仲裁作为非诉讼救济方式越来越受到人们的重视，全国仲裁受理案件的数量和标的总额保持连续18年增长的势头，但经过理性思考，可以看出，制约仲裁工作发展的瓶颈性问题仍然存在，其中之一即仲裁诚信问题。

（一）诚信的界定

诚信，我们把它界定为两个方面，包括诚实信用和公信。

从诚实信用的角度看诚信，"诚"的本义是心意真诚。《易经·乾卦》："修辞立诚。"由真诚引申为忠实。《管子·乘马》："是故非诚买不得食于买……"所谓"诚工""诚农"的"诚"都是指对国家忠实的意思。由忠实又引申为说到做到的意思，同时，还被引申为副词：果真，的确。还可引申为表假设，假如真的，例如"诚然"。"信"字在古代有许多意思，表真实，不虚伪，《老子》："信言不美，美言不信"；相信，信任，《史记·苏武传》："且单于信女"；守信用，《荀子·富国》："已诺不信则兵弱"；信约，盟约，《左传·襄公元年》："以继好结信"；等等。不难看出，无论是"诚"字或是"信"字，都与真实、守信用、重承诺等相关联。"诚信"二字从古至今的意思基本一致。

诚实信用最初是作为一项道德要求提出来的，在于追求善良风俗，追求公平、平衡，追求公共秩序；其目的是为了实现人与人，或人与社会间的公平最大化。随着易物交换所带来的商品经济的发展，以及社会生产分工的日益细化和私有制的壮大，各种交易也应运而生，诚实信用作为交易的一般规范性原则和日常行为道德准则正式形成并广为接受，成为经济活动和社会生活中的行为规范。在法律上最早实现道德法律化的是罗马法中的诚信契约和诚信诉讼。诚实信用原则自引入法律领域起便成为实体法和程序法的共同准则。

诚信的第二方面内容是公信。公信力，《现代汉语词典》的解释是：使公众信任的力量。是指在社会公共生活中，公共权力面对公众所表现出的一种公平、正义、效率、责任的信任力。是一种社会的系统信任。习近平在中国共产党第十九次全国代表大会上的报告《决胜全面建成小康社会 夺取新时代中国特色社会主义伟大胜利》[①] 中两次提到公信力建设，一是增强政府公信力和执行力，二是提高新闻舆论传播力、引导力、影响力、公信力。由此引申，凡是有公共权力运用的地方，都有公信力建设的问题，公共权力包括行政权力、执法权力、司法权力，甚至包括话语权等，所有具有公共管理、公共服务等职能的部门都应当加强公信力建设，包括政府公信力、媒体公信力、司法公信力、企业公信力、社会公信力等。武汉仲裁委常务副主任、仲裁办党组书记、主任刘健勤认为，仲裁本身就是社会主义法治体系的重要内容之一，"仲裁公信力建设也是新时代法治建设的迫切要求，我们必须促进仲裁公信力建设，优化仲裁员职业共同体，以保障经济健康发展"。仲裁法施行20余年至今，中国仲裁事业发展正在实现速度型向效益型、外延型向内涵型的转变。在此背景下，仲裁公信力建设对仲裁事业发展尤为重要。在仲裁公信力建设中，人的因素，即仲裁员的因素是首要的。"谈仲裁公信力建设必然要谈仲裁员，因为仲裁员才是仲裁制度真正的践行者，也是仲裁制度得以健康发展的保障。"[②] 仲裁机构拥有仲裁权，无疑应当加强仲裁公信力建设。仲裁公信力就是让仲裁当事人信任、信服，让社

---

① 习近平：《决胜全面建成小康社会 夺取新时代中国特色社会主义伟大胜利——在中国共产党第十九次全国代表大会上的报告》，《人民日报》2017年10月28日。
② 刘健勤关于仲裁公信力建设的观点在2018年上海国际仲裁周高峰论坛武仲分论坛进行了阐述，参见张维《提高仲裁公信力仲裁员要专业化国际化职业化》，《法制日报》2018年3月18日。

会安定的力量。

（二）仲裁公信力建设

仲裁公信力提升的路径有多种，分类标准不同，思路各异，如政治路径和经济路径、法律路径和道德路径、外部路径和内部路径等。

加强仲裁员职业道德建设，提高仲裁公信力，必须防止虚假仲裁。实践中，存在着少数当事人以恶意申请仲裁或以"手拉手"虚假仲裁方式，损害案外人合法权益的问题。例如，双方当事人合谋以虚假仲裁的方式，将本属于案外人的财产裁决给一方当事人。如果对虚假仲裁的裁决予以强制执行，不仅损害案外人的合法权益，也严重损害仲裁与司法的公信力。虚假仲裁与虚假诉讼非常类似。对于虚假诉讼，民事诉讼法规定了第三人撤销之诉制度。但对于虚假仲裁，权益受损的案外人却暂无明确的救济途径。民事诉讼法对于虚假仲裁和虚假诉讼的态度是一致的，强调均应予以遏制和制裁。① 最高院司法解释《关于人民法院办理仲裁裁决执行案件若干问题的规定》于3月1日起施行，该司法解释首次赋予了案外人申请对仲裁裁决不予执行的权利。

1. 虚假仲裁的界定

虚假仲裁，从词义上说，虚假是与实际不符的意思。仲裁是指当事人将纠纷告之于仲裁机关，以求明辨是非，使自己的权利得以伸张的制度，其中当事人、争议的事实与理由以及仲裁标的是仲裁构成的必备要件。虚假仲裁是指因行为人的故意而造成仲裁三要素中一个或多个要素与实际不符的仲裁现象。

在中国古代，人们往往将虚假诉讼称为"诬""诬告"，是偏重于刑事方面的罪名，如唐《永徽律·斗讼》记载："诸诬告人者，各反坐。即纠弹之官，挟私弹事不实者，亦如之。"《宋刑统》记载："被杀、被盗及水火损败而挟仇嫌妄指执人者，从诬告法。"②

虚假仲裁可以定义为：仲裁参加人基于非法的目的，通过仲裁的方式，采用欺诈手段虚构或隐瞒事实真相，诱使仲裁机构做出与客观事实不符的裁决，获取非法利益，并且损害其他个人、组织或国家的利益。

---

① 万学忠：《虚假仲裁受害人保护机制研讨会举行》，《法制日报》2018年3月7日。
② 李交发：《中国仲裁法制史》，中国检察出版社2002年版，第67—68页。

其中"欺诈手段"包括程序上对立的仲裁参加人之间恶意串通、虚构仲裁主体、虚构或隐瞒真实的民事法律关系以及伪造重要证据。

2. 虚假仲裁的构成要件

虚假仲裁包括如下构成要件。

第一，虚假仲裁的主体是仲裁参加人。首先，仲裁参加人作为仲裁参与者具有实施虚假仲裁行为的能力。其次，一些仲裁参与人如证人、鉴定人等一样可以通过作伪证欺骗仲裁机构，侵害他人利益，但是可以通过刑法的妨害司法类犯罪进行有效规制。而仲裁参加人实施这类行为，隐蔽性更强，社会危害性更大，却由于相关法律的缺失，对该行为惩罚不足，受害人的损失往往无法弥补。

第二，虚假仲裁的主观方面是直接故意，即仲裁参加人有追求非法目的，损害他人利益的故意。仲裁参加人采用一系列的欺骗手段或恶意串通，意使仲裁机构做出有瑕疵的具有法律效力的裁决，达到损害他人利益的目的。

第三，虚假仲裁的客体是复杂客体。一方面，虚假仲裁侵犯了他人的合法权利。他人包括当事人、第三人、被代理人、被代表人等。受侵犯的权利既可能是实体权利也可能是程序权利。另一方面，虚假仲裁扰乱了正常的仲裁秩序。

第四，虚假仲裁的客观方面表现为：程序上对立的仲裁参加人在起诉阶段或仲裁过程中，有恶意串通、虚构仲裁主体、虚构或隐瞒事实真相，伪造重要证据等行为。

3. 虚假仲裁的类型、危害

虚假仲裁的类型。按照虚假仲裁是单方进行，还是双方及多方共同进行，分为如下两种类型。

第一，单方虚假仲裁。具体表现为以下几点：（1）行为人通过虚构仲裁主体、虚构民事法律关系或隐瞒真实的民事法律关系，伪造重要证据，提起仲裁，以损害对方当事人的利益；（2）一方当事人在仲裁过程中，伪造重要证据，欺骗仲裁机构，诱使仲裁机构做出不利于对方当事人的裁决。

第二，复杂虚假仲裁。是指双方及多方仲裁参加人之间恶意串通，以侵害案外人、第三人、本方其他当事人、被代理人或被代表人的利益。

虚假仲裁的危害。（1）严重侵害了仲裁公信力。仲裁公信力是构筑一国法治的重要基石，体现了公民对仲裁机构及其裁决的信赖程度。亚里士多德认为法治的形成依赖于两点：优良的法律及公民对优良之法的普遍遵守。提升仲裁公信力即公民对仲裁机构的信赖感和信服、依法执行仲裁机构的裁决是形成法治的关键所在。（2）侵害了他人的合法权益。虚假仲裁是以符合法律程序的形式进行的非法活动，其隐蔽性和欺骗性，易诱使仲裁机构误判，面对错误的裁决，受害人很有可能申请撤裁，这样一来，受害人又要耗时间、花精力、费金钱，身心疲惫，其生活工作都备受影响。（3）激化了社会矛盾。虚假仲裁的裁决，使当事人产生对仲裁机构的不信任感和不安全感，在社会上也造成负面影响，进一步激化社会矛盾，破坏社会的安定和稳定。

4. 虚假仲裁的法律规制

第一，在仲裁中切实贯彻诚实信用原则。在仲裁实践中，尤其是近些年来，人们对恶意仲裁、虚假仲裁、故意拖延仲裁、虚假陈述、作伪证等违反仲裁诚实信用的行为极为不满，因此，应当明确进行仲裁，应当遵循诚实信用原则，重点强调对当事人仲裁行为的诚信规制。

第二，完善虚假仲裁受害人救济制度。最高人民法院司法解释《关于人民法院办理仲裁裁决执行案件若干问题的规定》于 2018 年 3 月 1 日起施行。该司法解释首次赋予了案外人申请对仲裁裁决不予执行的权利。该司法解释允许案外人向人民法院申请不予执行虚假仲裁裁决，为善意案外人提供了维护其合法权益的法律途径。这一制度设计，将进一步发挥司法审查监督、遏制虚假仲裁的作用，进而培育和弘扬公正、诚信的社会主义核心价值观。该司法解释的出台，对仲裁机构和仲裁员防范虚假仲裁也提出了新的要求。各仲裁机构应进一步修改完善仲裁规则，对虚假仲裁裁决的处理做出程序规定，增加主动调查取证的规定，增加案外人参与仲裁的规定，在保障仲裁庭独立办案的前提下强化对裁决书的核阅；仲裁员对于"手拉手"仲裁、缺席仲裁、仲裁涉及案外人等情形，要提高警惕，积极行使释明权，强化当事人的举证义务。

第三，完善虚假仲裁的刑事责任追究机制。上述司法解释仅仅是虚假仲裁案外人权利救济途径之一，案外人还可以根据侵权法提起侵权之诉。对造假情节严重的，还可以向公安机关提起刑事控告。湖南省首例枉法仲裁案一审已经宣判，仲裁员被判有罪。① 仲裁人员在仲裁活动中，故意违背事实和法律，枉法仲裁，损害了国家、公民、法人和其他组织的合法权益，具有严重的社会危害性，情节严重的应当受到刑罚惩罚。将枉法仲裁入刑，有利于仲裁的规范发展。手续严重不全的"违规房"，在开发商和仲裁员的相互勾结下，经过一场虚假仲裁取得一纸仲裁调解书后，竟然能成功办理产权证。而且，仲裁员为开发商办理的8起仲裁案件中，有7起申请人或其代理人没有到场，8起仲裁案件均无商品房购房销售发票，均未经任何形式的审理……经湖南省衡阳市石鼓区人民检察院公诉，衡阳仲裁委员会仲裁员刘某某及秘书处书记员张某因枉法仲裁罪，被石鼓区人民法院做出了有罪判决。据悉，这是自2006年刑法修正案（六）实施以来湖南省首例枉法仲裁案。

三 仲裁员职业道德基本准则之三：独立

（一）仲裁独立的内涵

《中华人民共和国仲裁法》（2017年修正）第十四条规定，"仲裁委员会独立于行政机关，与行政机关没有隶属关系。仲裁委员会之间也没有隶属关系"。仲裁员的独立性起源于古老的"自然公正"原则，即"任何人不得担任自己案件的法官"，或者仲裁员（或法官）与案件不得存有利益冲突。国际律师协会（IBA）在其1987年制定的《国际仲裁员道德守则》（IBA守则）中对"不独立"的定义为："不具备独立性的仲裁员与一方当事人之间，或与该当事人有密切联系的人之间存在某种关系。" 与公正性相比，独立性具有外部性的特征，可以通过客观标准来判定。独立性侧重于仲裁员与当事人之间的关系，即仲裁员与当事人或其代理律师之间不存在影响仲裁员独立裁决的密切关系，这种关系可以是金钱的、职业的、商业的或家庭的等。缺乏独立性不仅可以表现为对一方当事人的偏袒，或者和一方当事人有友好密切关系；也可以

---

① 赵文明、阮占江、肖衡生、雷玲：《湖南省首例枉法仲裁案一审宣判仲裁员被判有罪》，《法制日报》2011年9月22日。

表现为对一方当事人存有歧视，或者与一方当事人有过节或存在敌意关系。①

（二）仲裁独立的价值

仲裁独立的价值，也就是确立仲裁独立制度的必要性和意义。

首先，从马克思主义理论以及各国的现实情况考察。马克思早就指出："法官除了法律就没有别的上司。法官的责任是当法律运用到个别场合时，根据他对法律的诚挚理解来解释法律。"② 这一原理同样适用于仲裁制度。只是各国对仲裁独立原则的理解与处置并非完全相同，尽管各有特点，但是，通观各国法律，仲裁独立都是一项基本原则。

其次，从历史的角度考察。仲裁独立问题的提出与发展、最终形成各国法律的原则，是仲裁规律的必然反映，是历史的必然。

再次，从世界贸易组织游戏规则的角度看。世界贸易组织协议规定，涉及反倾销、反补贴、海关估价、知识产权等方面的最终行政裁决和复审决定，可"特别要求司法、仲裁或行政法庭或者通过诉讼程序，迅速进行审议，该法庭或诉讼程序应完全独立于负责做出该裁决或复审决定的当局"。这就是"完全独立性"原则，即仲裁独立，不受地方或其他因素的干扰。

最后，从仲裁公信力建设来看。只有确立仲裁机构和仲裁员的独立地位，仲裁员才能严肃执法和忠实于法律、不为利害关系所动，树立仲裁权威，获得公众信任。

（三）加强仲裁独立的对策

仲裁机构独立行使仲裁权是现代民主政治的最基本要求，那么，如何强化仲裁独立呢？

第一，全面准确理解仲裁独立。根据《世界司法独立宣言》和《国际律师协会关于司法独立最低限度标准的规则》所确立且为世界各国普遍承认的"司法独立最低标准"，完整的仲裁独立概念应包括：实

---

① 吴淑美：《论仲裁员的公正性与独立性》，硕士学位论文，厦门大学，2008年。
② 《马克思恩格斯全集》第1卷，人民出版社1956年版，第76页。

质独立、身份独立、集体独立、内部独立。这四个方面的内容又可归纳为两类，即作为整体的仲裁机构独立与作为个体的仲裁员独立。

第二，严格落实仲裁法的规定，彻底根除地方保护主义。树立法制统一的思想，维护法律的尊严，从维护社会主义市场经济秩序的高度，克服狭隘的地方保护主义。

第三，严格选任资格与制度，大力提高仲裁员素质。全国人大常委会2017年9月关于修改《中华人民共和国法官法》等八部法律的决定，① 对《中华人民共和国仲裁法》做出修改，将第十三条第二款第一项修改为"（一）通过国家统一法律职业资格考试取得法律职业资格，从事仲裁工作满八年的"；将第三项修改为"（三）曾任法官满八年的"。本决定自2018年1月1日起施行。修改后，《中华人民共和国仲裁法》（2017年修正）第十三条规定，仲裁委员会应当从公道正派的人员中聘任仲裁员。仲裁员应当符合下列条件之一：（一）通过国家统一法律职业资格考试取得法律职业资格，从事仲裁工作满八年的；（二）从事律师工作满八年的；（三）曾任法官满八年的；（四）从事法律研究、教学工作并具有高级职称的；（五）具有法律知识、从事经济贸易等专业工作并具有高级职称或者具有同等专业水平的。所以要严格掌握通过国家统一法律职业资格考试取得法律职业资格这一要求。在严格选任资格与制度方面，日本的法官选任制度之严格值得借鉴。据统计，② 截至1991年年底，日本各大学法学部的毕业生总人数大约有4万人，每年参加司法考试的大约有2.4万人（包括应届毕业生和往届毕业生）而考试及格率却极低。除了早期的两次（1949年至1951年）曾有7%以上的记录外，一直到1964年都只有5.3%至4%的及格率。而1965年至1973年间则降至3.9%至2.1%。1974年以后一段时间更跌至2%以下。直到1985年，才又恢复到2%以上。由于及格率极低，致使很多考生考试次数多得惊人。有关统计显示，在日本，参加司法考试一次即及格者，仅1979年有11位，其他年份皆只有个位数，而应试最

---

① 《全国人大常委会关于修改〈中华人民共和国法官法〉等八部法律的决定》，《人民日报》2017年9月4日。

② 甄树青：《法官遴选制度比较研究》，载《外国法译评》1999年第4期。转引自朱柏松《日本大学教育与司法考试》，载于《法学丛刊》1994年第3期。

多者竟有 18 次之多。在 1986 年，应考 15 次才及格者有 5 人。考生平均应考次数，自 1981 年至 1987 年为 6 次。通过严格选任资格与制度，大力提高仲裁员素质。

第四，保障办案经费，提高仲裁员报酬。高薪制是十分必要的，其一，可以通过高薪吸引优秀的法律人才，提高仲裁员的整体素质。其二，高薪制度会让仲裁员提高工作的积极性，严于律己，公正执法。其三，通过丰厚的待遇可以让仲裁员免除生活的后顾之忧，能够抵挡住金钱的诱惑，做到洁身自好。

四　仲裁员职业道德基本准则之四：文明

（一）仲裁员职业道德"文明"的含义

关于"文明"的含义，尚书《舜典》的疏解对"文明"一词的解释是："经天纬地曰文，照临四方曰明。"此说最能揭示文明的真谛。中国古代先民创造文明一词本是借用自然界的现象来说明人类社会的理想与追求。我们今天所说的文明固然不是指自然文明，但是人类的文明一词显然是受到自然文明的启发借鉴而来的，并在此基础上使文明概念至少包括了三层含义。一是文明的创新力。人类自己的创造与大自然相比，尽管微不足道，但也弥足珍贵，应当为之自豪；二是文明的变化性。文明的行为不仅改变了自然，也改变了人类自身和人类生活的环境，包括社会环境；三是文明的进步性。文明能够给人带来幸福，带来利益和安全，从而推动人类社会进步。

文明是仲裁员良好职业道德素质、职业纪律观念和职业形象的综合展现，是仲裁员职业道德的重要准则之一。

（二）仲裁员职业道德"文明"的特点

仲裁员职业道德的文明准则具有亲和性、良好的沟通性、平等性等特点。

1. 仲裁员的亲和性

廉、正、谦、和是仲裁员的道德形象，也是仲裁员的道德义务。仲裁员要做"道德人"不做"经济人"。仲裁员与职业法官不同，不履行仲裁员职责的时候可能从事各种职业。许多仲裁员本身就是律师或企业家，可以在职业活动当中以不损害他人利益为前提合理地追求自己利益的最大化。但是仲裁员一旦开始履行仲裁员义务，"经济人假说"便不能适用。履行仲裁员义务的仲裁员们应当在一定程度上具备所谓的"道德人"的思想境界。仲裁员不应当利用仲裁员身份或仲裁活动为自己的业务或职业寻求好处。仲裁员只有在自认为没有利害关系并且自己有能力及时处理该案件时才可以接受指定。仲裁员应当廉洁，不崇尚奢华，尽可能避免多方应酬。仲裁员仲裁过程中及结案后，都不得为自己和亲友从当事人及其关联人处获得任何物质的或非物质的"友情利益"。

仲裁员尤其是首席仲裁员要谦虚谨慎、从善如流，具有亲和力、凝聚力。在仲裁过程中，由于人们的经历、职业不同，看问题的方法、角度不同，对证据判断、事实认定、法律适用上有分歧是正常现象。要培养虚心听取他人意见的气度，听得进来自各方面的意见，切忌主观武断、盛气凌人，始终注意营造仲裁的和谐融洽氛围。总之，仲裁员应该按照仲裁法的要求，认真学习，严于律己，切实履行职责。严格依法办案，做到公正、廉洁、高效，依法维护当事人的合法权益，为促进市场经济的健康发展，构建和谐社会做出贡献。

作为仲裁员，要强调亲和性，着便装开庭，与当事人的接触也会变得更亲近，从而更有利于解决当事人之间的纠纷，当然也要着装端正。仲裁员以理性的态度充分聆听当事人的陈述，在符合法律的情况下更多地考虑当事人的实际情况，将当事人的利益放在首位来考量，并做出合理的裁决。

我国仲裁法贯彻了意思自治的基本原则，当事人可以选定其充分信赖的仲裁员来对案件进行审理。当事人有自由选择争议解决机构的权利，即无论当事人住所地或经常居住地在哪里，无论事故发生地在哪里，只要当事人都同意将争议提交某仲裁机构仲裁，该仲裁机构则获得争议的管辖权。

2. 良好的沟通性

仲裁员在办理案件的过程中要关注当事人，许多仲裁案件的当事人在签订仲裁条款的时候对仲裁并不知晓，更谈不上了解。在发生纠纷后，往往是受律师或法院的指点才来到仲裁机构。对这些当事人来说，仲裁机构、仲裁员乃至仲裁的一切都是新鲜的。要使仲裁为当事人所了解、接受和欢迎，让每一个当事人成为仲裁制度的正面宣传员，因为当事人是仲裁之树常青的土壤，没有当事人也就没有仲裁。可亲才可信，仲裁员在当事人心目中树立起良好的可信形象，他们会心悦诚服地听从你的劝解，案件的顺利解决也就有了基础。

3. 仲裁员的平等性

平等地对待双方当事人，不代表、不偏袒、不歧视、不压制任何一方当事人。无论当事人的民族、职业、身份、社会地位、资产状况、企业性质、所在地域及案件争议标的等情况有何区别，均应确保双方当事人在仲裁中的法律地位平等，确保双方当事人行使各项仲裁权利平等，确保双方当事人有平等地进行举证、质证、辩论的机会。

（三）仲裁员职业道德"文明"的要求

1. 体现人文关怀

要求仲裁员在执法时应本着以人为本的理念出发，充分展现仲裁员的素质。弘扬人文精神，体现人文关怀，要充分尊重人的价值和尊严，维护人的权利，实现对人的目的和理想的人本意识的大力弘扬。

做到理念文明，行为文明，作风文明，语言文明。就是要求仲裁员将文明的理念贯彻到其一言一行中。要求仲裁员自觉地、科学地理解和阐释法的内在精神，坚持实体公正与程序公正并重，充分体现以人为本的理念。"行为文明"则要求仲裁员杜绝简单、粗暴，用群众信服的方式办案。"作风文明"是要求能够按照章程办事，依照规定着装，体现出仲裁员的内在政治和业务素质。"语言文明"要求仲裁员语言得体，不简单粗暴。遵守各项礼仪规范，注重职业礼仪约束，维护好仲裁员的良好形象。

近年来随着仲裁员队伍的不断扩大，以及案件数量及复杂程度的日益攀升，使得对仲裁人员的道德素质、知识技能等方面的要求不断提升，这就要求规范仲裁员的各种行为。"文明"的核心是要求对仲裁员的政治素质、业务素质以及文化素质等深层次的素养进行系统的规范。加强仲裁员思想道德建设，树立正确的法治理念，增强职业道德的培养，同时，还应注重个人自身的内在修养，发挥纪律制度的约束力。

2. 遵守基本礼仪

仲裁员要注重职业礼仪约束，仪表庄重、举止大方、态度公允、用语文明，保持良好的职业操守和风范，维护仲裁员的良好形象。

加强仲裁员的职业礼仪建设是规范化建设的需要。规范化建设是一项系统工程，其中最直接、最形象的体现方式就是职业礼仪，从小处着眼，在细节上着手，以细节展示素质展示形象，使仲裁员逐步养成由他律变为自律的良好习惯。中华民族素有"礼仪之邦"的美誉，现代的法律也是以传统民族文化、思想的积淀为支撑点。"依法治国，以德治国"并重的理念，正是继承了中华民族优秀的传统美德，这也与仲裁员职业道德的基本要求相一致，并且极大地促进了文明执法。"职业操守"在中华字典中可以分解为：文明礼貌——仪表端庄、语言规范、举止得体、待人热情；办事公道——坚持真理、公私分明、公平公正、光明磊落；遵纪守法——学法、知法、守法、用法。仲裁员的职业操守实质上也可以将这几点囊括在内。我国《仲裁法》规定仲裁委员会应当从公道正派的人员中聘任仲裁员，正是这个道理。

3. 团结协作，树立良好社会形象

仲裁员要团结协作，相互支持、相互配合、相互监督，力戒独断专行，共同营造健康、有序、和谐的工作环境。仲裁员要力戒独断专行，其实就是对仲裁员自由裁量权的限制。在社会交往中尊重、理解、关心他人，讲诚实、守信用、践承诺，树立良好社会形象。仲裁员代表着公正的形象，其不仅在工作中受到人民群众的监督，在社会交往中的一举一动更是受到人民的关注，所以对其高要求是必要的。

第七章

仲裁员职业道德建设的制度保障

一 仲裁员职业道德的他律

对仲裁员的职业道德进行他律就是通过仲裁员本人以外的个体或群体的直接约束和控制,这种外界干预措施促使仲裁员遵守职业道德,公平公正地行使权力,进行仲裁裁决。这里的他律不同于监督,监督包括事前监督和事后监督,既有预防也有纠正,但他律仅限于事前的约束和控制,通过这种外界的约束和控制促使仲裁员遵循职业道德,保证仲裁裁决公平公正,而不是事后纠正错误。对仲裁员进行他律包括仲裁机构内部、仲裁协会、当事人等方面的他律。

二 仲裁员职业道德的自律

仲裁员职业道德的自律分为广义上的自律和狭义的自律。广义的自律是指仲裁员在没有外部监督的情况下,自己监督自己的行为,自觉遵循相关规定的行为。而狭义的自律是指仲裁员特殊职业道德中的一项重要内容。从狭义的角度看,仲裁员职业道德的自律是仲裁的自愿性和专业性特点的体现。仲裁员在履行披露义务过程中,需要的就是仲裁员的自律。

加强仲裁员职业道德自律的措施。道德的自律是主体借以律己的准则。无论什么职业,职业道德的自律都在于培养从业人员的职业感和责任心。仲裁员作为一个专业性很强的职业,其职业道德的自律不仅要培养仲裁员的职业感和责任心,还应当培养仲裁员的正义感,使其在处理案件时能保持中立和公正。第一,端正价值导向。加强正确道德价值观的学习，用正确的社会主义核心价值观去面对工作中的各种难题和困难。第二，增强理性能力，即不断提高仲裁员的知识水平，增强理解力、想象力、创新力，同时培养正直、自制、大度等道德理性。第三，培养仲裁员爱岗敬业的情感。第四，培养仲裁员自身的正义感，坚持自身公正性，使其在工作中保持公正和中立。而如何使仲裁员具备公正性则需要仲裁员的自律。公正性是仲裁员必须具备的最基本的道德规范之一，也是需要仲裁员自律的职业道德之一。仲裁员居中对案件进行裁判，仲裁员不是当事人的代理人，不能代表任何一方的意志和利益，而必须以自己的意志，公正地不偏不倚地进行仲裁。

总之，仲裁员职业道德的自律行为能够更好地帮助仲裁员以公正中立的身份参与到仲裁案件当中。要保障案件公正顺利地进行，不光要靠法律规章或者舆论监督等，更重要的在于仲裁员自身。仲裁员作为处理案件的裁判者和直接参与者，对自己的行为的自我约束是非常重要的。为了当事人、公众和社会的利益，职业道德的遵守就需要仲裁员的自我规范和约束，并且在这一过程中不断提高自身的职业道德素养。人性都是有弱点的，职业道德上的自我规范和约束能力也是有限的，因此在加强仲裁员自律的同时，也要加强仲裁机构对仲裁员个人的职业道德负起引导、规范、约束、监督和考核等责任，真正实现自律与他律的结合。

三　仲裁员职业道德的考评制度

我国各地仲裁机构根据自己的实际情况，对仲裁员的职业道德也做出了相关规定，内容也大体相同，但是对于如何考评仲裁员的职业道德，从制度上看，各地仲裁机构都没有做出相关规定。

（一）建立仲裁员职业道德考评制度的必要性

建立仲裁员职业道德考评制度的必要性，可以从以下几方面分析。

1. 促进仲裁员积极正确履行职责。仲裁员最核心职责就是根据事实，符合法律规定，公平公正理性"定夺"仲裁案件。所以，仲裁员的素质高或者底，仲裁员履职情况好或不好，对其在仲裁职能作用发挥有决定性作用。仲裁员与其他国家机关干部及政党机关干部相比较，是一个比较特殊的群体，有着不同的职业要求和职业特点。所以，制定仲裁员职业道德考评制度，对促进仲裁员积极正确地履行职责，无疑有着重要意义。

2. 作为仲裁员晋升、解聘的依据。仲裁员对于仲裁这一组织而言，也应当运用仲裁员考评机制有目标、有计划地获取仲裁员的信息，通过考评机制这一载体方能获取仲裁员思想政治素质、业务能力、职业修养、科研水平等信息，从而将仲裁员资源中不合理的成分进行优化，最终得以实现仲裁员职业化的最优配置。

3. 促进仲裁员素质的提高。仲裁员职业道德的养成光靠自觉不行。仅靠教育引导，仅靠个人约束，职业道德的形成将是非常漫长的，我们有必要通过一些外部制约措施来约束仲裁员的行为，促进职业道德的较快养成。

（二）建立仲裁员职业道德考评制度的建议

仲裁员职业道德方面的考评常常会遇到一些问题：在现实操作中我们是很难对职业道德下一个准确的评判标准的，所以仲裁机构也会产生畏难情绪，"不出事"成为对仲裁员的衡量标准。那么怎样对职业道德方面进行考评呢？笔者认为可以从以下几个方面着手。

1. 考核形式。百分制考核。以100分为满分，表现较好的，适当予以加分；违反职业道德的，视情节予以扣分。赏罚分明，可以起到较好的激励作用。

2. 考核内容。一方面，仲裁员作为社会的一员，应当遵守公民的道德规范，做一名好的公民。另一方面，将仲裁员的考勤以及办案、效率纳入考核内容也是很有必要的。

3. 考核原则。"客观公正"是考核的最基本原则，所以，对仲裁员的考核，除了以上内容以外，还应听取同事和群众的意见。这样既有领导组织、部门负责人的评价意见，也要广泛听取仲裁员曾处理纠纷的当事人的意见，以当事人的真实反映作为考评仲裁员的基础依据。

四　廉洁自律的实现

2015年10月18日，中共中央印发了《中国共产党廉洁自律准则》，廉洁自律怎样界定？如何实现？这是我们必须思考和解决的问题。

（一）廉洁自律的界定

所谓廉洁，是清廉洁白的意思，与贪污一词相对立。《楚辞·招魂》中说："朕幼清以廉兮。"王逸注释为"不受曰廉，不贪曰洁"。可见，廉洁是指不受贿、不贪财、立身洁白的意思。廉洁是中华民族的传统美德，我们常说"清介自守""清白无瑕""两袖清风""一尘不染"，赞美的就是廉洁的品德。

所谓自律，源于古希腊语中 autos（自己）和 nomos（规律），是由两个词合并而成，词义是自己的规律。引申到伦理学的含义上，所谓自律，是道德主体履行道德义务已超越了对道德义务的敬畏和消极服从，而是把它转化为自己内心的一种自觉追求，一种发展、完善和提升自己的内在需要和深刻的责任感。恰如著名心理学大师皮亚杰所指出的："当心灵认为必须要有不受外部压力左右的观念的时候，道德自律便出现了。"[1] 这时，道德义务不再是他律的异己的存在，而是为我的存在，道德义务的他律性被扬弃了，个体道德的发展也随之向自律阶段升华。[2] 自律具有如下特点。第一，自我意识性。在自律阶段，道德主体的行为是在自我意识支配下进行的，而不是外在强制的结果，是自我决定的，是在意志支配下完成的自主自觉行为；第二，自我反省性。所谓自我反省就是经过道德主体的头脑思考，对自己的和他人的行为进行分析、比较、研判，然后根据自己的道德倾向做出行为决定；第三，自我评价性。也就是行为主体对自己的行为进行评价，对照他人，找出不足，对照自己的过去，找出差距，进而不断完善人格，适应社会的要求。

（二）廉洁自律的依据

中国共产党全体党员和各级党员领导干部必须做到廉洁自律，依据

---

[1] ［瑞士］皮亚杰：《道德判断》，傅统先、陆有铨译，山东教育出版社1984年版，第233页。

[2] 龙静云：《治化之本——市场经济条件下的中国道德建设》，湖南人民出版社1998年版，第219—221页。

可以从如下几个方面分析。

第一，马克思指出："道德的基础是人类精神的自律，而宗教的基础则是人类精神的他律。"① 所以，道德建设从他律走向自律是马克思主义的基本原理。习近平在十八届中央纪委三次全会上发表重要讲话强调，解决好保持党同人民群众的血肉联系问题，不可能一劳永逸，不可能一蹴而就，要常抓不懈。我们开了个好头，要一步一步深化下去。抓作风建设，首先要坚定理想信念，牢记党的性质和宗旨，牢记党对干部的要求。

第二，只有通过道德自律，才能真正落实法律、党纪以及道德规范的他律。道德的本质特征决定其基本规范和要求的落实最终取决于人的内心信念和道德良知。法治与德治的关系是一种他律与自律的关系。法治是一种他律，它强制人们按照法定的规范做一个守法的人；德治是一种自律，它启发人们自觉做一个有道德的人。在他律与自律的关系中，自律是基础，他律必须通过自律而起作用，离开自律的他律只能是消极的、被动的，甚至是流于形式的。这是因为，当法律规范的约束和导向还仅仅停留在行为主体的意志要求之外时，法律规范所产生的力量还不是来自主体自身，还不一定是主体自身对法律规范的认同和自觉的服从，而是来自一种超乎个人之上的外在社会压力。仅停留于他律形式的主体对法律规范的服从，往往如同服从威风凛凛地站在社会生活十字路口的、手握法治指挥棒的警察。此时个体对法律规范的把握只是外在的，并不能反映出个体对法律规范的自觉地把握。② 只有他律走向自律，才能把外在的约束转变为自我意志的要求。

第三，道德从本质上看，不是迫于外在力量的强制，而是由人的内在道德需要所启动的自主、自为、自觉、自愿的行为。全面从严治党，必然要求依规治党和以德治党相结合。自觉性和强制性是辩证统一的，强制性以自觉性为前提，强制性又可以启发、诱导和强化自觉性。强制性的他律内化为自觉性的自律，才能体现中国共产党的先进性，永葆党的先进性和纯洁性。

---

① 《马克思恩格斯全集》第1卷，人民出版社1956年版，第15页。
② 胡振平、贺善侃主编：《心中的律令》，上海大学出版社2004年版，第89—90页。

（三）实现廉洁自律的路径

从严治党，实现廉洁自律，可以采取如下对策。

1. 明确道德导向

中国共产党全体党员和各级党员领导干部必须坚定共产主义理想和中国特色社会主义信念，必须坚持全心全意为人民服务的根本宗旨。明确道德导向就是加强理想信念教育，树立坚定的共产主义信仰。理想信念是安身立命的根本，我们应该时刻把坚定的共产主义理想信念放在首位，把它作为自己的立身之本、奋斗动力和行为坐标，甘于奉献。

加强自律，就是指通过理想、信念、道德等思想教育，提高思想境界和道德素养，增强自我约束能力，成为自由自觉的有德之人。理想信念缺失就会导致世界观、人生观、价值观扭曲。增强道德自律意识，首要条件是确立正确的人生观和价值观，树立起崇高的理想和信念。共产主义信念是人们对共产主义理想和共产主义事业在内心的真挚信仰。坚定共产主义理想信念，最根本的是要坚定地信仰马列主义的科学理论，坚持不懈地用马克思列宁主义、毛泽东思想、邓小平理论、"三个代表"重要思想、科学发展观特别是习近平新时代中国特色社会主义思想武装头脑。大力开展理想信念教育，加强党性锻炼，牢固树立马克思主义的世界观、人生观、价值观，牢固树立正确的权力观、地位观、利益观，自觉抵制金钱、人情和关系对审判工作的侵蚀和影响，不断改造世界观，始终保持正确的人生航向。

2. 提高道德修养

"修养"一词出自《孟子》的"修身""养性"说，宋代的程颐将"修身"与"养性"合起来，第一次提出了"修养"这一概念。"修养"是个人发现自身主观世界的一种活动。道德修养是指个人在道德知识、道德行为品质方面，自觉按照一定的道德原则、遵循一定的道德规范所进行的自我锻炼、自我改造和自我提高的过程。

进行道德修养的必要性可以从以下几个方面分析。首先，主观世界是可以得到改造而且必须得到改造，这就是要进行修养的根本原因。历史唯物主义告诉我们，人类在改造客观世界的同时自己的主观世界也得到改造，客观世界的改造可以带动主观世界的改造，从而促进人的全面健康发展,主观世界的改造也可以促进客观世界的改造,从而推动社会进步。对领导干部来讲,加强主观世界的改造,最根本的就是要牢固树立正确的世界观、人生观、价值观,着力解决好权力观、地位观、利益观问题,真正形成并永远坚守共产党人的思想道德和革命品质,特别是要解决好坚持立党为公、执政为民的问题,坚持做到权为民所用、情为民所系、利为民所谋。

其次,加强道德修养是我国思想文化传统的一贯主张。修身为本,这是古代思想家特别是儒家学派对修养问题的基本定位。修身也称正身、诚身、洁身、澡身。它是以自己之身为对象,像加工玉器那样琢磨,努力使自己成为一个无瑕之人,成为一个真正的人。之所以"修身为本",在儒家看来,是因为洁身是一切活动的根本。儒家认为,要达到内圣外王的至高境界,只有通过克己内敛的自我教育,通过完善道德,养成浩然之气,才能达到。[1] 加强道德修养是我国的优秀思想文化传统,至今仍然有着重要的伦理价值和社会价值。

最后,人只有不断地修养,才能完成时代赋予的使命。我国古代的文化典籍《大学》中就记述了这样一段话:"大学之道,在明明德,在亲民,在止于至善。""古之欲明明德于天下者,先治其国;欲治其国者,先齐其家;欲齐其家者,先修其身;欲修其身者,先正其心;欲正其心者,先诚其意;欲诚其意者,先致其知;致知在格物。物格而后知至,知至而后意诚,意诚而后心正,心正而后身修,身修而后家齐,家齐而后国治,国治而后天下平。自天子以至于庶人,于是皆以修身为本。其本乱而末治者否矣。"这段话的意思是:古代想要使美德发扬于天下的人,首先要治理好自己的国家;想要治理好自己的国家,首先要整治好自己的家庭;想要整治好自己的家庭,首先要修养好自身;想要修养好自身,首先要端正自己的心态;想要端正自己的心态,首先要使自己的意念诚实。"天将降大任于斯人也,必先苦其心志,劳其筋骨,饿其体肤,空乏其身,行拂乱其所为,所以动心忍性,增益其所不能。"只有自身道德品质高尚了,才能号召人、领导人,完成肩负的重任。[2]

---

[1] 梅萍:《以德治国论》,湖北人民出版社2003年版,第126页。
[2] 李春秋主编:《人才与思想道德》,青岛出版社1997年版,第95—98页。

3. 掌握具体方法

廉洁自律的具体方法很多，这里探讨几种主要方法。

第一种方法，学习道德榜样。我们常说，榜样的力量是无穷的，这些榜样是从普通中产生的，他们就在身边。向优秀学习，最重要的就是学习他们高尚的道德品质，所谓"见贤思齐"，学习道德榜样是一种心理道德倾向的牵引，引导从他律走向道德自律。

第二种方法，启发道德认同。所谓道德认同就是伦理规范认同，是指社会成员具有社会伦理规范的意识并认可和赞同社会伦理规范。《中国共产党廉洁自律准则》确定，党员廉洁自律规范是：坚持公私分明，先公后私，克己奉公；坚持崇廉拒腐，清白做人，干净做事；坚持尚俭戒奢，艰苦朴素，勤俭节约；坚持吃苦在前，享受在后，甘于奉献。党员领导干部廉洁自律规范是：廉洁从政，自觉保持人民公仆本色；廉洁用权，自觉维护人民根本利益；廉洁修身，自觉提升思想道德境界；廉洁齐家，自觉带头树立良好家风。这就是共产党人的道德认同，要把这些自律规范内化为自己的意志和愿望，然后外化为自觉的行为。

第三种方法，提倡"慎独"精神。"慎独"的方法出自《礼记·中庸》："道也者，不可须臾离也，可离非道也。是故君子戒慎乎其所不睹，恐惧乎其所不闻。莫见乎隐，莫显乎微。故君子慎其独也。"刘少奇同志在《论共产党员的修养》一书中曾指出："即使在他个人独立工作、无人监督、有做各种坏事的可能的时候，他能够'慎独'，不做任何坏事。"[①] "慎独"要求自觉抵制各种歪风邪气，保持凛然正气和节操，自觉培养高尚道德情操，努力弘扬中华民族传统美德。它既是一种思想道德修养的方法，也是一种经过长期修养才能达到的崇高精神境界。

第四种方法，善用"自省"古箴。自省作为一种重要的道德修养方法，古人称"内省""自讼"，即要求人们自觉进行思想约束，时时、处处、事事在内心反省自己的言行，思考与学习一样，是自身修养的重要途径之一，道德文化知识的获取和思想道德意识的提高只有通过学习和思考才能达到。孔子认为，学习了之后，如果不加思考，就会迷惘，

---

① 《刘少奇选集》（上卷），人民出版社1981年版，第40页。

为此他提出了"九思",即"视思明、听思聪、色思温、貌思恭、言思忠、事思敬、疑思问、忿思难、见得思义"。曾子有句名言叫"吾日三省吾身",自省不仅需要自觉,更需要勇气,古今中外,一切道德高尚者都是如此。

综上所述,实现廉洁自律,可以采取一些行之有效的对策:明确道德导向、提高道德修养、掌握具体方法,包括学习道德榜样、启发道德认同、提倡"慎独"精神、善用"自省"古箴等方法。

五 对仲裁员的多元监督制度

随着社会主义市场经济的深入开展,平等主体的社会交往日益繁多,越来越多的社会纠纷逐渐涌现。仲裁作为非讼纠纷解决方式的主要内容,其作用尤为重要,而仲裁的公正、经济价值以及人性理念决定了对仲裁员监督的必要性。对仲裁员的监督主要包括司法监督、行业监督、内部监督和当事人监督四种形式。我国现阶段的仲裁监督制度还有一定的不足之处,制约了仲裁的进一步发展。通过对仲裁员的多元监督制度研究,有利于完善我国仲裁监督制度。

仲裁是一种古老的民间纠纷解决方式,现在已经被世界很多国家的国内立法以及一些国际条约所确认,成为现代社会解决纠纷的重要手段。所谓仲裁,是指依据当事人所达成的合意,把基于一定法律关系而发生或将来可能发生的纠纷的处理,委托给法院以外的第三方进行裁决的纠纷解决方法或制度。① 仲裁具有准司法的性质和强制性的特征,并且仲裁实行一裁终局的原则,仲裁员的权力极易被滥用,因而构建对仲裁员的多元监督体制就尤为重要。

(一) 对仲裁员进行监督的理论基础

对仲裁员的监督,是指享有监督权的组织或者个人,对于仲裁员所做的仲裁行为以及与仲裁相关的行为进行监督和考察,纠正错误或违法行为,实现仲裁的公平正义。以下将从三个方面阐述对仲裁员监督的理论基础。

---

① 范愉:《非讼纠纷解决机制研究》,中国人民大学出版社2000年版,第192页。

1. 人性理论

休谟认为，任何科学都在某种程度上与人性相关，即使若干科学距离人性较远，但是他们将回到对人性讨论上，因为人们对于某一事物的认识都会受到某种人性因素的影响。人性本身就是一个即复杂又抽象的概念，对它可以从不同的视角进行理解。马克思认为生物属性并非人的本质所在，而社会性才是人性的本质。卢梭则强调人的生存的重要性，生存是人性的终极准则。亚当·斯密称，名誉是人性的主要判断标准。帕特利克·亨利认为，自由高于一切。实际上，他们所提到的生存、名誉、自由等都是人的最基本需要。除此以外，尊严、亲情、发展等也同样属于人的基本需要。可以说，这些都是基本人性。任何制度的设计，只有在满足这些需要的情况下，才可以说是理性的、科学的。换言之，这些因素应当成为制度设计时必须考量的因素。当然，仲裁作为法治社会的一种重要制度，就应当符合人性。因为某项社会规则只有符合人性，才具有可行性，才是科学的、合理的。

人性本身就是自然属性、有限理性和自利性的统一体，它的客观存在是无法回避的。因而，作为仲裁员的个人同样具有自然属性、有限理性和自利性的一面。虽然可以依靠仲裁员的自律保证仲裁的正常进行，但是完全依靠这种自律无法实现仲裁的公正价值。基于仲裁员的人性弱点，有必要对仲裁员进行监督。在仲裁实践中，仲裁员的自然属性和自利性很容易导致仲裁权的恣意行使，侵害仲裁中双方当事人的合法权益。基于仲裁员的有限理性，仲裁裁决并不一定保证仲裁的公正。因此，构建对仲裁员的多元监督机制势在必行。

2. 仲裁公正理论

公正是法的内在价值要求，是法的应然性要求。仲裁所肩负的解决争议，恢复实体权利义务关系有序状态之使命，必然决定了公正乃仲裁之灵魂。仲裁公正既包括程序之公正，也包括实体之公正。为达到程序之公正，仲裁员的中立、当事人的平等必不可少。实体公正，即仲裁员在对案件事实形成内心确认的基础上，通过使用法律，而对案件做出公正的权威性裁决，也就是仲裁员在双方当事人之间进行的实体权利义务的公正确认。实体公正既是当事人双方进行仲裁的目的所在，也是仲裁作为争议解决机制的使命所在。可以说，仲裁程序公正是实现仲裁实体公正的必要程序保障，而仲裁实体公正是仲裁程序公正所追求的目标，两者相辅相成，共同构成仲裁公正的完整内容。

仲裁的公正性是仲裁所追求的最终价值，也是建立在当事人意思自治基础之上的仲裁作为一种社会争议解决机制赖以存在和发展的生命力所在。在多元的争议解决机制中，当事人之所以选择仲裁，是因为仲裁程序中，当事人的意思自治可以得到充分的尊重，但更重要的一点，在于仲裁机构及仲裁员的超然地位使得仲裁的公正性具备了组织基础。但是，仲裁员缺乏相应的制度监督，难以保证仲裁的公正性。因此，构建对仲裁员的多元监督机制是仲裁公正的必然要求。

3. 仲裁经济理论

仲裁的公正性价值是仲裁所追求的最重要的价值。然而，仲裁不仅包括对公正的追求，还包括对经济效益的追求，仲裁的经济性价值同样是值得追求和向往的。仲裁的经济性，即仲裁耗时短、费用低。主要表现在以下几个方面。首先，一旦发生争议，双方当事人就可以按照事先的约定选定仲裁员组成仲裁庭开始仲裁。其次，双方当事人所选定的仲裁员一般都是相关领域的专家，对于许多争议的事实通过一定的调查就可以直接予以认定，大大加快了对争议做出裁决的速度。再次，仲裁费用一般要比诉讼费用低。最后，仲裁实行"一裁终局"的原则，即仲裁裁决一经做出就具有了最终效力。由于简化了解决有关争议的程序，缩短了审理期间，加快了裁决速度，从而也就大大降低了解决争议的费用。

仲裁的经济性要求必须以最低的资源消耗推动仲裁案件的顺利进行。要做到有限成本最大利用，就必须保证整个仲裁过程的公正。从另一个方面说，就保证仲裁员的仲裁行为符合法律的规定，仲裁员在中立的立场上对纠纷做出裁决。如何保证仲裁员依法履行职责呢？对仲裁员的多元监督是推动其积极公正履行职责的重要力量，并且是不可或缺的。仲裁员对提请仲裁的争议事项有独立的、一次性的终局裁决权，如果不建立适当的、有效的仲裁监督机制，因权力滥用而导致的仲裁不公即在所难免。孟德斯鸠认为，一切有权力的人都容易滥用权力，无数实践已经证明。权力在到达权力的边界之前是不会轻易停止的。[①] 虽然对

---

① ［法］孟德斯鸠：《论法的精神》（上册），商务印书馆1961年版，第154页。

仲裁员的监督必不可少，但这种监督也要有一定的限度，否则，会造成新的权力行使的恣意，打击仲裁员的工作积极性，不利于仲裁制度发挥其应有的作用。仲裁员公正行使职权，当事人双方就最终裁决结果也将会认同，不会出尔反尔。因此，从仲裁的经济特征分析，构建多元的仲裁监督制度不容忽视。

（二）对仲裁员的多元监督机制

现阶段，有关对仲裁员的监督制度已经呈现多元化的发展趋势，根据监督主体的不同，主要包括对仲裁员的司法监督、行业监督、内部监督和当事人对仲裁员的监督四种形式。

1. 对仲裁员的司法监督

所谓仲裁司法监督，是指法院对仲裁活动以及仲裁机构做出的裁决是否符合法律或者有关国际公约的规定所进行的司法审查，以决定对仲裁是否给予支持或干预的行为。仲裁员作为仲裁权的行使主体，为保证仲裁的公正，对仲裁员的仲裁行为进行司法监督是必要的。对仲裁员实施司法监督，是世界各国仲裁立法的通例。由于仲裁实行一裁终局制度，仲裁裁决做出后即发生法律效力，与民事诉讼的生效判决一样，对争议各方当事人都具有约束力和强制执行力，要求当事人在裁决规定的期限内履行自己的义务。如果仲裁员未依据法律规定裁决，裁决内容和形式确实存在错误，如不加以纠正，就会损害当事人的合法权益，不利于维护正常的社会经济秩序，也将严重损害仲裁的权威和尊严。另一方面，虽然仲裁权的来源和基础是双方当事人通过仲裁协议而授予仲裁机构的处分权，各仲裁机构之间也无隶属关系，都是在没有任何干涉的情况下独立进行仲裁活动，但仲裁员在仲裁案件时，由于社会各种因素的影响，以及受仲裁员本身的主观和客观条件的限制，错误的裁决难以避免。因此，对仲裁员给予适当的司法监督，既可以防止和减少错误的仲裁裁决的出现，约束仲裁员的行为，提高仲裁员的责任心，又可以使当事人因仲裁活动而受到非法损害的权益得到救济。我国的司法监督主要是以申请撤销裁决的途径进行的。

2. 对仲裁员的行业监督

对仲裁员的行业监督，是指仲裁协会对仲裁员实施的监督。在我国，对仲裁员的行业监督就是指中国仲裁协会对其成员所实施的自律性监督。我国《仲裁法》第十五条规定，"中国仲裁协会是社会团体法人。仲裁委员会是中国仲裁协会的会员。中国仲裁协会是仲裁委员会的自律性组织，根据章程对仲裁委员会及其组成人员、仲裁员的违纪行为进行监督。"从仲裁法的规定可以看出，我国仲裁法明确规定了对仲裁员的行业监督，仲裁员的仲裁行为要受到中国仲裁协会的规制，仲裁员有义务遵守仲裁协会的章程。根据我国《仲裁法》第十四条的规定，"仲裁委员会独立于行政机关，与行政机关没有隶属关系。仲裁委员会之间没有隶属关系。"从该条规定可以发现，对仲裁员进行行业监督何其重要。

3. 对仲裁员的内部监督

对仲裁员的内部监督，是指仲裁委员会对仲裁员和仲裁程序的监督。仲裁委员会对仲裁员的监督伴随着整个仲裁程序的始终，仲裁机构的设置结构和体系决定了对仲裁员进行内部监督的必要性。世界各国的仲裁立法多以设置独立的仲裁机构为机理，仲裁机构体系有别于法院体系，各仲裁机构是相互独立的，仲裁机构的这种非层级机构决定了仲裁的裁决原则，即一裁终局制度。其中，仲裁员的职业素质和道德素养决定了仲裁裁决的质量。即使像法院这样专业性和正规性的纠纷解决机构依旧存在上诉、再审等多途径的质量矫正和系统完善。有关学者认为，诉讼审级制度体现着程序制度的基本理念，促进着程序正义的实现。不同国家的审级制度关于程序正义存在着不同的理解，表现在立法中也会存在较大差异。仲裁裁决机构就应当加强对仲裁员的内部监督，从而保证仲裁裁决的合法性和正当性。关于律师担任仲裁员的问题，北京中伦（武汉）律师事务所权益合伙人张粒认为，① 律师担任仲裁员，必须实现对角色的准确认知和适时转换。"律师仲裁员除了应当作为法律家和争议解决者，还必须是律师同行和商业伙伴都能够尊重和信任的公道正派之人。"律师仲裁员除了要严格遵守仲裁员披露和回避等有关独立和公正的制度安排和行为守则外，还要不断提高自身的思想觉悟和精神修养。

---

① 关于律师担任仲裁员的问题，张粒在2018年上海国际仲裁周高峰论坛武仲分论坛上进行了阐述，参见张维《提高仲裁公信力仲裁员要专业化国际化职业化》，《法制日报》2018年3月18日。

在我国，对仲裁员的内部监督多发生于仲裁开始后裁决做出前，因此，对仲裁员进行内部监督对于促进程序正义和效益，预防仲裁员的违法乱纪行为具有重要的意义。最后，对仲裁员的聘任和管理制度也是内部监督的重要内容，同时是基础性内容，对于完善我国的仲裁监督制度至关重要。

4. 当事人对仲裁员的监督

当事人作为仲裁中的直接利害关系人，仲裁裁决结果对其有重大影响。法律规定了当事人提请仲裁的权利，就理应为其规定相应的救济措施，而当事人对仲裁员进行监督就是其中一项重要的救济途径。仲裁庭的仲裁权不仅来源于仲裁法的明确授权，还来源于当事人的协议授权，因为缺乏当事人自愿订立的仲裁协议或者仲裁条款，仲裁庭是不能主动干预当事人的纠纷的。当事人对仲裁员的监督机制是仲裁监督机制的重要内容，它是基于"以权利制约权力"的理念而产生的。

在司法实践中，当事人对仲裁员的监督主要是通过仲裁法或者仲裁规则赋予的权利进行监督。当事人在仲裁中享有广泛的权利，例如选择仲裁机构的权利、选择仲裁员的权利、仲裁管辖异议的权利、申请回避的权利、申请撤销仲裁裁决或者不予执行仲裁裁决的权利等。当事人对仲裁员的监督正是通过以上权利才得以实现的。从当事人的仲裁权利可以发现，当事人对于仲裁员的监督没有严格的阶段划分，而是贯穿于整个仲裁程序的始终。实际上，仲裁法为当事人设定的诸多权利的实现过程就是当事人对仲裁员进行监督的过程。

（三）对仲裁员多元仲裁监督制度的完善

1. 合理控制对仲裁员的司法监督的力度

仲裁制度的健康发展，不能缺少法院的监督。然而，法院不能过度地干预和控制仲裁制度本身的发展，过分干预仲裁员的仲裁行为，这种监督和干预必须是适当的，基于法律规定进行。法院对仲裁进行适度的司法监督，主要包括以下三个方面：一是承认仲裁"一裁终局"；二是原则上法院只控制仲裁的程序性事项，而不审查或者严格限制审查仲裁裁决的实体内容，也即只对仲裁的自然正义与合法性进行司法审查，而不审查裁决的是非曲直；三是在仲裁程序中，法院的司法监督以支持和协助仲裁为主导，并且法院介入仲裁的权限以当事人或者仲裁庭的申请为前提，介入的范围也是以当事人或者仲裁庭的申请为限。此外，人民法院对仲裁行使司法监督权的活动与整个仲裁制度关系密切，因此，建议人民法院在审理撤销仲裁裁决的申请案件和做出裁定之前，合理地听取仲裁员的意见，让仲裁员参加到司法监督活动中来，这样可以有效避免因审判人员个人欠缺仲裁经验而做出错误的裁定，影响我国仲裁制度的发展，而且也符合程序公正的基本要求。

2. 加快完善对仲裁员的行业监督机制

我国的仲裁法虽然明确规定了仲裁协会的地位、性质，但是仍然未建立起我国的仲裁协会。我国仲裁协会的缺失，使得各仲裁机构各行其是，区域间的协调发展受到制约。因此，有必要建立起真正属于我国的自律性的仲裁协会，消除我国仲裁业所带来的负面影响。当然，我国的仲裁协会也就理应履行相应的职能。第一，建立符合我国国情的统一的评判标准，用于评价各仲裁机构和仲裁员的行为，促使仲裁员积极履行职责；第二，运用仲裁规则合理协调和约束各仲裁机构之间的权利和义务，为仲裁员的仲裁行为提供公平合理的制度环境；第三，对仲裁员和仲裁机构进行定期培训和业务宣传，组织仲裁员交流经验，推动仲裁制度发展；第四，对违法乱纪的成员进行惩戒，维护仲裁协会的权威。

3. 加快完善对仲裁员的内部监督机制

我国对仲裁员的内部监督机制基本上适应了我国仲裁事业的发展，但是随着仲裁事业的逐渐推进，有必要对仲裁的内部监督制度予以完善。具体包括：第一，在具体的仲裁案件中，裁决应当按照多数仲裁员的意见做出，少数仲裁员的意见可以记入笔录。仲裁庭不能形成多数意见时，裁决应当按照首席仲裁员的意见做出。法律的规定有待改进，应当将首席仲裁员的意见报仲裁委员会讨论决定，出于对仲裁公正的考虑，对首席仲裁员予以适当的监督是必要的；第二，当符合条件的仲裁员没有自行回避，当事人未申请回避时，应当由仲裁委员会主任或者仲裁委员会集体决定这种情形的回避；第三，应当把仲裁庭秘书纳入回避对象的范围内，切实维护当事人的合法权益；第四，增加仲裁员违法责任的规定，仲裁庭的组成人员如果因为仲裁程序违法累计两次被法院撤销仲裁裁决的，组成该仲裁庭的人员在其任期届满后，仲裁委员会不得再次聘任其为仲裁员，这种责任性规定有利于促使其积极履行职责。

4. 充分保障当事人的意思自治

当事人意思自治是仲裁赖以存在的基础，它贯穿于仲裁程序的始终。在仲裁程序中，赋予当事人更多的权利和自由是当今世界各国仲裁立法的发展趋势，只要不违反强制性的法律规范，就应充分尊重当事人在仲裁程序中的意思自治权。我国仲裁制度中所存在的仲裁机构独立性差、当事人的程序决定权不充分以及仲裁程序缺乏灵活性等缺陷，均源自缺乏对仲裁的契约性本质的深刻认识，未能充分尊重当事人意思自治原则。各国的诉讼法都设立了上诉程序，其目的便在于通过上级法院的审查来纠正下级法院的错误，以使双方当事人获得公正判决，最终实现社会公正。为了使当事人意思自治这一原则在仲裁活动中得以切实充分地体现，我国仲裁法应当承认并尊重当事人进行仲裁程序选择的自由权，而不应过度限制当事人的意思自治权，这也是各国的普遍做法。当事人的意思自治中包含对仲裁员进行监督的内容，当事人意思自治得到保障，自然有助于推动当事人对仲裁员的监督。

5. 构建具有中国特色的对仲裁员的社会监督机制

对仲裁员的社会监督是仲裁监督的最后方式，实际上也是影响范围最广泛的一种监督方式。然而，如何处理好对仲裁员的社会监督和仲裁保密性的问题使得社会监督机制陷入了困境，因此，必须妥善处理两者之间的关系。首先，对仲裁员的社会监督应侧重于仲裁员的言行举止，避免过度干预仲裁员独立裁决案件，尤其是涉及仲裁专业时，社会公众应当理性回避。涉及当事人双方的私密事项时，仲裁员应当予以保密，社会大众也应避免妄加评论，以免影响双方当事人的正常生活；其次，应当加强仲裁社会监督的宣传力度，提高人们关于社会监督的认知，形成普通大众对仲裁监督制度予以信任和理解的良好氛围。

综上所述，仲裁作为非讼纠纷解决机制的重要手段，日益受到社会的重视和人民群众的信赖，要使仲裁保持持久的生命力，构建对仲裁员的多元监督机制就显得很有必要。我们应当在现有的对仲裁员的监督机制下，不断改进已有的仲裁监督机制，创新仲裁监督机制，实现对仲裁员的全方位监督，促使仲裁员依法行使职权，保障仲裁的公正。

第八章

仲裁员道德需要的激发

外因是事物变化的条件，内因是事物变化的根据，外因通过内因起作用，这是马克思主义唯物辩证法的基本原理。加强仲裁员道德建设，必须调动内在因素，道德需要是内因，是道德行为的根据，因而在仲裁员道德建设过程中，激发仲裁员的道德需要，使外在的道德规范内化为仲裁员的自觉愿望和要求，对道德目标的达成可以起到事半功倍的效果。因此，研究仲裁员道德的发生机制和方法，就可以找到仲裁员道德建设的动力之源。

一 道德需要及仲裁员道德需要的界定

（一）"道德需要"的界定

关于道德需要的界定，从不同的视角出发，研究者提出了不同的认识。道德需要的含义非常丰富，它涉及人性、社会、心理等多个层面，典型的观点主要有以下五种。第一种典型观点是层次论。人的需要具有层次性，马克思主义经典作家将其分为生存需要、享受需要和发展需要；人本主义心理学家马斯洛则将人的各种需要概括为生理需要、安全需要、归属和爱的需要、尊重的需要及自我实现需要五个层次。这些分析表明：需要的层次越高，就越趋向于具有道德意义。换句话说，在丰富的精神需要中，道德需要是其核心的部分，它具有三个层次，即道德义务需要层次、道德良心需要层次和道德完善需要层次。[①] 也有人认

[①] 林鲁文：《青少年思想道德教育中的道德需要与层次》，《边疆经济与文化》2005年第10期。

为，道德需要作为人的特殊的、高级的社会需要是通过道德内化而形成的，道德内化过程具有发展性的特点，从而决定了道德需要的形成和发展也是一个从低级到高级的过程，并由此呈现出三个高低不同的层次：他律道德需要、自律道德需要和自由道德需要。① 第二种典型观点是心理论或限度论。有很多学者对心理层面的道德需要的形成及内涵曾做过深入的探索，为道德需要找到了心理学依据。弗洛伊德的观点是其中较为突出的，一般认为，弗洛伊德主义是反传统和反道德的，原因在于他宣扬本能，突出性欲，肯定人的趋乐避苦倾向，也就是不讲道德。实则不然，在所有西方现代心理学家中，弗洛伊德是最讲道德的，对于道德的考虑直接导致了精神分析理论中的人性冲突，精神分析在某种意义上被看作是"道德心理学"。弗洛伊德在提出人格结构理论时也提出了"个体道德需要"的有关看法。他认为，个体人格由三部分组成，即本我、自我、超我。"本我"是一种原始的力量来源，是遗传下来的本能，按"快乐原则"行事。如果说"本我"的实质是本能，那么"自我"的实质则是理性。"自我"是外部世界的代表，理性在实现"本我"的目的时将考虑客观环境，调节外界与自我。"超我"主要指人类个体在家庭和社会生活中形成的伦理道德观等，代表人的高级本性，是道德在人性结构中的代理者。尽管弗洛伊德一直宣称"本我"的本能冲动永远是追求快乐的，但他从道德观点看，认为这种冲动应该受到制约，"自我"利用外部现实来约束本能。"超我"则作为道德警察来约束本能。在弗洛伊德主义中，人性是表现为冲突的，"本我"总在寻求快乐，"超我"总在压抑"本我"，两者永远处于对立状态之中。我们认为，人性的冲突实质上是一种道德冲突，并且这种冲突起源于道德。人性的冲突实际上是"本我"作为本能与"超我"作为道德的冲突，"本我"的冲动是一种自然的生物现象，试图压抑这种冲动的是道德。只有从道德的观点看，"本我"的本能冲动才应受到约束，并且也只有道德才具备约束本能冲动的力量。人们常常体验到自己的内心处于两种冲突的情感之中，在各种需要的彼此对立与冲突中，在个体与社会的对立与冲突中，在利己与利他的对立与冲突中，建立一个调和与统一的

---

① 夏湘远：《义务·良心·自由：道德需要三层次》，《求索》2000年第3期。

度，这个度就是道德需要。① 第三种典型观点是倾向论。认为道德需要是人们基于道德所具有的满足自我与社会的价值、意义的认识和把握而产生的遵守一定道德原则和规范，做一个道德人的心理倾向。它作为人的一种特殊的、高级的社会需要，其本质具有二重性，即功利性和超功利性。这二者紧密联系、不可分割，有机地统一在道德需要之中。② 或者认为，所谓道德需要，就是人们对道德所具有的满足自我与社会的价值、意义的认识而产生的自觉遵守一定道德原则和规范，践履一定道德要求的心理倾向。道德需要是一种心理倾向，这种心理倾向表现为一定的道德原则和规范，践履一定的道德要求，做一个有道德的人。它表现出一个人能够把对社会、对他人的献身、贡献和给予当作一种崇高的义务和责任，并能够在履行这种义务和责任时感到愉快、感到高兴，而且在内心中有一种满足了自己最崇高需要的欣喜愉悦之感；道德需要是一种自觉而非强加的需要。它建筑在高度自觉的、完全自律的、依靠内心信念来满足的基础上；道德需要是在对道德价值性认识基础上产生的一种心理倾向。正是基于道德对于保障社会有序和满足个人需要的价值、认识的把握，人们才产生了道德的需要。道德需要有双重本质：利他性与利我性。③ 第四种典型观点是特征论。道德需要的内涵和本质特征至少应涉及以下几个方面：道德需要是来源于一般需要，又高于一般需要的一种社会高级需要，它是历史与社会共同造就的；个体道德需要最初源于"以美德为手段，为利己而美德的行为"，它具有利己性与利他性、个人功利性与超个人功利性相结合的特征；道德需要是内在的，而非外部强加的，这种内在性经过一个由外在向内在的转向，一旦成为人的内在要求，就具有了主体意识；道德需要来源于人自觉的追求，是个体成其为完整和谐之人的必然要求。④ 第五种典型观点是表现论。所谓社会道德需要，实际上就是人性的协调和谐发展对一定内在理性秩序的需要在社会生活中的表现。这是道德需要由人性层面向社会层面的转

---

① 王洁：《个体道德需要问题探微》，《江苏大学学报》（高教研究版）2005年第2期。
② 彭柏林：《道德需要的含义及其二重性》，《海南大学学报》（人文社会科学版）2000年第2期。
③ 陆红霞：《道德需要：道德教育中的一个不容忽视的话题》，《当代教育论坛》2005年第6期。
④ 王裙：《道德需要：对道德教育有效性的一种解读》，《理论月刊》2003年第11期。

化，通过这种转化，普遍人性潜在的理性秩序，成为社会现实的实践理性。社会道德需要表现在社会生活的各个方面，就是各类社会道德规范体系。[①] 从以上探讨可以看出，虽然观点各异，但也有一些共同的内涵特征：第一，道德需要是精神需要或者心理需要；第二，道德需要是一种自觉的需要；第三，道德需要具有利己性与利他性相结合的特征。简言之，笔者同意这种观点：道德需要是人们基于道德所具有的满足自我与社会的价值、意义的认识和把握而产生的自觉遵守一定道德原则和规范，做一个道德人的心理倾向。

（二）仲裁员道德需要的内涵与特征

仲裁员道德需要是仲裁员基于精神上的自我满足与实现仲裁公正的认识而产生的自觉遵守仲裁员道德行为准则、原则和规范，做一个合格的仲裁员或者在合格的基础上向往做优秀仲裁员的心理倾向。

仲裁员道德需要的内涵具有如下特征。

第一，仲裁员道德需要是精神需要或者心理需要。马克思主义经典作家将需要分为生存需要、享受需要和发展需要，显然，仲裁员道德需要是精神层面的需要而不是物质的或生存的需要。人，是要有一点精神的，有正确的精神追求才能保持昂扬的斗志，才能不断奋进，才能推动自身和社会的不断进步。

第二，主体性。仲裁员道德需要是以仲裁员为主体的，仲裁员道德需要的形成是社会道德要求、仲裁员道德规范在仲裁员自身内化的结果，这种内化在仲裁员头脑中产生反应，形成道德意识、道德愿望。所谓内化，是指道德个体不仅真正地相信、接受和遵守社会的道德原则和规范，而且自愿地将社会道德的原则和规范作为自己的价值准则的过程。一个人只有把社会公认的道德原则和规范内化，才能以一个健全的社会人的姿态进入正常的社会生活。如果能完成美德的内化，他就是一个高尚的人。但是美德内化是一个循序渐进的过程，在一个道德个体身上也不是孤立、简单地进行的，而是个体自身的主观因素和个体面临的

---

① 曾小五：《从三个视点看道德需要》，《湖南师范大学社会科学学报》2000年第4期。

各种客观因素相互积极作用的结果。① 对仲裁员而言，形成道德需要首先必须遵守仲裁员道德原则、规范与准则，然后还要将这些道德原则、规范与准则变成自己的愿望，这才完成内化，形成道德需要。

第三，自觉性。仲裁员道德需要是一种自觉的需要。外力可以促成仲裁员道德需要的产生，但是起决定作用的还是仲裁员自己，内因与外因辩证关系的原理告诉我们，内因（即事物的内部矛盾）是事物自身运动的源泉和动力，是事物发展的根本原因。外因（即外部矛盾）是事物发展、变化的第二位的原因。外因是事物变化的条件，内因是事物变化的根据，外因通过内因而起作用。因此，欲促成仲裁员道德需要的产生与提升，必须从仲裁员的思想着手。

第四，规范性。仲裁员的道德需要不是自由放任的，仲裁员应当按照仲裁法、仲裁员职业道德基本准则、仲裁员行为规范的要求去反省、内化，形成符合这些规范的道德需要，实现仲裁公正。

第五，仲裁员道德需要具有利己性与利他性相结合的特征。这里的利他性就是仲裁员按照社会的需要、法律法规的要求行事，达到仲裁公正的目标，利己性并不是按照市场交换原则获得利益，而是在满足利他性的同时，仲裁员所获得的公众承认、社会承认的满足，当然也包括类似奖励、晋升等外在形式。

二 道德需要的功能与作用

（一）道德需要是人获得主体地位的基本特征

道德需要是人的社会属性的精神体现和行为规定，人是天然的社会动物，他决不可能脱离社会而存在。关于人的本质，马克思在《关于费尔巴哈的提纲》中，从科学的实践观出发，阐明"人的本质不是单个人所固有的抽象物，在其现实性上，它是一切社会关系的总和"②。马克思的这一思想包含了以下几层含义：第一，人的本质并不是它的自然

---

① 王华：《美德论：传统美德与当代公民道德建设研究》，山东人民出版社2002年版，第127页。

② 《马克思恩格斯全集》第3卷，人民出版社1960年版，第5页。

特性,而是它的社会性;第二,人的本质不是由社会关系的某一方面决定的,而是由全部社会关系的总和决定的;第三,人的本质是具体的历史的。① 可见,人的本质是由具体的、现实的全部社会关系的总和决定的。正是劳动活动使人成为道德的主体,促成了人的道德需要。生产劳动是道德需要得以发生的社会基础和决定因素。正是人所进行的物质资料生产活动,把人的需要同动物的需要严格区分开来。诚如马克思所指出的:"当人们自己开始生产他们必需的生活资料的时候(这一步是由他们的肉体组织所决定的),他们就开始把自己和动物区分开来。"这种区别对道德的意义在于,动物的非生产性的需要,只需要自然秩序,不需要经过人的意识形成"人为"秩序,因而就形不成道德诞生的土壤。动物的非生产性需要产生的是纯自然的动物生活,而人的生产性需要造成的是"人的物质生活本身"。正是这种物质生活本身,成为道德诞生的直接土壤。人不仅在这种生产方式中表现自己作为人的存在,证明自己作为人的身份,同时也产生出人的需要,包括人的道德需要。② 人的本质决定了人是人的尺度,是世界的尺度,决定了人在世界中的主体地位。人是世界和自己的主人,人自己创造自己的本质,人的思想包括道德需要也是自己在实践中形成的,并最终由自己在实践中解决。所以,道德需要是把人与其他动物区别开来的基本特征。

(二) 道德需要对人的行为具有引导作用

需要对于人的行动是有价值的,能更有效地促进某一项活动的完成。它将使个体更自觉、更有目的和有计划、更有信心,从而保证行动的达成。人的需要与行动有着紧密的联系,我们可以用"需要—动机—行动"来表示。动机激发人的行动,并为行动提供源源不断的动力。而需要又是动机的激发器和力量源。只有那些与人们内心需要紧密相联的事情,才能引起内心的共鸣,唤起行动的力量。人的动机产生的来源有两个:内在需要和外在诱因。但很明显,外因也是首先通过作用于内在需要而进行的,外因只不过引起和加强了内在的冲动。因此,需要是人

---

① 中共中央马克思恩格斯列宁斯大林著作编译局马列部、教育部社会科学研究与思想政治工作司编:《马克思主义经典著作选读》(导读),人民出版社 2001 年版,第 86 页。
② 彭柏林:《人类道德需要发生论》,《求索》2001 年第 3 期。

们各种行动的基础和出发点,需要是行动的最终源泉。① 个体道德需要是个体道德活动的内驱力和道德积极性的源泉。一个人有了道德的需要,便会做出种种道德的、高尚的行为,从而使他的道德需要得到满足。一个人的道德需要越多,他道德的、高尚的行为便越多,他的品德便越高尚;一个人的道德需要越少,他道德的、高尚的行为便越少,他的品德便越低劣。② 对仲裁员而言,道德需要对其行为的指引作用同样十分明显。仲裁员如果具有为人民服务的道德需要,就会时时处处为当事人着想,方便当事人,依法维护当事人的合法权益。反之,如果仲裁员把仲裁权当成谋取个人私利的工具,则会损害某一方当事人或者双方当事人的利益,甚至损害国家和社会的利益。

(三) 道德需要具有整合各种需要的功能

道德需要是人在社会生活中从共同的利益出发,执行和维护一定的行为准则的需要,是人的诸多需要的一种独立形式。一般而言,人们往往把需要分成个体需要与人类的需要、物质需要与精神需要、自然需要与社会需要。道德需要与这些需要既相区别又相联系,它是把这诸多需要的对立双方联系起来,使之发生转化的桥梁。③ 尤其是个体需要与人类的需要、物质需要与精神需要、自然需要与社会需要发生矛盾的时候,道德需要就开始发挥调节的功能,使矛盾对立双方的冲突局限在合理的限度内,从而使各种合理的需要都得到合理的调整与满足,维护社会的和谐、有序状态。

综上所述,道德需要把人与其他动物区别开来,是人获得主体地位的基本特征,道德需要指引着人们的行为,道德需要具有整合各种需要的功能,因此,激发道德需要确有必要。道德需要决定了仲裁员的仲裁行为,并且引领仲裁员按照仲裁公正的要求正确行使仲裁权,维护社会的法律秩序。

---

① 梁茵:《关注学生道德需要,增强高校德育实效》,《长春理工大学学报》(社会科学版) 2003 年第 2 期。
② 范虹、彭柏林:《论个体道德需要的生成》,《云梦学刊》2000 年第 6 期。
③ 韦兆钧:《道德需要是道德建设的前提》,《河池师专学报》(社会科学版) 2003 年第 1 期。

三 激发仲裁员道德需要的基本方法

激发仲裁员道德需要的方法多种多样，这里探讨几种基本的方法。

（一）价值激发

价值激发就是引导仲裁员树立牢固的正确的世界观、人生观、价值观。习近平总书记在十九大报告中指出，"发挥社会主义核心价值观对国民教育、精神文明创建、精神文化产品创作生产传播的引领作用，把社会主义核心价值观融入社会发展各方面，转化为人们的情感认同和行为习惯"。我们期待，社会主义核心价值观所彰显的精神，能够充分融入中国法律规范、贯穿中国法治实践，在法治与德治的交响中，更好树立法治信仰、凝聚核心价值、实现良法善治。[1]

价值观决定着一个人的人生追求和人生道路，决定着一个人的思想境界、道德情操和行为准则。鲁迅先生说"从喷泉里出来的都是水，从血管里出来的都是血"。这句话看似简单，实际上哲理深刻，引申意义就是一个人的行为是由他的本质决定的，世界观、人生观、价值观、道德品质决定了人的行为模式。树立科学的世界观就是要树立马克思主义的科学的世界观，也就是辩证唯物主义和历史唯物主义的世界观。树立正确的人生观和价值观就是要把全心全意为人民服务视为人生的最大价值和乐趣，以马克思主义世界观为基础，以共产主义理想为目标。树立了正确的世界观、人生观、价值观，就会激发出社会提倡的道德需要，才能真心诚意地为人民服务。在市场经济条件下，社会主义道德建设中，依然要理直气壮地提倡一种精神，就是奉献精神，使人们在追求崇高目标中实现自我超越，在自我超越中实现自我完美，成为一个高尚的人，一个纯粹的人，一个有益于人民的人。

（二）尊重激发

就是尊重仲裁员的主体地位，确立仲裁员在道德需要中的主体地

---

[1] 何鼎鼎：《让核心价值观融入法治建设》，《人民日报》2018年5月9日。

位，充分发挥仲裁员的主体性作用。马克思、恩格斯指出："任何人类历史的第一个前提无疑是有生命的个人的存在"①，"人们的社会历史始终只是他们的个体发展的历史"，而且，"每个人的自由发展是一切人自由发展的条件。"② 因此，作为社会主体的每个个人的发展是社会发展的出发点和归宿。在这一意义上，仲裁员道德需要首先应当肯定和尊重仲裁员作为主体的道德需要，而不能仅仅把仲裁员当成道德灌输的对象，以此为出发点，我们的道德需要的激发才会产生实际的效果。

（三）实践激发

实践激发就是在实践中激发仲裁员的道德需要。道德理论见之于道德实践。在处理言和行的关系方面，儒家提倡慎言力行，即少说空话，多干实事。孔子曰："君子讷于言而敏于行。"荀子则特别强调"行"，指出："不闻不若闻之，闻之不若见之，见之不若知之，知之不若行之，学至于行而止矣。"可见"习行践履"是中国传统修养方法理论中最为宝贵的遗产。③ 从马克思主义理论的角度看，实践的观点是马克思主义哲学首要的和基本的观点。马克思在《关于费尔巴哈的提纲》中指出："哲学家们只是用不同的方式解释世界，问题在于改变世界。"④ 实践是人能动地改造世界的活动。实践，把居于能动与主导方面的主体和居于依据与基础方面的客体联结起来，形成了改造关系，它改造着自然界，改造着社会，改造着人们之间的关系和人自身。实践是社会生活的基础，是人在世界上的自我肯定。没有人的实践，任何意义的社会文明和价值都是不存在的。人类发展的历史表明，没有实践，就没有历史的进步和人自身的进步。⑤ 仲裁员的道德需要产生和形成于仲裁实践之中，仲裁实践促进仲裁员的人格发展与完善，同时随着仲裁实践的发展又促使仲裁员产生新的道德需要。因此，我们激发仲裁员的道德需要必须从仲裁实践的实际出发，从当时的社会历史条件出发，激发符合现代社会

---

① 《马克思恩格斯全集》第3卷，人民出版社1960年版，第23页。
② 《马克思恩格斯选集》第1卷，人民出版社1972年版，第273页。
③ 梅萍：《以德治国论》载张耀灿、秦在东主编《现代思想政治教育研究丛书》（之一），湖北人民出版社2003年版，第127页。
④ 《马克思恩格斯全集》第3卷，人民出版社1960年版，第6页。
⑤ 项久雨：《思想政治教育价值论》，中国社会科学出版社2003年版，第273页。

经济条件的道德需要，构建社会主义经济基础之上的仲裁员道德规范体系，促进仲裁员的仲裁行为成为实现仲裁公正的道德行为。

（四）关怀激发

关怀激发就是关心仲裁员的利益需要，在此基础上激发精神层面的道德需要。道德需要产生于主体的道德意识与道德认知，这一意识源于主体对确保自身利益和满足自身需要的要求。马克思指出："人们奋斗所争取的一切，都同他们的利益有关。"① 列宁在论述理想与利益的关系时指出：如果你不善于把理想与经济斗争参加者的利益密切结合起来，那么，最崇高的理想也是一文不值的。② 因此，关注仲裁员的利益需要也是符合马克思主义唯物主义原理的。在仲裁员道德需要的激发过程中，我们要把讲道德与仲裁员的利益结合起来，把道德需要与人们对美好生活的追求结合起来，使仲裁员道德需要成为仲裁员自觉自愿的追求。仲裁员的利益需要应当予以保证，就像我们对仲裁员的道德要求高于普通公民、干部和公务员一样，这种保证的底线也应当高于普通公民、干部和公务员，并且通过高薪制等制度来加以固定。

（五）制度激发

制度激发就是加强激发仲裁员道德需要的制度建设。道德需要是道德行为的原动力，在道德建设中具有重要的意义。而道德需要作为个体社会属性的一种应然存在，要转化为一种现实的道德力量，需要有良好的外部社会机制即公正合理的制度保障。制度激发的主要形式包括激励、制裁和导向。激励就是肯定成绩、表彰优秀，制裁就是对违法的和不道德的行为进行批评教育、行政处分和法律制裁，导向就是引导个体做出符合道德要求的行为选择。要激发和提升个体的道德需要就必须加强制度建设，有效地发挥制度在个体道德需要方面的激励和导向功能。③ 激发仲裁员道德需要的保证制度包括学习教育制度、反省劝戒制

---

① 《马克思恩格斯全集》第 1 卷，人民出版社 1963 年版，第 439 页。
② 《列宁全集》第 1 卷，人民出版社 1984 年版，第 353 页。
③ 沈慧芳：《道德需要与制度公正》，《福建农林大学学报》（哲学社会科学版）2003 年第 6 期。

度、仲裁员道德评价制度、仲裁员行为规范制度、仲裁员行为的奖励与惩罚制度、仲裁员的聘任制度等。

(六) 环境激发

环境激发就是营造激发仲裁员道德需要的环境。个体道德需要的生成既需要一定的外部环境,也需要一定的内部环境。外部环境主要包括经济环境、政治环境和道德环境,内部环境主要包括个体的智慧发展水平、心理素质和自我意识。[①] 从外部环境看,就是要促进经济发展,同时改善仲裁员待遇,加强依法治国、尊重仲裁员权力,形成积极向上的道德环境。从内部环境看,就是要提高仲裁员的知识水平、分析判断能力,提高心理承受能力。努力营造重德、敬德、好德的社会氛围,营造激发仲裁员道德需要的环境。此外,应当加强仲裁公信力建设,党的十八届四中全会指出:"要完善仲裁制度,提升仲裁公信力。"仲裁公信力就是让仲裁当事人信任、信服,让社会安定的力量。[②] 通过开展仲裁公信力建设的研讨、学习、实践,形成提升仲裁公信力的积极氛围。

[①] 彭柏林:《论个体道德需要生成的环境》,《文史博览》2005 年第 1 期。
[②] 石先钰:《提升仲裁公信力的道德路径》,《法制日报》2018 年 5 月 21 日。

参 考 文 献

一 著作类

蔡虹、刘加良、邓晓静：《仲裁法学》，北京大学出版社2011年版。

陈文兴：《检察官职业问题研究》，载《检察论丛》7卷，法律出版社2004年版。

《邓小平文选》1—3卷，人民出版社1994年版。

范愉：《ADR原理与实务》，厦门大学出版社2002年版。

范愉：《非讼纠纷解决机制研究》，中国人民大学出版社2000年版。

［美］菲利普·J.库伯等：《二十一世纪的公共行政——挑战与改革》，中国人民大学出版社2001年版。

费孝通：《乡土中国生育制度》，北京大学出版社1998年版。

［日］谷口安平：《程序的正义与诉讼》，王亚新、刘荣军译，中国政法大学出版社2002年版。

韩健：《现代商事仲裁法的理论与实践》，法律出版社2000年版。

何家弘主编：《检察制度比较研究》，中国检察出版社2008年版。

［德］黑格尔：《法哲学原理》，商务印书馆1990年版。

［德］黑格尔：《法哲学原理》，商务印书馆2010年版。

怀效锋主编：《法官行为与职业伦理》，法律出版社2006年版。

黄进等：《仲裁法学》，中国政法大学出版社2008年版。

季卫东：《法治秩序的构建》，中国政法大学出版社1999年版。

江伟主编：《仲裁法》，中国人民大学出版社2009年版。

李本森：《法律职业道德》，中国政法大学出版社2004年版。

李春秋主编：《人才与思想道德》，青岛出版社1997年版。

李春秋主编：《新编伦理学教程》，高等教育出版社2002年版。

李广辉、王瀚：《仲裁法》，对外经济贸易大学出版社 2011 年版。

《列宁全集》28、33、36 卷，人民出版社 1990 年版。

《刘少奇选集》（上卷），人民出版社 1981 年版。

刘正浩、胡克培：《法律伦理学》，北京大学出版社 2010 年版。

龙静云：《治化之本——市场经济条件下的中国道德建设》，湖南人民出版社 1998 年版。

卢学英：《法律职业共同体论》，法律出版社 2010 年 9 月 1 版。

罗楚湘：《英国仲裁法研究》，武汉大学出版社 2012 年版。

罗文东编：《新时期职业道德读本》，中国法制出版社 1999 年版。

［德］马克斯·韦伯：《新教伦理与资本主义精神》，彭强、黄晓京译，陕西师范大学出版社 2002 年版。

《马克思恩格斯全集》1—3、13、17、20、42、45 卷，人民出版社 1985 年版。

《马克思恩格斯选集》1—4 卷，人民出版社 1995 年版。

马永奴：《仲裁法导论》，中国法制出版社 2005 年版。

梅萍：《以德治国论》，湖北人民出版社 2003 年版。

［法］孟德斯鸠：《论法的精神》（上册），商务印书馆 1961 年版。

石先钰：《法官道德建设研究》，中国社会科学出版社 2009 年版。

石先钰、李凯等：《检察官职业道德建设研究》，华中师范大学出版社 2014 年版。

史飚：《商事仲裁监督与制约机制研究》，知识产权出版社 2011 年版。

［美］斯蒂芬·B. 戈尔德堡等：《纠纷解决——谈判、调解和其他机制》，蔡彦敏等译，中国政法大学出版社 2004 年版。

宋朝武：《仲裁法学》，中国政法大学出版社 2006 年版。

宋连斌主编：《仲裁理论与实务》，湖南大学出版社 2005 年版。

孙南翔：《国际商事仲裁员资格特征研究》，《国际经济法学刊》20 卷 1 期，北京大学出版社 2013 年版。

孙晓楼：《法律教育》，中国政法大学出版社 1997 年版。

［美］W. 布拉德利·温德尔：《法律人与法律忠诚》，尹超译，中国人民大学出版社 2014 年版。

汪祖兴：《国际商会仲裁研究》，法律出版社 2005 年版。

汪祖兴：《中国仲裁制度的境遇及改革要略》，法律出版社 2010 年版。

魏耀荣：《公正仲裁，勤勉办案》，载《北京仲裁》82 辑，中国法制出版社 2013 年版。

习近平：《习近平谈治国理政》（第 1 卷），外文出版社 2018 年第 2 版。

习近平：《习近平谈治国理政》（第 2 卷），外文出版社 2017 年版。

肖峋主编：《仲裁制度仲裁程序与仲裁实例分例》，中国法制出版社 1997 年版。

徐国栋：《诚实信用原则研究》，中国人民大学出版社 2002 年版。

[古希腊] 亚里士多德：《政治学》，廖申白译，商务印书馆 1983 年版。

杨良宜：《杨良宜论文集》，大连海事大学出版社 1995 年版。

杨良宜：《仲裁法——从开庭审理到裁决书的做出与执行》，法律出版社 2010 年版。

杨秀清：《协议仲裁制度研究》，法律出版社 2006 年版。

于萍主编：《检察官管理制度教程》，法律出版社 2003 年版。

詹礼愿：《中国内地与中国港澳台地区仲裁制度比较研究》，武汉大学出版社 2006 年版。

张斌生：《仲裁法新论》，厦门大学出版社 2002 年版。

张利兆：《仲裁员职业道德探讨》，载《北京仲裁》82 辑，中国法制出版社 2013 年版。

张文显等：《法律职业共同体研究》，法律出版社 2003 年版。

赵秀文：《国际商事仲裁及其适用法律研究》，北京大学出版社 2002 年版。

郑晶：《美国仲裁制度的新发展》，《仲裁研究》十辑，法律出版社 2007 年版。

中共中央编译局：《共产党宣言》，人民出版社 2006 年版。

中国国际贸易促进委员会编：《对外贸易仲裁手册》，法律出版社 2007 年版。

中国社会科学院法学研究所民法研究室编：《外国仲裁法》，中国社会科学出版社1982年版。

二　论文类

陈安：《中国涉外仲裁监督机制申论》，《中国社会科学》1998年第2期。

陈道吉：《法官职业伦理浅论》，硕士学位论文，复旦大学，2012年。

陈建平、刘松梅：《马克思主义经典作家论社会主义集体主义道德》，《沧桑》2008年第2期。

成云雷：《当代中国道德建设中的榜样作用》，《毛泽东邓小平理论研究》2005年第5期。

迟刚：《法律职业伦理与法律职业共同体的构建》，硕士学位论文，黑龙江大学，2011年。

崔浩：《马克思主义公共权力道德约束思想及其现实意义》，《马克思主义研究》2008年第4期。

高鸿宾：《浅谈法官职业道德之构建》，《人民司法》2002年第3期。

郭晓文：《商事仲裁中仲裁员的独立》，《国际经济法论丛》1999年第11期。

郭玉军、梅秋玲：《仲裁的保密性问题研究》，《法学评论》2004年第2期。

侯登华：《论仲裁员的公正性保障》，《仲裁与法律》2002年第3期。

胡碧蓝：《马克思主义关于经济与道德关系新论》，《乐山师范学院学报》2007年第4期。

黄勇编辑：《习近平的反腐观》，《廉政瞭望》2012年12月3日。

贾金全、柴艳萍：《邓小平对马克思主义道德观的丰富和发展》，《河北大学成人教育学院学报》2000年第2期。

姜秋菊：《仲裁员行为规范的比较研究——以机构仲裁为中心》，硕士学位论文，武汉大学，2004年。

金可溪：《马克思的马克思主义道德观的形成》，《道德与文明》2001年第2期。

李连军、刘洋：《仲裁员的选择及替换——试论英国仲裁法律与实践》，《海大法学评论》2011年第1期。

李荣海：《马克思主义伦理意义的解读》，《长白学刊》2006年第3期。

李淑英：《浅论依法治国与道德的关系及其协调发展》，《河北青年管理干部学院学报》2005年第2期。

李燕：《试论我国仲裁监督体制的完善》，《学术界》2009年第8期。

瞭望杂志社：《习近平反腐观盘点：不要既想当官又想发财》，《廉政瞭望》2012年12月3日。

刘兰秋：《日本检察制度简介（下）》，《国家检察官学院学报》2006年第6期。

刘洋：《论司法权的社会功能——以民事审判权为例》，博士学位论文，吉林大学，2012年。

毛昭晖：《专家解读反腐两大"老虎"：金融领域和高官》，《北京晚报》2013年1月23日。

潘俊星：《论仲裁员的履职考评》，《西安政治学院学报》2003年第3期。

申群喜：《熟人关系的道德意蕴及其现代转型》，《求实》2005年第2期。

石先钰：《秉持清正廉洁促进司法公正》，《检察日报》2010年5月12日。

石先钰：《论我国法官道德规范体系的建构》，《华中师范大学学报》（人文社会科学版）2007年第6期。

石现名：《论商事仲裁的性质与仲裁员的权利义务》，《政法丛论》2010年第5期。

宋希仁：《职业道德的自律和他律》，《广西大学学报》（哲学社会科学版）1999年第3期。

宋远升：《律师独立辩护的有限适用》，《法学》2014年第8期。

孙洪敏：《邓小平对马克思主义道德观的发展》，《江西社会科学》2000年第1期。

孙然：《公正是仲裁服务的生命——访中国国际经济贸易仲裁委员会副主任王生长》，《中国司法》2002年第4期。

孙亚娟：《浅析与时俱进是马克思主义的理论品质》，《科教文汇》（下旬刊）2008年第11期。

谭兵：《试论我国的仲裁环境及其优化》，《法学评论》2006年第1期。

唐云峰：《论仲裁员制度的相关问题》，《仲裁研究》2012年第5辑，法律出版社2012年版。

涂卫：《我国仲裁机构的法律定位——以仲裁管理体制改革为背景的考察》，《中国青年政治学院学报》2012年第2期。

汪祖兴：《仲裁的经济性与中国仲裁的监督机制》，《现代法学》1999年第2期。

王长生：《立足服务谋发展，融入市场创未来》，《中国仲裁与司法》2004年第5期。

王国峰：《我国仲裁员制度的反思与整合》，载《行政与法》2004年第6期。

王海艳：《每个人的自由发展是一切人的自由发展的条件》，《传承》2008年第5期。

王淑荣：《论法官职业伦理——一种法官职业化视角的研究》，博士学位论文，吉林大学，2011年。

王泽应：《20世纪中国马克思主义伦理思想的理论成果和历史地位》，《道德与文明》2007第2期。

魏耀荣：《公正仲裁，勤勉办案》，《北京仲裁》第82辑，中国法制出版社2013年版。

闻戒：《试论特殊类型的仲裁员回避》，《中国对外贸易》2003年第2期。

吴淑美：《论仲裁员的公正性与独立性》，硕士学位论文，厦门大学，2008年。

习近平：《决胜全面建成小康社会　夺取新时代中国特色社会主义

伟大胜利——在中国共产党第十九次全国代表大会上的报告》,《人民日报》2017年10月28日。

习近平:《在纪念马克思诞辰200周年大会上的讲话》,《人民日报》2018年5月4日。

习近平:《在十八届中央纪委三次全会上的讲话》,《人民日报》2014年1月14日。

习近平:《在中国政法大学考察的讲话》,《人民日报》2017年5月4日。

肖永平:《也谈我国法院对仲裁的监督范围》,《法学评论》1998年第1期。

许玲:《论商事仲裁的司法监督模式——兼议我国商事仲裁制度相关规定的完善》,《海峡法学》2010年第4期。

宇星编辑:《习近平反腐要论》,《人民日报》2013年1月23日。

张杰、戚璟:《论首席仲裁员应具备的办案能力》,《北京仲裁》第75辑,中国法制出版社2011年版。

张立平:《论首席仲裁员之职业道德》,《北京仲裁》第60辑,中国法制出版社2007年版。

张晓东:《马克思主义道德学说的当代形态——试论邓小平的道德观》,《江南社会主义学院学报》2002年第1期。

周章金:《论律师的职业道德》,《科技信息(学术研究)》2011年第5期。

附 录

仲裁员职业道德相关规定

目 录

中华人民共和国仲裁法（2017年修正）
美国《统一仲裁法》（2000年）
日本商事仲裁协会商事仲裁规则
武汉仲裁委员会（武汉国际仲裁中心）仲裁规则
《仲裁员行为考察规定》（贸仲、海仲）
北京仲裁委员会仲裁员守则
武汉仲裁委员会仲裁员守则
上海仲裁委员会仲裁员守则
深圳仲裁委员会仲裁员守则

中华人民共和国仲裁法（2017年修正）

（1994年8月31日第八届全国人民代表大会常务委员会第九次会议通过，根据2009年8月27日第十一届全国人民代表大会常务委员会第十次会议《关于修改部分法律的决定》第一次修正，根据2017年9月1日第十二届全国人民代表大会常务委员会第二十九次会议《关于修改〈中华人民共和国法官法〉等八部法律的决定》第二次修正）

第一章 总 则

第一条 为保证公正、及时地仲裁经济纠纷，保护当事人的合法权益，保障社会主义市场经济健康发展，制定本法。

第二条 平等主体的公民、法人和其他组织之间发生的合同纠纷和其他财产权益纠纷，可以仲裁。

第三条 下列纠纷不能仲裁：

（一）婚姻、收养、监护、扶养、继承纠纷；

（二）依法应当由行政机关处理的行政争议。

第四条 当事人采用仲裁方式解决纠纷，应当双方自愿，达成仲裁协议。没有仲裁协议，一方申请仲裁的，仲裁委员会不予受理。

第五条 当事人达成仲裁协议，一方向人民法院起诉的，人民法院不予受理，但仲裁协议无效的除外。

第六条 仲裁委员会应当由当事人协议选定。

仲裁不实行级别管辖和地域管辖。

第七条 仲裁应当根据事实，符合法律规定，公平合理地解决纠纷。

第八条 仲裁依法独立进行，不受行政机关、社会团体和个人的干涉。

第九条 仲裁实行一裁终局的制度。裁决做出后，当事人就同一纠纷再申请仲裁或者向人民法院起诉的，仲裁委员会或者人民法院不予受理。

裁决被人民法院依法裁定撤销或者不予执行的，当事人就该纠纷可以根据双方重新达成的仲裁协议申请仲裁，也可以向人民法院起诉。

第二章　仲裁委员会和仲裁协会

第十条　仲裁委员会可以在直辖市和省、自治区人民政府所在地的市设立，也可以根据需要在其他设区的市设立，不按行政区划层层设立。

仲裁委员会由前款规定的市的人民政府组织有关部门和商会统一组建。

设立仲裁委员会，应当经省、自治区、直辖市的司法行政部门登记。

第十一条　仲裁委员会应当具备下列条件：

（一）有自己的名称、住所和章程；

（二）有必要的财产；

（三）有该委员会的组成人员；

（四）有聘任的仲裁员。

仲裁委员会的章程应当依照本法制定。

第十二条　仲裁委员会由主任一人、副主任二至四人和委员七至十一人组成。

仲裁委员会的主任、副主任和委员由法律、经济贸易专家和有实际工作经验的人员担任。仲裁委员会的组成人员中，法律、经济贸易专家不得少于三分之二。

第十三条　仲裁委员会应当从公道正派的人员中聘任仲裁员。

仲裁员应当符合下列条件之一：

（一）通过国家统一法律职业资格考试取得法律职业资格，从事仲裁工作满八年的；

（二）从事律师工作满八年的；

（三）曾任法官满八年的；

（四）从事法律研究、教学工作并具有高级职称的；

（五）具有法律知识、从事经济贸易等专业工作并具有高级职称或者具有同等专业水平的。

仲裁委员会按照不同专业设仲裁员名册。

第十四条　仲裁委员会独立于行政机关，与行政机关没有隶属关系。仲裁委员会之间也没有隶属关系。

第十五条 中国仲裁协会是社会团体法人。仲裁委员会是中国仲裁协会的会员。中国仲裁协会的章程由全国会员大会制定。

中国仲裁协会是仲裁委员会的自律性组织，根据章程对仲裁委员会及其组成人员、仲裁员的违纪行为进行监督。

中国仲裁协会依照本法和民事诉讼法的有关规定制定仲裁规则。

第三章 仲裁协议

第十六条 仲裁协议包括合同中订立的仲裁条款和以其他书面方式在纠纷发生前或者纠纷发生后达成的请求仲裁的协议。

仲裁协议应当具有下列内容：

（一）请求仲裁的意思表示；
（二）仲裁事项；
（三）选定的仲裁委员会。

第十七条 有下列情形之一的，仲裁协议无效：

（一）约定的仲裁事项超出法律规定的仲裁范围的；
（二）无民事行为能力人或者限制民事行为能力人订立的仲裁协议；
（三）一方采取胁迫手段，迫使对方订立仲裁协议的。

第十八条 仲裁协议对仲裁事项或者仲裁委员会没有约定或者约定不明确的，当事人可以补充协议；达不成补充协议的，仲裁协议无效。

第十九条 仲裁协议独立存在，合同的变更、解除、终止或者无效，不影响仲裁协议的效力。

仲裁庭有权确认合同的效力。

第二十条 当事人对仲裁协议的效力有异议的，可以请求仲裁委员会做出决定或者请求人民法院做出裁定。一方请求仲裁委员会做出决定，另一方请求人民法院做出裁定的，由人民法院裁定。

当事人对仲裁协议的效力有异议，应当在仲裁庭首次开庭前提出。

第四章 仲裁程序

第一节 申请和受理

第二十一条 当事人申请仲裁应当符合下列条件：

（一）有仲裁协议；

（二）有具体的仲裁请求和事实、理由；

（三）属于仲裁委员会的受理范围。

第二十二条　当事人申请仲裁，应当向仲裁委员会递交仲裁协议、仲裁申请书及副本。

第二十三条　仲裁申请书应当载明下列事项：

（一）当事人的姓名、性别、年龄、职业、工作单位和住所，法人或者其他组织的名称、住所和法定代表人或者主要负责人的姓名、职务；

（二）仲裁请求和所根据的事实、理由；

（三）证据和证据来源、证人姓名和住所。

第二十四条　仲裁委员会收到仲裁申请书之日起五日内，认为符合受理条件的，应当受理，并通知当事人；认为不符合受理条件的，应当书面通知当事人不予受理，并说明理由。

第二十五条　仲裁委员会受理仲裁申请后，应当在仲裁规则规定的期限内将仲裁规则和仲裁员名册送达申请人，并将仲裁申请书副本和仲裁规则、仲裁员名册送达被申请人。

被申请人收到仲裁申请书副本后，应当在仲裁规则规定的期限内向仲裁委员会提交答辩书。仲裁委员会收到答辩书后，应当在仲裁规则规定的期限内将答辩书副本送达申请人。被申请人未提交答辩书的，不影响仲裁程序的进行。

第二十六条　当事人达成仲裁协议，一方向人民法院起诉未声明有仲裁协议，人民法院受理后，另一方在首次开庭前提交仲裁协议的，人民法院应当驳回起诉，但仲裁协议无效的除外；另一方在首次开庭前未对人民法院受理该案提出异议的，视为放弃仲裁协议，人民法院应当继续审理。

第二十七条　申请人可以放弃或者变更仲裁请求。被申请人可以承认或者反驳仲裁请求，有权提出反请求。

第二十八条　一方当事人因另一方当事人的行为或者其他原因，可能使裁决不能执行或者难以执行的，可以申请财产保全。

当事人申请财产保全的，仲裁委员会应当将当事人的申请依照民事诉讼法的有关规定提交人民法院。

申请有错误的，申请人应当赔偿被申请人因财产保全所遭受的损失。

第二十九条 当事人、法定代理人可以委托律师和其他代理人进行仲裁活动。委托律师和其他代理人进行仲裁活动的，应当向仲裁委员会提交授权委托书。

第二节 仲裁庭的组成

第三十条 仲裁庭可以由三名仲裁员或者一名仲裁员组成。由三名仲裁员组成的，设首席仲裁员。

第三十一条 当事人约定由三名仲裁员组成仲裁庭的，应当各自选定或者各自委托仲裁委员会主任指定一名仲裁员，第三名仲裁员由当事人共同选定或者共同委托仲裁委员会主任指定。第三名仲裁员是首席仲裁员。

当事人约定由一名仲裁员成立仲裁庭的，应当由当事人共同选定或者共同委托仲裁委员会主任指定仲裁员。

第三十二条 当事人没有在仲裁规则规定的期限内约定仲裁庭的组成方式或者选定仲裁员的，由仲裁委员会主任指定。

第三十三条 仲裁庭组成后，仲裁委员会应当将仲裁庭的组成情况书面通知当事人。

第三十四条 仲裁员有下列情形之一的，必须回避，当事人也有权提出回避申请：

（一）是本案当事人或者当事人、代理人的近亲属；

（二）与本案有利害关系；

（三）与本案当事人、代理人有其他关系，可能影响公正仲裁的；

（四）私自会见当事人、代理人，或者接受当事人、代理人的请客送礼的。

第三十五条 当事人提出回避申请，应当说明理由，在首次开庭前提出。回避事由在首次开庭后知道的，可以在最后一次开庭终结前提出。

第三十六条 仲裁员是否回避，由仲裁委员会主任决定；仲裁委员会主任担任仲裁员时，由仲裁委员会集体决定。

第三十七条 仲裁员因回避或者其他原因不能履行职责的,应当依照本法规定重新选定或者指定仲裁员。

因回避而重新选定或者指定仲裁员后,当事人可以请求已进行的仲裁程序重新进行,是否准许,由仲裁庭决定;仲裁庭也可以自行决定已进行的仲裁程序是否重新进行。

第三十八条 仲裁员有本法第三十四条第四项规定的情形,情节严重的,或者有本法第五十八条第六项规定的情形的,应当依法承担法律责任,仲裁委员会应当将其除名。

第三节 开庭和裁决

第三十九条 仲裁应当开庭进行。当事人协议不开庭的,仲裁庭可以根据仲裁申请书、答辩书以及其他材料做出裁决。

第四十条 仲裁不公开进行。当事人协议公开的,可以公开进行,但涉及国家秘密的除外。

第四十一条 仲裁委员会应当在仲裁规则规定的期限内将开庭日期通知双方当事人。当事人有正当理由的,可以在仲裁规则规定的期限内请求延期开庭。是否延期,由仲裁庭决定。

第四十二条 申请人经书面通知,无正当理由不到庭或者未经仲裁庭许可中途退庭的,可以视为撤回仲裁申请。

被申请人经书面通知,无正当理由不到庭或者未经仲裁庭许可中途退庭的,可以缺席裁决。

第四十三条 当事人应当对自己的主张提供证据。

仲裁庭认为有必要收集的证据,可以自行收集。

第四十四条 仲裁庭对专门性问题认为需要鉴定的,可以交由当事人约定的鉴定部门鉴定,也可以由仲裁庭指定的鉴定部门鉴定。

根据当事人的请求或者仲裁庭的要求,鉴定部门应当派鉴定人参加开庭。当事人经仲裁庭许可,可以向鉴定人提问。

第四十五条 证据应当在开庭时出示,当事人可以质证。

第四十六条 在证据可能灭失或者以后难以取得的情况下,当事人可以申请证据保全。当事人申请证据保全的,仲裁委员会应当将当事人的申请提交证据所在地的基层人民法院。

第四十七条 当事人在仲裁过程中有权进行辩论。辩论终结时,首席仲裁员或者独任仲裁员应当征询当事人的最后意见。

第四十八条 仲裁庭应当将开庭情况记入笔录。当事人和其他仲裁参与人认为对自己陈述的记录有遗漏或者差错的,有权申请补正。如果不予补正,应当记录该申请。

笔录由仲裁员、记录人员、当事人和其他仲裁参与人签名或者盖章。

第四十九条 当事人申请仲裁后,可以自行和解。达成和解协议的,可以请求仲裁庭根据和解协议做出裁决书,也可以撤回仲裁申请。

第五十条 当事人达成和解协议,撤回仲裁申请后反悔的,可以根据仲裁协议申请仲裁。

第五十一条 仲裁庭在做出裁决前,可以先行调解。当事人自愿调解的,仲裁庭应当调解。调解不成的,应当及时做出裁决。

调解达成协议的,仲裁庭应当制作调解书或者根据协议的结果制作裁决书。调解书与裁决书具有同等法律效力。

第五十二条 调解书应当写明仲裁请求和当事人协议的结果。调解书由仲裁员签名,加盖仲裁委员会印章,送达双方当事人。

调解书经双方当事人签收后,即发生法律效力。

在调解书签收前当事人反悔的,仲裁庭应当及时做出裁决。

第五十三条 裁决应当按照多数仲裁员的意见做出,少数仲裁员的不同意见可以记入笔录。仲裁庭不能形成多数意见时,裁决应当按照首席仲裁员的意见做出。

第五十四条 裁决书应当写明仲裁请求、争议事实、裁决理由、裁决结果、仲裁费用的负担和裁决日期。当事人协议不愿写明争议事实和裁决理由的,可以不写。裁决书由仲裁员签名,加盖仲裁委员会印章。对裁决持不同意见的仲裁员,可以签名,也可以不签名。

第五十五条 仲裁庭仲裁纠纷时,其中一部分事实已经清楚,可以就该部分先行裁决。

第五十六条 对裁决书中的文字、计算错误或者仲裁庭已经裁决但在裁决书中遗漏的事项,仲裁庭应当补正;当事人自收到裁决书之日起三十日内,可以请求仲裁庭补正。

第五十七条 裁决书自做出之日起发生法律效力。

第五章　申请撤销裁决

第五十八条　当事人提出证据证明裁决有下列情形之一的，可以向仲裁委员会所在地的中级人民法院申请撤销裁决：

（一）没有仲裁协议的；

（二）裁决的事项不属于仲裁协议的范围或者仲裁委员会无权仲裁的；

（三）仲裁庭的组成或者仲裁的程序违反法定程序的；

（四）裁决所根据的证据是伪造的；

（五）对方当事人隐瞒了足以影响公正裁决的证据的；

（六）仲裁员在仲裁该案时有索贿受贿，徇私舞弊，枉法裁决行为的。

人民法院经组成合议庭审查核实裁决有前款规定情形之一的，应当裁定撤销。

人民法院认定该裁决违背社会公共利益的，应当裁定撤销。

第五十九条　当事人申请撤销裁决的，应当自收到裁决书之日起六个月内提出。

第六十条　人民法院应当在受理撤销裁决申请之日起两个月内做出撤销裁决或者驳回申请的裁定。

第六十一条　人民法院受理撤销裁决的申请后，认为可以由仲裁庭重新仲裁的，通知仲裁庭在一定期限内重新仲裁，并裁定中止撤销程序。仲裁庭拒绝重新仲裁的，人民法院应当裁定恢复撤销程序。

第六章　执　行

第六十二条　当事人应当履行裁决。一方当事人不履行的，另一方当事人可以依照民事诉讼法的有关规定向人民法院申请执行。受申请的人民法院应当执行。

第六十三条　被申请人提出证据证明裁决有《民事诉讼法》第二百一十三条第二款规定的情形之一的，经人民法院组成合议庭审查核实，裁定不予执行。

第六十四条　一方当事人申请执行裁决，另一方当事人申请撤销裁决的，人民法院应当裁定中止执行。

人民法院裁定撤销裁决的，应当裁定终结执行。撤销裁决的申请被裁定驳回的，人民法院应当裁定恢复执行。

第七章 涉外仲裁的特别规定

第六十五条 涉外经济贸易、运输和海事中发生的纠纷的仲裁，适用本章规定。本章没有规定的，适用本法其他有关规定。

第六十六条 涉外仲裁委员会可以由中国国际商会组织设立。

涉外仲裁委员会由主任一人、副主任若干人和委员若干人组成。

涉外仲裁委员会的主任、副主任和委员可以由中国国际商会聘任。

第六十七条 涉外仲裁委员会可以从具有法律、经济贸易、科学技术等专门知识的外籍人士中聘任仲裁员。

第六十八条 涉外仲裁的当事人申请证据保全的，涉外仲裁委员会应当将当事人的申请提交证据所在地的中级人民法院。

第六十九条 涉外仲裁的仲裁庭可以将开庭情况记入笔录，或者做出笔录要点，笔录要点可以由当事人和其他仲裁参与人签字或者盖章。

第七十条 当事人提出证据证明涉外仲裁裁决有民事诉讼法第二百五十八条第一款规定的情形之一的，经人民法院组成合议庭审查核实，裁定撤销。

第七十一条 被申请人提出证据证明涉外仲裁裁决有民事诉讼法第二百五十八条第一款规定的情形之一的，经人民法院组成合议庭审查核实，裁定不予执行。

第七十二条 涉外仲裁委员会做出的发生法律效力的仲裁裁决，当事人请求执行的，如果被执行人或者其财产不在中华人民共和国领域内，应当由当事人直接向有管辖权的外国法院申请承认和执行。

第七十三条 涉外仲裁规则可以由中国国际商会依照本法和民事诉讼法的有关规定制定。

第八章 附 则

第七十四条 法律对仲裁时效有规定的，适用该规定。法律对仲裁时效没有规定的，适用诉讼时效的规定。

第七十五条 中国仲裁协会制定仲裁规则前,仲裁委员会依照本法和民事诉讼法的有关规定可以制定仲裁暂行规则。

第七十六条 当事人应当按照规定交纳仲裁费用。

收取仲裁费用的办法,应当报物价管理部门核准。

第七十七条 劳动争议和农业集体经济组织内部的农业承包合同纠纷的仲裁,另行规定。

第七十八条 本法施行前制定的有关仲裁的规定与本法的规定相抵触的,以本法为准。

第七十九条 本法施行前在直辖市、省、自治区人民政府所在地的市和其他设区的市设立的仲裁机构,应当依照本法的有关规定重新组建;未重新组建的,自本法施行之日起届满一年时终止。

本法施行前设立的不符合本法规定的其他仲裁机构,自本法施行之日起终止。

第八十条 本法自1995年9月1日起施行。

美国《统一仲裁法》(2000年)

第1条 定义

[本法]中：

(1) "仲裁机构"指任何中立的协会、机构、理事会、委员会或其他实体，此类组织启动、负责或管理仲裁程序或涉及仲裁院的责任。

(2) "仲裁员"指受委任以单独或会同其他仲裁员就受仲裁协议管辖之争议做出裁决的个人。

(3) "法院"指[本州有管辖权之法院]。

(4) "知晓"指实际知道。

(5) "人"指个人、法人、团体、商业托拉斯、集团、托拉斯、合伙、有限责任公司、协会、联合企业、政府；政府的分支机构、代表处或媒介；公法人；其他法律或商业实体。

(6) "记录"指任何写于有形介质或储存在电子或其他介质上的、能以可感知的形式重新恢复的信息。

第2条 通知

(a) 除[本法]另有规定外，某人若通过采取在普通程序中知会另一人的合理必要之行动，则无论该另一人是否知悉该通知，视为已通知另一人。

(b) 如某人知晓或已收到通知，则视为已经通知该人。

(c) 如某人注意到通知或通知送达该人的住所地或营业地或该人提供以作为此类通讯送达地的地点，则视为该人收到通知。

第3条 [本法]适用的时间范围

(a) [本法]适用于在[本法生效日]或之后签订的仲裁协议。

(b) 如仲裁协议或仲裁程序的所有当事人同意并记录在案，则[本法]亦适用于[本法生效日]之前签订的仲裁协议。

(c) 如属定期生效，则在该[定期生效日]之后，[本法]适用于任何时候签订的仲裁协议。

第4条 仲裁协议的效力；不可放弃之规定

(a) 除以下两款另有规定外，在法律允许的范围内，仲裁协议或仲裁程序的当事人可以放弃［本法］之要求或更改其效力。

（b）在属于仲裁协议范围之争议产生前，仲裁协议的当事人不得：

（1）放弃第5（a）、6（a）、8、17（b）、26或28条所规定的要求或同意更改之；

（2）同意不合理地限制第9条知悉开始仲裁程序的权利；

（3）同意不合理地限制第12条关于中立仲裁员披露任何事实的权利；或

（4）放弃第16条项下仲裁协议的当事人在［本法］规定之任何程序或庭审中由律师代理的权利，但是劳方和资方在劳动仲裁中可以放弃由律师代理的权利。

（c）仲裁协议或仲裁程序的一方当事人不得放弃下列条款的要求，或者当事人不得更改其效力：本条或第3（a）和（c）、7、14、18、20（c）或（d）、22、23、24、25（a）或（b）、29、30、31或32条。

第5条 ［申请］司法救济

（a）除第28条另有规定外，［申请］［本法］项下司法救济应向法院提出［动议］，并按法律或按向其提出并听审［动议］的法院之规则规定的方式予以聆讯。

（b）除非涉及仲裁协议的民事诉讼尚未审结，根据［本法］提交法院的最初［动议］之通知应按法律规定有关民事诉讼中传票的送达方式送达。否则，有关［动议］之通知应以法律或法院规则规定的在未决案中送达［动议］的方式送达。

第6条 仲裁协议的有效性

（a）包含在记录上的将已发生或随后发生的当事人之间的争议提交仲裁的协议是有效、可执行且不可撤销的，除非根据法律或公平，存在可以撤销合同的理由。

（b）法院应决定仲裁协议是否存在或某争议是否属于仲裁协议的范围。

（c）仲裁员应决定可仲裁性的的前提条件是否已经具备，且包含有效仲裁协议的合同是否可以执行。

（d）如司法程序的当事人对仲裁协议的存在提出异议，或认为某争议不属于仲裁协议的范围，则在法院对该问题做出最终解决之前，仲裁程序可继续进行，除非法院另有决定。

第 7 条 强制进行或中止仲裁的［协议］

（a）一旦某人提起［动议］，出示仲裁协议并声称另一人拒绝依据协议进行仲裁：

（1）如拒绝方当事人未出庭或未反对该［动议］，则法院应命令当事人进行仲裁；及

（2）如拒绝方当事人反对该［动议］，则法院应在简易审理后对该问题做出决定，并命令当事人进行仲裁，除非认为其认定并无可执行的仲裁协议。

（b）一旦某人提出［动议］，声称仲裁程序已经开始或即将开始，但并无仲裁协议，则法院应在简易审理后对该问题做出决定。如法院认定存在可执行的仲裁协议，应命令当事人进行仲裁。

（c）如法院认定不存在可执行的仲裁协议，则不得根据上述两款命令当事人进行仲裁。

（d）法院不得因为得提交仲裁之请求不成立或未说明理由而拒绝做出进行仲裁的决定。

（e）如某请求根据声称存在的仲裁协议应提交仲裁，而涉及该请求的程序在法院未做出决定，则根据本条所作之［动议］应想该法院提出；否则，可向第 27 条所规定的任何法院提出。

（f）如当事人向法院提出［动议］要求命令进行仲裁，法院依据适当条件应中止该涉及声称应提交仲裁的请求的司法程序，直至法院根据本条做出终局决定。

（g）如法院命令提交仲裁，法院依据适当条件应中止涉及该应提交仲裁的请求的司法程序。如应提交仲裁之请求可以分离，则法院可以限定在该请求范围内中止程序。

第 8 条 临时性救济

（a）并授权仲裁员行事且该仲裁员可以行事之前，法院经仲裁程序一方当事人提出［动议］且有正当理由，可以决定采取临时性救济以保护仲裁程序如同争议通过民事诉讼解决一样，具有相同的效力，并依据相同的条件。

（b）在委任并授权仲裁员行事且该仲裁员可以行事之后：

（1）在仲裁员认为需要保护仲裁程序的效力并促进争议得到公平和快速解决时，可以做出此类临时性救济的决定，包括临时裁决。此类命令应如同争议通过民事诉讼解决一样具有相同的效力并依据相同的条件。且

（2）仅在情势紧急且仲裁员无法及时行事或仲裁员无法提供充分救济时，仲裁程序的当事人可以动议法院采取临时性救济。

（c）当事人根据前述二款向法院提出［动议］不意味着其放弃仲裁的权利。

第9条 开始仲裁

（a）某人以双方约定的方式向仲裁协议的另一方当事人送达经记录的通知，或如无此约定，则以所要求和取得的经证明的邮件或挂号信、送达回证的形式，或以开始民事诉讼认可的送达方式送达，则仲裁程序开始。通知必须说明争议的性质以及所寻求的救济。

（b）除非某人在仲裁庭审开始之前，以未根据第15（c）条进行通知或充分通知为由提出异议，当事人出席庭审即放弃了对此不通知或不充分通知提出异议的权利。

第10条 仲裁程序的合并

（a）除非本条第（c）款另有规定，一旦仲裁协议或仲裁程序的一方当事人提出［动议］，则法院可以就所有的或部分的仲裁请求命令独立的仲裁程序合并，如果：

（1）相通的当事人之间存在独立的仲裁协议或独立的仲裁程序，或其中一方是与第三人的独立仲裁协议或仲裁程序的一方当事人；

（2）受仲裁协议约束之请求产生于相同交易或系列相关交易的实质性部分；

（3）存在共同的法律或事实问题使不同仲裁程序中做出相互冲突的决定成为可能；且

（4）未合并引起的损害大于不正当的拖延风险或对反对合并的当事人的权利或努力的损害。

（b）就某些请求，法院可以命令独立仲裁程序的合并；对其他请求，仍然可通过独立的仲裁程序解决。

（c）如仲裁协议禁止合并，法院不得命令仲裁协议的当事人的请求

合并审理。

第 11 条 仲裁员的委任；担任中立仲裁员

（a）如仲裁协议的当事人就委任仲裁员的方法达成一致，则除非约定的方法未获得成功，应遵守此类约定。如当事人未达成此类约定，或约定的方法未获成功，或委任之仲裁员没有或不能履职，且尚未委任继任者，则法院经仲裁程序的一方当事人提出［动议］，应委任仲裁员。按此方法委任的仲裁员拥有仲裁协议中选定或按约定方法委任的仲裁员所拥有的全部权力。

（b）与仲裁程序的结果有已知的、直接的或重要利害关系的个人或与当事人有已知的、既存的实质性关系的个人，均不得担任协议所要求的中立仲裁员。

第 12 条 仲裁员的披露

（a）在接受委任前，受请求担任仲裁员的人应在合理查询后，对于任何已知的、一个正常人认为很可能影响仲裁程序中仲裁员公正性的所有情事，应向仲裁协议及仲裁程序的所有当事人及其他仲裁员披露。此类情事包括：

（1）对仲裁程序的结果有经济或私人利益；

（2）和仲裁协议或仲裁程序的任一方当事人、其法律顾问或代理人、证人或另一仲裁员现在或过去有关系。

（b）仲裁员有义务向仲裁协议和仲裁程序的所有当事人及其他仲裁员持续披露其接受委任后知悉的、一个正常人认为很可能影响仲裁程序中仲裁员公正性之情事。

（c）如仲裁员披露上述二款所要求披露之情事，且一方当事人根据所披露的事实即使对该仲裁员之委任或继续任职提出异议，则该异议可视为根据第 23（a）（2）条撤销该仲裁员所作裁决的理由之一。

（d）如仲裁员未披露上述两款所要求披露之情事，则经一方当事人及时提出异议，法院可根据第 23（a）（2）条撤销裁决。

（e）中立仲裁员未披露其与仲裁结果的已知的、直接的和重大的利害关系，或未披露其与一方当事人的已知的、直接的和实质性的关系，则应认为其具有第 23（a）（2）条项下的明显不公平行为。

（f）如仲裁程序的当事人约定采用一个仲裁机构的程序或其他程

序,以在仲裁裁决做出之前对仲裁员提出回避,则其在根据第 23 条(a)(2)条提出[动议]撤销仲裁裁决前应严格遵照此类程序。

第 13 条　多数行为

如仲裁员人数超过一名,则须按仲裁庭多数意见行使仲裁员的权力,但是所有仲裁员均应根据第 15(c)条进行庭审。

第 14 条　仲裁员的豁免;作证之权限;律师费用和开支

(a)仲裁员或仲裁机构在履行其职能时,如同本州法院法官行使其司法职能时一样享有相同的豁免,不负民事责任。

(b)本条规定之豁免补充其他法律项下的豁免规定。

(c)仲裁员未根据第 12 条之规定进行披露,并不影响其按照本条享有的豁免。

(d)司法、行政或其他类似程序中,仲裁员或仲裁机构的代表不得作证,亦不得要求其就仲裁程序中产生的任何陈述、程序进行、决定或裁定提供有关记录,如同本州法院法官行使其司法职能时享有相同的权利。但是,在下列情况下,本款不适用:

(1)在确定仲裁员、仲裁机构或其代表对仲裁程序的一方当事人的请求的范围内;或

(2)如根据第 23(a)(1)或(2)条提出撤销仲裁裁决的[动议人]初步证明撤销的理由存在,则不适用于对[动议]的聆讯。

(e)如某人就仲裁员、仲裁机构或其代理人提供的服务而产生的争议针对上述人等提起民事诉讼,或某人违反前款寻求仲裁员或仲裁机构或其代理人作证或提供记录,而法院决定仲裁员、仲裁机构或其代理人免于民事责任,或仲裁员或仲裁机构的代理人不得作证,则法院应判决向仲裁员、仲裁机构或其代理人支付合理的律师费用和其他合理的诉讼开支。

第 15 条　仲裁程序

(a)仲裁员可按其认为适当的有利于程序的公平和迅速进行的方式进行仲裁。该权限包括在庭审前和仲裁程序当事人召开会议以及确定证据的可采信性、相关性、重要性及份量等。

(b)在下列情况下,如申请对某一请求或特定问题采取简易程序,仲裁员可对该申请做出决定:

（1）所有利害当事人均同意；或

（2）仲裁程序的一方当事人提出申请并通知其他当事人，其他当事人有合理的机会做出回复。

（c）如果仲裁员决定举行庭审，仲裁员应确定时间和地点并在庭审开始前5天发出通知。除非仲裁程序的一方当事人在庭审前就未通知或通知不充分提出异议，该方当事人出席开庭表明其放弃提出异议的权利。经仲裁程序的一方当事人请求且有正当理由，或仲裁员自行决定，仲裁员如认为必要可以随时延期开庭，但是不得将庭审延期至仲裁协议约定的做出裁决的时间后进行，除非仲裁程序的当事人同意。即使一方当事人未出席，只要其已经适当通知，仲裁员仍可根据已有证据对争议进行庭审并做出决定。法院经请求可以指令仲裁员立即进行庭审并及时做出决定。

（d）根据前款开庭时，仲裁程序的当事人有权陈述意见、出示争议的证据材料并对出席的证人进行反诘。

（e）如仲裁员在仲裁程序进行过程中停止或不能履职，应根据第11条的规定委任替代仲裁员以继续进行程序并解决争议。

第16条 律师代理

仲裁程序的当事人可由律师代理。

第17条 证人；传票；录取证人证言；证据开示

（a）仲裁员可以传票传唤证人出庭，出示记录和其他证据，并可主持宣誓作证。传票须以民事诉讼中送达传票的方式送达，并且经仲裁程序的一方当事人或仲裁员向法院提出［动议］，以民事诉讼中执行传票的方式执行。

（b）为使程序公平、迅捷并且经济节省地进行，经仲裁程序中一方当事人或证人的请求，仲裁员可以允许录取证人证言作为庭审时的证据，包括无法传唤或不能出庭的证人的证言。仲裁员应决定录取证人证言的条件。

（c）考虑到仲裁程序当事人、其他受影响的人以及程序公平、迅捷并且经济节省进行的需要，仲裁员可以采用其根据具体情况认为合适的证据开示程序。

（d）如仲裁员采用前款之证据开示，仲裁员可以命令仲裁程序的当事人遵守仲裁员有关证据开示的命令,以传票传唤证人出庭并在提供证据的程序中出示有关记录和其他证据,或者针对不遵守的当事人采取措施,该等措施应不超越争议如在本州民事诉讼中法院可能采取的措施。

(e) 为防止披露享有优先权的信息、保密信息、商业秘密以及其他不应披露的信息,仲裁员可以发出保全令,但不应超越争议如在本州民事诉讼中法院可能采取的措施。

(f) 所有以传票方式强制作证的法律以及作为证人参与诉讼程序、录取证言或证据开示程序的费用,如同该争议在本州进行诉讼一样,适用于仲裁程序。

(g) 在另一州进行的仲裁程序中,法院可以强制执行仲裁员为使本州证人出席并出示有关记录及其他证据而发出的传票或有关证据开示的命令,俾使仲裁程序公平、迅捷及经济节省。仲裁员在另一州发出的传票或有关证据开示的命令须以法律规定的本州民事诉讼中送达传票的方式送达,并且,经仲裁程序的一方当事人或仲裁员向法院提出[动议],一法律规定的本州民事诉讼中执行传票的方式进行。

第 18 条 仲裁员做出的裁决前裁定的司法执行

如仲裁员做出有利于仲裁程序一方当事人的裁决前裁定,当事人可以请求仲裁员将该裁定并入第19条所指裁决。胜诉方可以向法院提出[动议],要求做出第22条所指确认裁决的加速决定,法院应经简易审理并做出决定。除非法院根据第23条撤销、修改或更正裁决,法院应做出确认裁决的决定。

第 19 条 裁决

(a) 仲裁员应记录其裁决。记录应由同意该裁决的仲裁员签名或证实。仲裁员或仲裁机构应向仲裁程序的各方当事人通知裁决,包括裁决之副本。

(b) 裁决须在仲裁协议约定的时间内做出,或如无此约定,则应在法院确定的时间内做出。法院可以延长该期限,当事人亦可以记录形式约定延长期限。法院或当事人可在约定或确定的时间之前或后延长期限。如裁决未能及时做出,除非当事人在收到裁决通知前向仲裁员提出异议,否则视为其放弃提出异议的权利。

第 20 条 仲裁员改变裁决

（a）经仲裁程序的一方当事人向仲裁员提出［动议］，在下列情况下，仲裁员可以休整或更正裁决：

（1）基于第 24（a）（1）或（3）条的理由；

（2）仲裁员尚未就仲裁程序的当事人提交仲裁的请求做出终局及确定的裁决；或

（3）澄清裁决。

（b）前款项下的［动议］须在动议人收到裁决通知后 20 日内提出并通知所有当事人。

（c）仲裁程序的一方当事人须在收到前述通知后 10 日内提出其对该［动议］之异议，并予通知。

（d）如根据第 22、23 或 24 条向法院提出的［动议］尚未审结，则在下述情况下，法院可将请求提交仲裁员，以考虑是否修改或更正裁决：

（1）基于第 24（a）（1）或（3）条的理由；

（2）仲裁员尚未就仲裁程序的当事人提交仲裁的请求做出终局及确定的裁决；或

（3）澄清裁决。

（e）根据本条修改或更正之裁决适用第 19（a）、22、23 及 24 条。

第 21 条 救济；仲裁程序的费用和开支

（a）如同涉及相同请求的民事诉讼，法律允许且庭申时出示的证据根据其他适用于请求的合法标准亦支持，则仲裁员可以裁决惩罚性的损害赔偿或其他惩戒性的救济。

（b）如同涉及相同请求的民事诉讼，法律允许或仲裁程序的当事人约定，则仲裁员可以裁决合理的律师费用和仲裁的其他合理开支。

（c）上述二款允许之外的其他救济，仲裁员如根据仲裁程序的具体情况认为公正且恰当，则亦可以裁定此类救济。法院不能或不会做出此类救济不得成为拒绝根据第 22 条确认裁决的理由之一，亦不得作为根据第 23 条撤销裁决的理由之一。

（d）仲裁员的开支及报酬以及其他费用，须根据裁决的规定予以支付。

（e）如仲裁员根据（a）款裁决惩罚性赔偿或其他惩戒性救济，仲裁员应在裁决中具明支持做出此类裁决的事实理由和允许做出此类裁决的法律理由，并应单独说明惩罚性赔偿或其他惩戒性救济的金额。

第 22 条 裁决的确认

仲裁程序的一方当事人在收到裁决通知后，该方当事人可以向法院提出［动议］，要求裁定确认该裁决，法院应发出确认令，除非裁决根据第 20 条或 24 条予以修改或根据第 23 条被撤销。

第 23 条 裁决的撤销

（a）经仲裁程序的一方当事人提出［动议］，如有下列情事，法院应撤销在该仲裁程序中做出的裁决：

（1）裁决是通过舞弊、欺诈或其他不正当手段获得；

（2）存在：

①中立仲裁员有明显不公行为；

②仲裁员有贪污受贿行为；

③仲裁员的不当行为损害了仲裁程序的一方当事人的利益。

（3）有充分延期理由而仲裁员拒绝延期、拒绝考虑争议的证据材料或未按照第 15 条规定进行庭审，以致严重损害了仲裁程序当事人的权利；

（4）仲裁员超越仲裁员权限；

（5）不存在仲裁协议，除非参加仲裁程序的人未根据第 15（e）条在开庭之前提出异议；或

（6）未根据第 9 条给予开始仲裁的适当通知即进行仲裁，以致严重损害了仲裁程序当事人的权利；

（b）本条项下之［动议］应在［动议人］根据第 19 条收到裁决通知后 90 日内或根据第 20 条收到修改或更正的裁决后 90 日内提出，除非［动议人］声称裁决是通过舞弊、欺诈或其他不正当手段取得。在该种情况下，［动议］须在提出［动议人］知悉或经合理关注应当知悉该种事由后 90 日内提出。

（c）法院如根据第（a）（5）项之外的其他理由撤销裁决，可命令进行重新审理。如根据第（a）（1）或（2）项之理由撤销裁决，则应由新的仲裁员进行重新审理。如根据第（a）（3）（4）或（6）项撤销

裁决，则可由原仲裁员或新仲裁员进行重新审理。在重新审理中，仲裁员必须在第19（b）条规定的相同的裁决时间内做出决定。

（d）如法院驳回撤销裁决之［动议］，则除非修改或更正裁决的［动议］尚未审结，其应确认该裁决。

第 24 条 裁决的修改或更正

（a）经［动议人］在根据第19条收到裁决通知后90日内或根据第20条收到修改或更正的裁决后90日内提出［动议］，如有下列情事，法院即应修改或更正裁决：

（1）有明显的数字计算错误或裁决中提及的人、物或财产有明显的描述错误；

（2）仲裁员就非提交仲裁之请求做出裁决，而裁决可在不影响决定实体的情况下按提交仲裁之请求进行更正；或

（3）裁决在形式上不完善，但不影响就提交仲裁之请求所作决定的实体。

（b）如根据第（a）款所作之［动议］得到支持，法院应修改或更正裁决并确认为修改或更正过的裁决。否则，除非撤销［动议］尚未做出决定，法院应确认裁决。

（c）根据本条修改或更正裁决之［动议］可以与撤销裁决之［动议］一并提出。

第 25 条 就裁决做出的判决；律师费用和诉讼费用

（a）一旦决定确认裁决、未指令重新审理而径行撤销、修改或更正裁决，法院即应做出相应的判决。判决应予记录、载于判决录，并应如同民事诉讼中的其他判决一样得到执行。

（b）法院可以支持因［动议］及其后的司法程序引起的合理开支。

（c）经第22、23或24条异议司法程序中胜诉方当事人请求，法院可以增加合理的律师费用和裁决做出后至对其进行确认、未命令重新审理而径行撤销、修改或更正的判决做出期间内因司法程序而引起的合理的诉讼费用。

第 26 条 管辖权

（a）对争议及当事人有管辖权的本州法院可以执行仲裁协议。

（b）规定仲裁在本州进行的仲裁协议赋予本州法院依据［本法］

就裁决做出判决的专属管辖权。

第 27 条 管辖地

依据第 5 条提出的［动议必须在仲裁协议约定的庭审地或已经进行过的庭审所在地的［县］法院提出。否则，［动议］可在对方当事人居住地或营业地的［县］法院提出；如对方当事人在本州无居住地或营业地，则可向本州的任何［县］法院提出；所有此后的［动议］必须向聆讯最初［动议］的法院提出，除非法院另有决定。

第 28 条 上诉

（a）下列决定可以上诉

（1）驳回强制进行仲裁的［动议］的决定；

（2）同意中止仲裁的［动议］的决定；

（3）确认或拒绝确认裁决的决定；

（4）修改或更正裁决的决定；

（5）未指令重新审理而撤销仲裁的决定；或

（6）根据［本法］做出的最终判决。

（b）本条项下的上诉应视为对民事诉讼程序中所做出的决定或判决提起的上诉。

第 29 条 适用及解释的统一

适用及解释本统一法时，关于本法在其被采用的各州的适用范围，应考虑到促进法律统一的需要。

第 30 条 国际及国内商务电子签名法

［本法］规定适用于电子记录或签名的或利用此类记录或签名订立或履行的合同的法律后果、有效性或可执行性，与《国际及国内商务电子签名法》（Pub. L. No. 106-229，464（2000））第 102 条的规定相一致，且优先修改并限制该法的有关规定。

第 31 条 生效日

［本法］自［……生效日期］起生效。

第 32 条 废止

自［……（定期生效日同第 3（c）条）］起生效，［统一仲裁法］废止。

第 33 条 保留条款

［本法］不影响已开始之任何诉讼或程序或在［本法］生效之前取

得的权利。在不影响［本法］第 3 条的前提下，［本法］生效日之前订立的仲裁协议适用［统一仲裁法］。

　　［1］美国《统一仲裁法》由统一州法委员会于 1955 年通过，1956 年修订过一次。2000 年以前再未修订。迄今为止，美国共有以下州采用了该法：阿拉斯加、亚利桑那、阿肯色、加利福尼亚、科罗拉多、康涅狄格、特拉华、哥伦比亚特区、佛罗里达、夏威夷、爱达荷、伊利诺伊、印第安纳、艾奥瓦、堪萨斯、肯塔基、路易斯安那、缅因、马里兰、马萨诸塞、密歇根、明尼苏达、密西西比、密苏里、蒙大拿、内布拉斯加、内华达、新罕布什尔、新泽西、新墨西哥、纽约、北卡罗来纳、北达科他、俄亥俄、俄克拉何马、俄勒冈、佛蒙特、佛吉尼亚、华盛顿、威斯康星、怀俄明。2000 年 8 月 3 日，统一州法委员会全国代表大会在圣奥古斯丁（St. Augustine）年会上通过了《统一仲裁法（2000 年修订本）》。译者注。

　　［2］美国《统一仲裁法》系示范法，供各州自由采用。各州在采用时可根据具体情况作必要更改，包括改变法规名称。本译文中，凡有中括号的地方，即是由各州视情况改变或补充的地方。译者注。

日本商事仲裁协会商事仲裁规则

(1989 年 5 月 24 日修订并生效)

标准仲裁条款

一切由本合同引起的，或与本合同有关的争端、争论、异议都应最终按照日本商事仲裁协会的商事仲裁规则，在日本（东京、横滨、名古屋、大阪、神户）通过仲裁方式解决。

商事仲裁规则

内容：

第一章　总则（规则 1—6）

第二章　申请仲裁（规则 7—14）

第三章　仲裁员的指定（规则 15—22）

第四章　仲裁程序

第一部分　开庭程序（规则 23—34）

第二部分　裁决（规则 35—38）

第五章　附则（规则 39—48）

补充规定

费用表

第一章　总　则

目的

规则 1　制定本规则目的在于规定在日本商事仲裁协会（下称"协会"）通过的仲裁方式解决商事争端所必需的有关事项（仲裁协议）。

规则 2　当各方当事人订立了书面仲裁协议或其他书面协议，按本规则提交协会仲裁，则根据当事人的意愿，本规则规定的条款应视为为当事人所接受。

仲裁庭

规则 3　仲裁庭（下称"仲裁庭"）应根据本规则进行仲裁，仲裁庭由当事人指定的，或当事人指定的仲裁员推举的仲裁员，或协会指定的仲裁员所组成。

2. 仲裁庭应设在协会的总部或分支机构中。

3. 在根据本规则进行仲裁的过程中，如对本规则产生解释问题时，仲裁庭应接受协会由此做出的解释。

秘书处和仲裁庭书记员

规则4 根据本规则进行的仲裁的一切文秘性工作，除下一段规定的以外，都应由协会秘书处办理（包括分支机构的秘书处，下称"秘书处"）。

2. 仲裁庭的文秘性工作由一位协会主席或分会主席指定的官员担任（下称"仲裁书记员"）。

仲裁员名册

规则5 协会应制定一份仲裁员名册，以便于当事人根据规则的规定指定仲裁员，各秘书处应随时提供仲裁员名册。

代理

规则6 一方当事人可由一名律师或其他被认为有资格的人作为代理参加本规则规定的程序。

第二章 申请仲裁

申请

规则7 根据规则要求仲裁的一方（下称申诉人）应向任何一个秘书处提交下列文件，同时按所附收费表缴纳费用：

（1）一份书面仲裁申请；

（2）证明当事人同意根据本规则进行仲裁的文件原本或副本；

（3）支持仲裁申请书中请求的证明文件之原本或副本；

（4）当申请是由代理人提出时，应提交授权委托书。

2. 在上一段第（1）项中提到的书面申请中应包括下列到项：

（1）当事人个人或公司的全称及地址；

（2）当申诉人由代理人代理时，应写明代理人的名称和地址；

（3）请求事项；

（4）申请的理由及证据。

受理及仲裁通知

规则 8 秘书处接到仲裁申请后，认定该申请是否符合前条款规定，认定符合后，方可予以受理；

2. 秘书处受理仲裁申请后，应将此情况通知当事人。在给被申请仲裁的一方（下称被诉人）的通知中，应附上仲裁申请的副本。

答辩

规则 9 根据规则8第2段规定，发出通知的邮寄日期（下称基准日期）起30天内，向秘书处提交下列文件作为答辩：

（1）一份书面答辩书；

（2）支付答辩书中理由的任何证明文件的原本或副本；

（3）如答辩是由代理人做出的，应提交授权委托书。

2. 上段第（1）条提到的答辩书中包括如下事项：

（1）当事人个人或公司的全称及地址；

（2）如果被诉人由代理人代理时，代理人的姓名和地址；

（3）答辩的目的；

（4）答辩的理由和证据。

3. 秘书处收到根据第1段的规定提出的答辩后，应认定其是否符合前两段的规定，如符合，应予以接受。假如，在答辩的目的和理由中发现有明显的反诉请求，秘书处将拒绝接受这样的答辩，而应要求被诉人根据规则10的规定，就有关部分提出反诉。

4. 秘书处接到答辩书后，应向当事人通知这一情况。在给申诉人的通知中应附上书面答辩的副本。

反诉

规则 10 被诉人可在基准日期后、仲裁庭组成前的30天内，提出反诉。

2. 被诉人的反诉将与申诉人的仲裁申请合并审理。

3. 上述规则7、8、9的规定在细节上作必要的修改后可适用于反诉，反诉的接受和通知，以及对反诉的答辩。

规则 11 在仲裁庭组成后，如发现在被诉人答辩的目的或理由中存在反诉，仲裁庭可以决定要求根据上述规则就有关的部分提出反诉。

申诉或反诉的变更

规则 12 申请仲裁的一方或提出反诉的一方，可以变更其仲裁请求或反诉请求（下称"变更"）。如果是在仲裁庭成立之后，这种变更需要得到仲裁庭的同意。

2. 规则 9 的规定在细节上作过必要的修改可以适用于对变更的答辩。这样答辩的期限应是秘书处或仲裁庭文秘人员向另一方当事人发出变更通知之日起的 25 天。

应提交文件的份数

规则 13 根据规则 7 第 1 段和规则 9 第 1 段（包括规则 10 第 3 段、规则 12 第 2 段，经细节上作必要修改后，可以适用的情况）提交的份数应为 3 份，包含原本，但授权委托书的份数例外。如果指定了，或可能指定两个或以上的仲裁员，那么文件的份数应为 3 份加上实际仲裁员的人数，再减去 1 份后，即为所得的份数。

仲裁地点

规则 14 当事人应在自基准日期起 15 天内，就选择协会总部还是分会为仲裁地达成协议，并应书面通知向他们发出接受仲裁申请通知的秘书处。

2. 如果当事人在上一段规定的日期内没有将其选择通知秘书处，则由协会决定仲裁地点。

第三章 指定仲裁员

资格

规则 15 任何与仲裁案有利害关系的人均不得担任仲裁员。

2. 任何在指定之日实际未在日本居住的人不得担任仲裁员，除非当事人另有协议。

当事人协议

规则 16 当事人可以通过书面协议指定一名或一名以上仲裁员，或确定仲裁员的人数及其指定办法（包括指定期限，以下同）。

人数

规则 17 如当事人在自基准日期起 15 天内未应仲裁员的人数达成协议，那么应是一名仲裁员。

2. 在上一段所述情况下，如果一方当事人要求指定 3 名仲裁员，而协会在考虑了案件的性质后，认为其要求是适当的，那么应是 3 名仲裁员。

指定方法

规则 18 根据当事人的协议或规则 17 第 1 段的规定，如果要指定一名仲裁员，则当事人可通过协议指定。如在自基准日期起 30 天内未指定，则由协会考虑当事人的意愿后指定。

规则 19 如果双方只同意两名仲裁员或明确仲裁员为两名以上，但没有同意指定方法，或如果根据规则 17 第 2 段的规定 3 名仲裁员，每一方当事人可在规定的人数内指定人数相同的仲裁员，当规定的人数为奇数时，已被指定仲裁员再指定一名仲裁员。

2. 如果当事人准备指定两名或两名以上的仲裁员，但在自基准日期起 30 天内没有完成上述指定，协会应指定当事人尚待指定的仲裁员，同时考虑到有关当事人的意愿。

3. 如果当事人指定的仲裁员还需指定一仲裁员，但在自最后一个仲裁员被指定之日起 30 天内没有完成上述指定，则这名仲裁员由协会指定。

指定仲裁员的限制

规则 20 关于需要由协会或仲裁员根据规则 18 或规则 19 第 1 段或 3 段的规定指定仲裁员，当任何一方当事人要求指定一名与双方当事人不同国籍的仲裁员时，只要这种请求是在自基准日期起 35 天内以书面形式向秘书处提出的，协会或其他仲裁员应遵照这种请求行事。

通知指定情况

规则 21 当一方当事人已指定了一名仲裁员时，他应自基准日期起 30 天内，将有关该仲裁员的姓名、地址和职业的文件提交秘书处，同时提交仲裁员的接受指定书。

2. 当一名仲裁员被指定后，秘书处应将该仲裁员的姓名、地址和职业立即书面通知双方当事人和其他仲裁员。

应付空缺的措施

规则 22 一位仲裁员因其死亡、辞职或其他原因缺席时，那么指定该仲裁员的一方可以按指定该仲裁员的方法，重新指定一名仲裁员代替。

第四章　仲裁程序

第一部分　开庭程序

开庭的议程及其他

规则 23　仲裁庭可以决定每次开庭的议程时间和地点。

2. 当根据上一段的规定制定开庭议程时，仲裁庭应充分注意以避免程序延误。

开庭

规则 24　开庭应在双方当事人到场的情况下进行。如果一方当事人已按时收到了开庭时间的通知，但在没有正当理由的情况下不到庭，开庭应照常进行。

延期开庭

规则 25　如果双方当事人协议并书面通知仲裁庭要求推迟开庭日期，则仲裁庭应予以推迟。

2. 仲裁庭收到了一方当事人要求推迟开庭的请求，并认为推迟不可避免时，应推迟有关开庭日期。

证据

规则 26　一方当事人可以就其争议请求提交证据，或请求允许证人或专家证人自愿出庭作证。但如果所提交的证据材料与当事人的争议请求无关，仲裁庭可以拒绝接受。

2. 仲裁庭可在其认为必要的时候，要求当事人提交证据或要求证人、专家证人自愿出庭作证。

3. 仲裁庭只能在双方当事人都在场的情况下接受证据。除非在开庭时一方当事人缺席的情况下可以例外。

4. 仲裁庭不得要求证人或专家证人宣誓。

检验或调查

规则 27　仲裁庭可在其认为必要时或当一方当事人提出了请求时，在双方当事人在场的情况下进行检验和调查。

开庭记录

规则 28　仲裁庭文秘人员应在每次开庭时做开庭记录，记录开庭的时间、地点、参加人员和开庭纪要，并保留此记录。

2. 如仲裁员指令或一方当事人提出请求，仲裁庭文秘人员应作速记记录。

口译或笔译

规则 29 如仲裁庭命令，或一方当事人请求，仲裁庭文秘人员可以安排口译或笔译。

秘密程序

规则 30 开庭的程序是不公开的。

出席开庭

规则 31 与仲裁案有直接利害关系的人可以参加开庭。其他人员是否可参加开庭，由仲裁庭决定。

开庭程序的终止和再次开庭

规则 32 当仲裁庭认定一切争议和证据都已陈述完毕时，可以终止开庭程序。

2. 仲裁庭可以做出决定，再次开庭。

不需开庭的仲裁

规则 33 当事人可以协议并书面请求取消开庭程序。这种情况下的仲裁程序由仲裁庭决定，除非规则中的其他规定在细节上作过修改后可以适用。

仲裁的决定

规则 34 当仲裁庭由两个或两个以上仲裁员组成时，仲裁庭的决定，包括裁决决定，应依多数仲裁员的意见决定。当持相反意见的人数相同时，如果仲裁员在其中间已指定了首席仲裁员，则首席仲裁员有权做出最后的决定。

第二部分 裁决

期限

规则 35 仲裁庭应在审理终结后 35 天内（在规则 37 第 2 段的情况下，45 天内）做出裁决。

裁决

规则 36 裁决书至少应陈述下列事项并具有每一位仲裁员的签字和图章；除双方当事人认为不必陈述第（4）项（裁决理由）或如果出现下段所述情况，则裁决书不受此限：

（1）当事人个人或公司的全称和地址；

（2）如一方当事人由代理人代理，代理人的姓名和地址；

（3）裁决内容；

（4）裁决理由；

（5）裁决日期。

2. 在仲裁程序中，如果当事人达成和解，仲裁庭可以根据当事人和解决协议的内容，做出裁决书。

3. 如出现前两款的情况时，仲裁庭应做出一项有关分担仲裁费用的裁定。仲裁庭在其认为必要时，也可以决定仲裁费用及仲裁员报酬的支付方式。

语文

规则 37 裁决应使用日本语文。

2. 如果一方当事人提出请求，那么尽管有上一段的规定，裁决也可写成日文和英文，两种文本都应正式有效。当仲裁员中有一非日本籍仲裁员时，这一条同样适用。

3. 在上段所述情况下，若两个文本之间的解释存在异议，则应以日文本为准。

送达

规则 38 正式有效的裁决文本应以下列方式送达当事人：

（1）有递送证明的挂号信；

（2）当面送达；

（3）法律中规定的其他方式。

2. 上段规定的送达，应在所有仲裁费用、仲裁员的花费和报酬都已全部支付后进行。

第五章 补充规则

附加译本

规则 39 一方当事人提交给秘书处或仲裁庭的文件、证据或其他书面材料系用外语写成的，则需附上日文译本。但如果秘书处或仲裁庭认为没有必要时，可以例外。

期限的宽限

规则 40 当事人可通过书面协议延长规则规定的期限。

2. 当协会或仲裁庭认为必要时，可以延长规则规定的期限。

3. 协会或仲裁庭根据上一段的规定延长期限时，应立即通知当事人和仲裁员。

通知等

规则 41 仲裁庭文秘人员应将仲裁程序中仲裁庭的一切决定通知当事人，但这些决定是在当事人在场时做出的除外。

2. 向当事人通知或送达文件时，协会或仲裁庭文秘人员应将文件亲手递交或寄送到有关当事人。但规则另有规定者除外。

费用

规则 42 在按照本规则进行仲裁时，当事人承担的费用应包括规则所附的费用表提到的申请费、仲裁费和推迟开庭费。

2. 仲裁费用则由当事人根据裁决中规定的比例分担。

3. 在规则 25 中规定的情况下，每次推迟开庭，都应由要求推迟的一方承担费用。

4. 仲裁申请费在任何情况下都不退还。

其他花费

规则 43 证人、专家证人的费用，检验或调查的费用，速记、口译、笔译的费用，都应由提出该项请求的一方当事人承担。

2. 如果上述各项费用是由仲裁庭的指令导致的，当事人应分担费用者除外。

仲裁员的报酬

规则 44 仲裁员的报酬由当事人根据协会规定平均分担。

缴纳费用及其他

规则 45 当仲裁庭认为必要时，可以做出决定，要求一方当事人向协会预付一部分仲裁费、其他费用和仲裁员报酬。

规则 46 当事人应按秘书处或仲裁庭文秘人员的要求向秘书处缴纳仲裁费、其他费用和仲裁员报酬。

违反决定

规则 47 当一方当事人未执行仲裁庭的决定时，仲裁庭可以对该方当事人采取适当的措施。

规则 48 规则有日文、英文两种文本，如果两个文本的解释有出入，应以日文本的解释为准。

补充规定

（1）本规则自 1971 年 2 月 1 日起执行。

（2）1963 年 6 月修订的规则（下称原规则）作废。

（3）在本规则生效时，根据规则进行的仲裁程序，无论有无开庭，都应受原规则的约束。

武汉仲裁委员会（武汉国际仲裁中心）仲裁规则

（第三届武汉仲裁委员会第六次全体会议审议并通过，经第四届武汉仲裁委员会修订，自 2018 年 3 月 1 日起施行。）

第一章　总则

第一条　规则的制定

为保证公正、及时地仲裁民商事争议，平等保护当事人的合法权益，依据《中华人民共和国仲裁法》（以下简称《仲裁法》）和其他相关法律，制定本规则。

第二条　武汉仲裁委员会（武汉国际仲裁中心）

（一）武汉仲裁委员会（以下简称"本会"）系依法设立的受理和解决民商事争议的常设仲裁机构，本会同时使用"武汉国际仲裁中心"名称。

（二）本会主任履行仲裁法和本规则赋予的职责，副主任受主任委托可以履行主任的职责。

（三）本会设办公室，负责处理本会的日常事务。办公室指定工作人员担任仲裁庭秘书，承担仲裁案件的程序管理和服务工作。

（四）本会可以设立仲裁院、分会和仲裁中心。仲裁院、分会和仲裁中心是本会的组成部分。

第三条　规则的适用

（一）当事人约定将争议提交本会仲裁的，适用本规则。当事人约定简化本规则规定的程序事项且不违反法律强制性规定的，从其约定。

（二）当事人约定适用其他仲裁规则，从其约定，该约定无法实施或者与仲裁地法律的强制性规定相抵触的除外。当事人约定适用其他仲裁规则的，由本会履行相应的管理职责。

（三）当事人约定按本规则进行仲裁但未约定仲裁机构的，视为当事人同意将争议提交本会仲裁。

（四）当事人约定适用本会制定的专业仲裁规则的，从其约定，但其争议不属于该专业仲裁规则适用范围的，适用本规则。

（五）本会、仲裁庭、当事人及其代理人均应本着诚信、善意、合作及妥善解决争议的原则适用本规则。

第四条 放弃异议权

当事人知道或者应当知道本规则或者仲裁协议中规定的任何条款未被遵守，但仍参加或者继续参加仲裁程序且未及时向本会或仲裁庭提出书面异议的，视为其放弃提出异议的权利。

第五条 受案范围

（一）本会依法受理平等主体的自然人、法人和其他组织之间发生的民商事争议。

（二）本会不受理以下争议：

1. 婚姻、收养、监护、扶养、继承争议；
2. 依法应当由行政机关处理的行政争议；
3. 劳动争议；
4. 农业集体经济组织内部的农业承包合同争议。

第六条 保密

（一）仲裁庭不公开审理案件。当事人约定公开的，可以公开，涉及国家秘密、当事人商业秘密、专有技术或者仲裁庭认为不适宜公开的情形除外。

（二）不公开审理的案件，当事人及其代理人、证人、仲裁员、仲裁庭秘书、提供咨询的专家、鉴定人以及其他有关人员，均不得对外透露案件实体和程序进行的情况，法律另有规定的除外。

第七条 一裁终局

本会做出的裁决是终局裁决。裁决做出后，当事人不得就生效裁决事项再申请仲裁或者向法院提起诉讼。

第二章 仲裁协议

第八条 仲裁协议的定义和形式

（一）仲裁协议是指当事人同意将可能发生或已经发生的民商事争议提交仲裁的协议。仲裁协议包括合同中订立的仲裁条款或者当事人以其他书面形式订立的仲裁协议。

（二）仲裁协议应当采取书面形式。书面形式包括但不限于合同书、信件和数据电文（包括电传、传真、电子数据交换和电子邮件）等可以有形地表现所载内容的形式。

（三）在仲裁申请书和答辩书的交换中，一方当事人声称有仲裁协议而另一方当事人不作否认表示的，视为存在书面仲裁协议。

（四）当事人在合同中援引其他载有仲裁条款的书面文件解决有关的争议，且该文件构成合同的必要组成部分，视为存在书面仲裁协议。

第九条 仲裁协议的独立性

仲裁协议独立存在，其效力应当单独判断，无论合同是否成立、变更、解除、终止、无效、失效、未生效、被撤销，均不影响仲裁协议的效力。

第十条 仲裁协议的效力延伸

（一）合同中的仲裁条款适用于补充合同及合同附件项下的争议，当事人另有约定的除外。

（二）订立仲裁协议的当事人因合并、分立、终止、撤销等原因发生变更的，仲裁协议对权利义务的继受人有效，当事人另有约定的除外。

（三）订立仲裁协议的当事人死亡的，仲裁协议对承继其仲裁事项中权利义务的继承人有效，当事人另有约定的除外。

（四）债权债务全部或者部分转让的，仲裁协议对受让人有效，当事人另有约定、在受让债权债务时受让人明确反对或者不知有单独仲裁协议的除外。

第十一条 管辖权异议

（一）当事人对仲裁协议的存在、效力或者仲裁案件的管辖权有异议，可以向本会提出管辖权异议。管辖权异议应当在仲裁庭首次开庭之日前以书面形式提出；当事人约定书面审理的，应当在首次答辩期满前以书面形式提出。

（二）当事人未依据前款规定提出管辖权异议的，视为承认本会对仲裁案件的管辖权。

（三）当事人向本会或法院提出仲裁案件管辖权异议，不影响仲裁程序的进行。

（四）本会或者本会授权的仲裁庭有权就仲裁案件的管辖权做出决

定。仲裁庭的决定可以在仲裁程序进行中做出，也可以在裁决书中做出。

（五）本会或本会授权的仲裁庭对仲裁案件做出无管辖权决定的，案件应当撤销。仲裁庭组成前，撤销案件的决定由本会做出；仲裁庭组成后，撤销案件的决定由仲裁庭做出。

第三章 申请和受理

第十二条 申请仲裁

（一）向本会申请仲裁，申请人应提交：

1. 仲裁协议；

2. 写明下列内容的仲裁申请书：

（1）申请人和被申请人的基本情况。自然人应当写明姓名、性别、身份证号码、住址、邮政编码、联系电话、传真、电子邮箱和其他可能的快捷联系方式；法人或者其他组织应当写明名称、住所地、邮政编码、电话号码、传真以及法定代表人或者主要负责人的姓名、职务、住所、邮政编码、联系电话、传真、电子邮件和其他可能的快捷联系方式；

（2）具体的仲裁请求和所根据的事实、理由。

3. 证据和证据来源并附清单，证人姓名和住所；

4. 申请人身份证明文件。

（二）当事人申请仲裁，应当按照本规则附录的规定预交仲裁费用。当事人的请求没有明确争议金额的，由本会确定争议金额或者应当预交的仲裁费用。

（三）仲裁费用由提出仲裁请求或反请求的当事人预交。当事人预交仲裁费用有困难的，可以申请缓交，是否批准由本会决定。当事人不预交仲裁费用，又不提出缓交申请或者在本会批准的缓交期限内未预交全部仲裁费用的，视为撤回申请。

第十三条 受理

（一）本会经过审查，认为申请人的申请符合受理条件的，自当事人预交仲裁费用之日起五日内予以受理。本会自受理案件之日起五日内将受理通知书、本规则和仲裁员名册送达申请人，将仲裁通知书、仲裁申请书副本及其附件、本规则、仲裁员名册送达被申请人。

（二）本会经过审查，认为仲裁申请不符合第十二条第（一）款规定的，可以要求申请人在本会规定的期限内予以补正。申请人未能在规定的期限内补正的，视为撤回申请。

第十四条　答辩

（一）被申请人收到仲裁申请书副本后应当在十五日内向本会提交答辩书和有关证明文件。答辩书和证明文件应当包括：

1. 被申请人的基本情况。被申请人是自然人的，应当写明姓名、性别、身份证号码、住址、邮政编码、联系电话、传真、电子邮箱以及其他可能的快捷联系方式；被申请人是法人或者其他组织的，应当写明其名称、住所地、邮政编码、联系电话、传真以及法定代表人或者主要负责人的姓名、职务、住所、邮政编码、联系电话、传真、电子邮件以及其他可能的快捷联系方式；

2. 答辩要点和所根据的事实、理由；

3. 证据和证据来源并附清单，证人姓名和住所；

4. 被申请人身份证明文件。

（二）本会自收到答辩书之日起五日内，将答辩书副本及其附件送达申请人。

（三）被申请人未在答辩期内提交答辩书或者不进行答辩的，不影响仲裁程序的继续进行。

第十五条　反请求

（一）被申请人有权提出反请求。被申请人提出反请求的，应在其反请求申请书中写明具体的反请求事项及其所依据的事实和理由，并附具有关的证据材料以及其他证明文件。

（二）被申请人提出反请求，应当在答辩期内以书面形式提交本会。超过此期限提交反请求申请的，仲裁庭组成前由本会决定是否受理，仲裁庭组成后由仲裁庭决定是否受理。

（三）本会或者仲裁庭决定是否受理逾期提交的反请求时，应当考虑反请求与本请求合并在一个案件中解决的必要性、是否会造成程序的不必要拖延以及其他有关因素。

（四）反请求的申请、受理与答辩适用本章有关规定。

第十六条 仲裁请求、反请求的放弃、变更

（一）申请人可以放弃或者变更其仲裁请求，被申请人可以放弃或者变更其反请求。放弃或者变更仲裁请求或反请求应当采取书面形式。

（二）仲裁庭认为当事人变更其仲裁请求或者反请求过分迟延影响仲裁程序正常进行的，可以拒绝其变更。

第十七条 多方当事人之间的仲裁请求

（一）案件中有两个或两个以上的申请人或者被申请人时，任何一方当事人均可以依据相同的仲裁协议针对任何其他当事人提出仲裁请求。

（二）仲裁庭组成前，新提出的仲裁请求由本会决定是否受理；仲裁庭组成后，新提出的仲裁请求由仲裁庭决定是否受理。

（三）上述仲裁请求的提出、受理、答辩、变更等事项参照本规则第十二条至第十六条办理。

（四）上述仲裁请求受理后，各方当事人在仲裁程序中的身份不发生变更。

第十八条 仲裁保全

（一）一方当事人因另外一方当事人的行为或者其他原因，可能使裁决难以执行或者造成当事人其他损害的，可以提出申请，要求对另一方当事人的财产进行保全、责令其做出一定行为或者禁止其做出一定行为。

（二）证据可能灭失或者以后难以取得的情况下，当事人可以提出证据保全申请。

（三）当事人提出上述申请的，本会将当事人的申请转交至有管辖权的法院。

（四）利害关系人因情况紧急，不立即申请保全将会使其合法权益受到难以弥补的损害或者证据可能灭失以及难以取得的情况下，可以在申请仲裁前提出上述申请。

第十九条 代理人

当事人可以委托代理人代理仲裁活动；接受委托的代理人，应当向本会提交授权委托书。授权委托书应当注明委托的事项和权限。代理人代为提起、承认、放弃、变更仲裁请求或者反请求，进行和解，请求调

解，签收调解书，必须有委托人的特别授权。

第二十条 提交仲裁文件和有关材料的份数

当事人提交申请书、答辩书、反请求申请书等仲裁文件和其他有关材料应当一式五份。当事人人数超过两人的，增加相应份数；仲裁庭由一名仲裁员组成的，减少两份；当事人提出保全申请的，应当相应增加一份仲裁申请书或者反请求申请书。

第四章 仲裁庭

第二十一条 仲裁庭的中立性

在仲裁程序中，仲裁庭成员应当保持中立，不得代表任何一方当事人。仲裁庭应当公正、平等地对待各方当事人。

第二十二条 仲裁员名册

当事人从本会提供的仲裁员名册中选择仲裁员。

第二十三条 仲裁庭的组成

（一）除非当事人另有约定或者本规则另有规定，仲裁庭由三名仲裁员组成。由三名仲裁员组成的，设首席仲裁员。

（二）双方当事人应当自收到仲裁通知书之日起十日内分别选定或者委托主任指定一名仲裁员。当事人未在上述期限内选定或者委托主任指定仲裁员的，由主任指定。

（三）双方当事人应当自被申请人收到仲裁通知书之日起十日内共同选定或者共同委托主任指定首席仲裁员。

双方当事人也可以约定在上述期限内，各自推荐一至三名仲裁员作为首席仲裁员人选；经双方当事人申请或者同意，也可以由当事人选定的仲裁员分别推荐一至三名仲裁员作为首席仲裁员人选。推荐名单有一名相同的，为双方当事人共同选定的首席仲裁员；有一名以上相同的，由主任根据案件具体情况在相同人选中确定，确定的仲裁员仍为双方当事人共同选定的首席仲裁员；推荐名单中没有相同的人选，由主任在推荐名单之外指定首席仲裁员。

（四）双方当事人未按照上述规定共同选定首席仲裁员的，由主任指定。

（五）案件有两个或者两个以上申请人或者被申请人的，在申请人之间或者被申请人之间各自协商选定或者委托本会主任指定一名仲裁员；申请人或被申请人未能在收到仲裁通知书后十日内各方共同选定或各方共同委托本会主任指定一名仲裁员，由本会主任指定。首席仲裁员应当按照本条第三款和第四款规定的程序选定或指定。

（六）当事人选定外地仲裁员的，应当预交仲裁员的差旅费、食宿费等必要费用。如果未在本会规定的期限内预交的，视为未选定仲裁员。主任可以根据本规则的规定指定仲裁员。

第二十四条　组庭通知

仲裁庭组成后，本会应当及时将仲裁庭的组成情况书面通知各方当事人。

第二十五条　披露

（一）被选定或者被指定的仲裁员应当签署声明书，向本会书面披露可能引起对其独立性或者公正性产生合理怀疑的任何事实或者情况。

（二）在仲裁过程中出现应当披露的情形的，仲裁员应当立即书面向本会披露。

（三）本会应当及时将仲裁员的声明书和书面披露的信息转交当事人。

第二十六条　仲裁员回避

（一）仲裁员有仲裁法第三十四条规定的情形的，应当回避。当事人对仲裁员的公正性或独立性产生合理怀疑的，有权提出回避申请。

（二）当事人应当自收到仲裁员的声明书或者书面披露之日起三日内就是否申请仲裁员回避提出意见。当事人在三日内没有申请仲裁员回避的，不得再以仲裁员曾经披露的事项为由申请仲裁员回避。

（三）当事人依据仲裁法提出回避申请应当在首次开庭之日前以书面形式提出，并说明申请回避所依据的事实和理由。回避事由在首次开庭后知道的，可以在最后一次开庭终结前提出；不再开庭或者书面审理的案件，应当在得知回避理由后五日内提出。

（四）一方当事人申请仲裁员回避，另一方当事人同意回避申请，或者被申请回避的仲裁员主动提出退出仲裁庭的，该仲裁员可以更换，但该情形并不表示当事人申请仲裁员回避的理由成立。

（五）除上述第（四）款规定的情形外，仲裁员是否回避，由本会主任决定。本会主任担任仲裁员时的回避，由本会决定。

（六）在仲裁员是否回避的决定做出前，被申请回避的仲裁员应当继续履行职责，该仲裁员主动要求暂停参与本案仲裁的除外。

第二十七条 仲裁员的更换

（一）仲裁员在法律上或事实上不能履行其职责，或者没有依据本规则的要求或在本规则规定的期限内履行应尽职责时，本会主任有权决定将其更换；该仲裁员也可以主动申请不再担任仲裁员。

（二）是否更换仲裁员，由本会主任做出终局决定并可以不说明理由。

（三）仲裁员因回避或更换不能履行职责时，应当按照原选定或指定该仲裁员的方式和期限，选定或指定仲裁员。当事人未按照原方式和期限选定仲裁员的，由本会主任指定仲裁员。

（四）重新选定或指定仲裁员后，由仲裁庭决定是否重新审理及重新审理的范围。

第二十八条 多数仲裁员继续仲裁程序

最后一次开庭终结后，三人仲裁庭中的一名仲裁员因死亡或被除名等情形不能参加合议或做出裁决，本会主任可以依据本规则第二十七条更换该仲裁员；在征得各方当事人和本会主任同意后，其他两名仲裁员也可以继续进行仲裁程序，做出决定或裁决。

第五章 证据

第二十九条 举证责任

（一）当事人应当对其申请、答辩和反请求所依据的事实提供证据加以证明。

（二）当事人未在规定期限内提交证据，或者提交的证据不足以证明其主张的，负有举证责任的当事人承担因此产生的不利后果。

第三十条 举证要求

（一）当事人应当对提交的证据逐一分类编号，签名或者盖章，对证据的来源、证明对象和内容作简要说明，注明提交日期，并根据仲裁庭成员人数和对方当事人人数提交副本。

（二）当事人提供书证应当提交原件，物证应当提交原物。提交原件或者原物确有困难的，可以提交复制品、照片、副本、节录本，但必须说明来源。一方当事人对另一方当事人提交的复制品、照片、副本、节录本的真实性没有表示异议，可以视为与原件或原物一致。

（三）除非当事人另有约定，提交的外文证据材料应当附有中文译本。仲裁庭认为必要时，可以要求当事人提供相应的中文译本或者其他语言的译本。

第三十一条　举证期限

（一）仲裁庭有权要求当事人在一定期限内提交证据材料。当事人应当在要求的期限内提交。当事人协商一致的，可以变更举证期限。

（二）当事人在举证期限内提交证据材料确有困难的，应当向仲裁庭书面申请延期举证，是否准许，由仲裁庭决定。

（三）当事人逾期提交证据的，仲裁庭有权拒绝接受。当事人另有约定或者仲裁庭认为必要，可以接受一方当事人逾期提交的证据，但应当给予对方当事人合理的期限进行准备和质证。

第三十二条　仲裁庭自行调查事实、收集证据

（一）当事人申请且仲裁庭认为确有必要的，或者当事人虽未申请，但仲裁庭根据案件审理情况认为必要时，仲裁庭可以自行调查事实、收集证据。仲裁庭调查事实、收集证据时，认为有必要通知当事人到场的，应当及时通知。经通知，当事人未到场的，不影响仲裁庭调查事实和收集证据。

（二）仲裁庭自行收集的证据应当转交当事人，由当事人发表质证意见。

第三十三条　证据交换

仲裁庭可以在开庭审理前召集各方当事人交换证据材料。仲裁庭决定接受当事人逾期提供的证据或者补充证据，在质证前应当交换证据。

第三十四条　证据核对

仲裁庭可以根据案件审理的需要，安排当事人核对已经提交的证据材料原件和复印件是否一致。仲裁庭可以委托秘书组织当事人核对上述材料。

第三十五条　质证

（一）开庭审理的案件，证据应当在开庭时出示，由当事人质证。

（二）依据书面文件审理的案件的证据材料，或者在开庭后提交的证据材料经仲裁庭同意，当事人可以书面质证，并应当在仲裁庭规定的期限内提交书面质证意见。

（三）当事人在证据交换过程中已经相互认可并记录在案的证据，经仲裁庭在庭审中说明后可以不经质证直接作为认定事实的依据。

（四）逾期提供的证据不纳入开庭审理的范围，仲裁庭许可的除外。仲裁庭决定不再开庭审理的，可以要求当事人在一定期限内对该证据提交书面质证意见。

第三十六条 专家咨询和鉴定

（一）仲裁庭对专门性问题可以向专家咨询，或者交由当事人约定的鉴定部门鉴定，仲裁庭也可以指定鉴定部门鉴定。

（二）当事人申请鉴定，应当提交鉴定申请书和鉴定所需的相关材料。

（三）当事人双方均拒绝鉴定的，仲裁庭可以依据已有的证据裁决。

（四）鉴定人应当提出书面鉴定意见。鉴定意见的副本，应当送交当事人，当事人可以对鉴定意见提出意见。鉴定人根据当事人的请求或者仲裁庭的要求，应当参加开庭，就鉴定意见进行说明，回答当事人或者仲裁庭的提问。

（五）当事人请求向专家咨询的，应当预付咨询费；仲裁庭提出向专家咨询的，咨询费用从案件处理费中列支。鉴定费用由要求鉴定的一方预交，或者根据仲裁庭决定，由双方当事人预交。当事人不预交咨询或鉴定费用的，仲裁庭有权决定不进行相关咨询和鉴定。当事人实际应当承担的咨询和鉴定费用由仲裁庭裁决。

第三十七条 认定证据

（一）证据由仲裁庭认定。专家咨询意见和鉴定意见由仲裁庭决定是否采纳。

（二）仲裁庭在认定证据时，除依据相关法律、行政法规，参照司法解释外，还可以结合行业惯例、交易习惯等，综合案件整体情况认定。

（三）当事人在仲裁申请书、答辩书、仲裁庭询问时的陈述以及其他书面意见中承认的对己方不利的事实和证据，仲裁庭予以确认，当事人反悔并有相反证据足以推翻的除外。

（四）一方当事人对另一方当事人陈述的事实，既未表示承认也未否认，经仲裁庭充分说明并询问后，其仍不明确表示肯定或者否定的，视为对该项事实的承认。

（五）有证据证明一方当事人持有证据而拒不提供，且无正当理由的，在对方当事人主张该证据的内容不利于证据持有人时，可以推定该主张成立。

第三十八条　证据补充

（一）审理终结前，经当事人请求或者仲裁庭认为当事人有必要补充证据材料的，仲裁庭可以要求当事人在合理的期限内提交。逾期不提交的，仲裁庭可以根据已有的证据认定案件事实并做出裁决。

（二）当事人依据前款规定提交的补充证据材料应当依照本规则第三十三条和第三十五条进行证据交换和质证。

第六章　审理

第三十九条　审理方式

（一）仲裁庭开庭审理案件。

（二）当事人约定不开庭，或者仲裁庭认为没有必要开庭审理并征得各方当事人书面同意的，仲裁庭可以根据仲裁申请书、仲裁答辩书、仲裁反请求书以及其他证据材料审理并做出裁决。

（三）仲裁庭可以根据案件的具体情况按照其认为适当的方式审理案件，当事人另有约定的除外。仲裁庭应当平等对待当事人，给予当事人陈述与辩论的合理机会。

（四）在必要时，仲裁庭可以发布程序指令、发出问题清单、举行庭前会议、召开预备庭、制作审理范围书等，也可以就证据材料的交换、核对等做出安排，当事人另有约定的除外。

第四十条　开庭地点

（一）本会所在地为开庭审理地点。经本会主任同意，也可以在仲裁庭认为合适的或当事人约定的地点开庭审理案件。

（二）当事人约定在本会所在地以外的地点开庭的，应当预交由此产生的差旅费、食宿费等费用；当事人应当在本会规定的期限内按照约定或者仲裁庭确定的比例预交上述费用。未预交的，在本会所在地开庭。

第四十一条 开庭前准备

（一）仲裁庭在开庭前应当根据审理期限的要求合理安排各项工作，审阅当事人提交的书面材料，会见当事人，并制订审理计划。

（二）仲裁庭根据当事人请求或者经当事人同意，可以在开庭前组织调解。

第四十二条 开庭通知

（一）仲裁庭秘书应当在仲裁庭首次开庭五日前，将开庭日期和开庭地点通知当事人；当事人协商一致并经仲裁庭同意或者仲裁庭征得当事人同意的，可以提前开庭；当事人有正当理由的，可以在首次开庭三日前以书面形式请求延期开庭；是否延期，由仲裁庭决定。

（二）首次开庭后或者决定延期开庭的开庭日期的通知，不受五日期限的限制。

第四十三条 核对身份

（一）开庭审理前，仲裁庭秘书应当查明当事人、代理人和其他仲裁参与人是否到庭。

（二）开庭审理时，由首席仲裁员或者独任仲裁员核对当事人身份。

第四十四条 当事人缺席

（一）申请人经书面通知，无正当理由不到庭或者在开庭审理时未经仲裁庭许可中途退庭的，视为撤回仲裁申请；被申请人提出反请求的，不影响仲裁庭审理反请求，并做出裁决。

（二）被申请人经书面通知，无正当理由不到庭或者在开庭审理时未经仲裁庭许可中途退庭的，仲裁庭可以缺席审理并做出裁决；被申请人提出反请求的，视为撤回反请求。

第四十五条 庭审顺序

庭审可以按照下列顺序进行：

（一）申请人提出仲裁请求并陈述事实和理由；

（二）被申请人进行答辩并陈述事实和理由；

（三）被申请人提出仲裁反请求并陈述事实和理由；

（四）申请人对反请求进行答辩并陈述事实和理由；

（五）当事人出示证据和质证，仲裁庭核实证据；

（六）证人作证或宣读未到庭证人证言；

（七）鉴定人发表鉴定意见并接受仲裁庭和当事人提问。

第四十六条 庭审辩论

当事人在审理过程中有权辩论。庭审调查结束后，申请人和被申请人发表辩论意见并相互辩论。仲裁庭也可以根据审理情况要求当事人提交书面辩论意见。

第四十七条 最后陈述

仲裁庭在审理终结前，应当征询当事人的最后意见。当事人的最后意见可以在开庭时以口头方式提出，也可以在仲裁庭规定的期限内以书面方式提出。

第四十八条 陈述要求

（一）庭审调查、当事人辩论和最后陈述应当围绕当事人的争议焦点展开。当事人在开庭审理中陈述或者发表与案件争议无关的事项或者意见的，仲裁庭有权制止。

（二）当事人在开庭审理时发表侮辱性言论的，仲裁庭应当制止。

第四十九条 释明

案件审理过程中，当事人主张的法律关系的性质或者民商事行为的效力与仲裁庭根据案件事实做出的认定不一致的，仲裁庭可以告知当事人变更仲裁请求。

第五十条 庭审记录

（一）仲裁庭开庭审理时，应当制作庭审笔录，也可以录音或者录像。

（二）当事人和其他仲裁参与人认为对自己陈述的记录有遗漏或者差错的，有权申请补正。

（三）庭审笔录由仲裁员、记录人员、当事人和其他仲裁参与人签名或者盖章。

第五十一条 合并审理

（一）仲裁标的有关联的两个或者两个以上的案件，经一方当事人申请并征得其他当事人同意，仲裁庭可以决定合并审理。

（二）仲裁庭组成人员不同的两个或者两个以上的案件，不适用合并审理的规定。

（三）合并审理的案件应当合并于最先开始仲裁程序的案件，当事人另有约定的除外。仲裁庭应当就合并审理的案件分别做出裁决书，当事人一致同意做出一份裁决书的除外。

（四）合并审理的案件，仲裁庭可以根据情况决定合并审理的具体程序或方式。

第五十二条　其他协议方加入仲裁程序

（一）在仲裁庭组成前，申请人或被申请人请求增加同一仲裁协议下其他协议方为申请人或被申请人的，应当提交书面申请，由本会决定是否同意。本会做出同意决定的，多方申请人或多方被申请人不能共同选定该方仲裁员的，该方仲裁员由本会主任指定。

（二）在仲裁庭组成后，申请人或被申请人请求增加同一仲裁协议下其他协议方为当事人，且该协议方放弃重新选定仲裁员并认可已进行的仲裁程序的，是否准许，由仲裁庭决定。

第五十三条　案外人加入仲裁程序

（一）在仲裁庭组成前，双方当事人可以经过案外人同意，书面申请增加其为仲裁当事人，案外人也可以经过双方当事人同意后书面申请作为仲裁当事人。案外人加入仲裁的申请是否准许，由本会决定。本会做出同意决定的，多方申请人或多方被申请人不能共同选定该方仲裁员的，该方仲裁员由本会主任指定。

（二）在仲裁庭组成后，双方当事人也可以经过案外人同意，书面申请增加其为仲裁当事人，案外人也可以经过双方当事人同意后书面申请作为仲裁当事人，在案外人放弃重新选定仲裁员并认可已进行的仲裁程序时，是否准许，由仲裁庭决定。

第五十四条　撤回仲裁申请和撤销案件

（一）当事人可以向本会提出撤回全部仲裁请求或者全部仲裁反请求。申请人撤回全部仲裁请求的，不影响仲裁庭就被申请人的反请求进行审理和裁决。被申请人撤回全部仲裁反请求的，不影响仲裁庭就申请人的仲裁请求进行审理和裁决。

（二）在仲裁庭组成前，申请人撤回仲裁申请的，撤销案件的决定由本会做出；在仲裁庭组成后，申请人撤回仲裁申请的，撤销案件的决定由仲裁庭做出。

（三）当事人撤回仲裁申请的，可以根据仲裁协议再次申请仲裁。

（四）因为法律上的原因使仲裁程序不需要或者不可能继续进行的，本会或者仲裁庭可以做出撤销案件的决定。

第五十五条　和解

（一）当事人可以自行和解。当事人自行达成和解协议的，可以请求仲裁庭根据其和解协议的内容做出裁决书或者调解书结案，也可以撤回仲裁申请。

（二）当事人达成和解协议后反悔但尚未撤回仲裁申请的，仲裁程序继续进行。已经撤回仲裁申请的，当事人可以根据原仲裁协议重新提出仲裁申请。

第五十六条　调解

（一）仲裁庭可以根据当事人的请求或者经当事人同意，先行调解。当事人自愿调解的，仲裁庭应当调解。

（二）调解达成协议的，仲裁庭应当制作调解书或者根据调解协议的结果制作裁决书。调解书与裁决书具有同等法律效力。

（三）调解书应当写明仲裁请求、当事人协议的结果和仲裁费用的负担情况。调解书由仲裁员签名，加盖本会印章，送达双方当事人。调解书经双方当事人签收后，即发生法律效力。当事人在调解书签收前反悔的，仲裁庭应当及时做出裁决。

（四）调解不成的，仲裁庭应当及时做出裁决。但是，任何一方当事人均不得在其后的仲裁程序、司法程序和其他任何程序中援引对方当事人或者仲裁庭在调解过程中的任何陈述、意见、观点或者建议作为其请求、答辩或者反请求的依据。

（五）调解书出现了文字、计算错误或者其他错误，仲裁庭应当补正。当事人也有权在签收调解书后三十日内要求补正。调解书的补正为调解书的组成部分，经送达当事人后生效。

第五十七条　仲裁程序中止和恢复

（一）各方当事人共同申请或者一方当事人申请、其他当事人未表示反对的，仲裁程序可以中止。任何一方当事人申请恢复仲裁程序或者本会或仲裁庭认为有必要恢复的，仲裁程序恢复。

（二）出现特殊情况需要中止仲裁程序的，仲裁程序可以中止。特殊情况消失后，仲裁程序恢复。

（三）中止和恢复仲裁程序的决定，仲裁庭组成前由本会做出；仲裁庭组成后可授权仲裁庭做出。程序中止的期间不计算在本规则第五十九条、第七十二条及第八十条规定的期限内。

第七章　决定和裁决

第五十八条　决定

（一）在审理案件过程中，仲裁庭有权就涉及的程序问题或程序事项做出决定。

（二）由三名仲裁员组成仲裁庭的，任何决定均应当按照多数意见做出。未能形成多数意见的，应当按照首席仲裁员的意见做出。

（三）经当事人同意或其他仲裁员授权，首席仲裁员也可以就程序事项做出决定。

第五十九条　做出裁决

（一）仲裁庭应当根据事实，符合法律规定，公平合理地做出裁决。

（二）仲裁庭由三名仲裁员组成的，应当按照多数仲裁员的意见做出裁决，少数仲裁员的不同意见可以记入笔录。仲裁庭不能形成多数意见时，应当按照首席仲裁员的意见做出裁决。

（三）仲裁庭由一名仲裁员组成的，由独任仲裁员直接做出裁决。

（四）仲裁庭应当自组成之日起四个月内做出裁决。有特殊情况需要适当延长的，由仲裁庭提请本会主任批准。

（五）上述期限不包括决定仲裁管辖权期间、对专门性问题审计、审核、评估、鉴定、检验、勘验和当事人在庭外自行和解等期间。

第六十条　确认裁决

（一）本会可以根据双方当事人达成的仲裁协议，对下列请求做出确认裁决：

1. 当事人请求确认合同效力的；

2. 当事人在本会之外已经就争议达成和解协议或者调解协议，请求本会制作裁决书或调解书的。

（二）当事人请求做出确认裁决不得损害社会公共利益或者第三人

的利益，不得规避有关法律。

（三）仲裁庭应当审查当事人的请求、有关合同、和解协议或者调解协议和其他证据材料，必要时可以依据本规则第三十二条收集证据。

（四）当事人的请求违反本条第（二）款规定的，仲裁庭应当拒绝做出确认裁决，驳回当事人的请求。

第六十一条 部分裁决

（一）仲裁庭认为必要或者当事人提出经仲裁庭同意，仲裁庭可以在最终裁决做出前，就当事人的某些请求事项做出部分裁决。

（二）当事人应当履行部分裁决，不履行部分裁决的，不影响仲裁程序的进行和最终裁决的做出。

第六十二条 费用承担

（一）仲裁庭有权裁决各方当事人应承担的仲裁费用和实际发生的其他费用，包括但不限于鉴定费用、评估费用、审计费用。

（二）仲裁费用原则上由败诉的当事人承担。当事人部分胜诉、部分败诉的，由仲裁庭根据当事人各方责任大小确定各自应当承担的仲裁费用的比例。当事人自行和解或者经仲裁庭调解结案的，当事人可以协商确定各自承担的仲裁费用的比例。

（三）仲裁庭有权根据当事人的请求，裁决败诉方补偿胜诉方因办理案件支出的合理费用，包括但不限于律师费、保全费、差旅费、公证费。仲裁庭在确定上述费用时，应考虑案件的裁决结果、复杂程度、当事人或代理人的实际工作量，以及案件的争议金额等有关因素。

第六十三条 裁决书

（一）裁决书应当写明案件受理情况、仲裁请求、争议事实、裁决理由、裁决结果、仲裁费用的负担和裁决日期。

（二）当事人协议不写明争议事实和裁决理由的，或者依据当事人和解协议、调解协议的内容做出裁决的，以及依据本规则第六十条做出确认裁决的，可以不写明争议事实和裁决理由。

（三）仲裁庭应当在签署裁决书前，将裁决书草案提交本会核阅。在不影响仲裁庭独立裁决的前提下，本会可以对裁决书的形式进行修改，也可以提请仲裁庭注意实体问题。

（四）裁决书由仲裁员签名。对裁决持不同意见的仲裁员可以签名，也可以不签名。不签名的仲裁员应当出具书面意见。本会将其书面意见附卷存档，也可以附裁决书后送达当事人，但该意见不属于裁决书的内容。

（五）裁决书经仲裁员签名后，应当加盖本会的印章。

（六）裁决书自做出之日起发生法律效力。

第六十四条 裁决书的补正和解释

（一）对裁决书中的文字、计算错误或者其他错误，当事人可以在收到裁决书之日起三十日内书面申请仲裁庭做出更正；确有错误的，仲裁庭应当在收到书面申请之日起三十日内做出书面更正。仲裁庭也可以在做出裁决书后的合理时间内自行以书面形式做出更正。该书面更正构成裁决书的组成部分。

（二）仲裁庭负责对裁决书做出解释。

第六十五条 裁决书的补充

裁决有漏裁事项的，任何一方当事人可以在收到裁决书之日起三十日内以书面形式请求仲裁庭就裁决中漏裁的事项做出补充裁决；确有漏裁事项的，仲裁庭应当在收到上述书面申请之日起三十日内做出补充裁决。仲裁庭也可以在发出裁决书后的合理时间内自行做出补充裁决。该补充裁决构成裁决书的组成部分。

第六十六条 裁决书或者调解书的履行

（一）当事人应当依据裁决书或者调解书确定的履行期限自觉全面履行；没有规定履行期限的，应当立即履行。

（二）一方当事人不履行裁决书或者调解书的，另一方当事人可以向有管辖权的法院申请执行。

第八章 简易程序

第六十七条 简易程序的适用

（一）涉案争议金额不超过人民币一百万元的，适用简易程序，当事人另有约定的除外；涉案争议金额超过人民币一百万元的，经当事人同意也可以适用简易程序。

（二）没有争议金额或者争议金额不明确的，由本会依据案件的复杂程度、涉及利益的大小和其他有关因素决定是否适用简易程序。

第六十八条 仲裁庭的组成

（一）适用简易程序的案件，由独任仲裁庭审理。

（二）独任仲裁庭由一名仲裁员组成，该独任仲裁员由双方当事人自被申请人收到仲裁通知书之日起七日内共同选定。

（三）双方当事人未依照前款规定共同选定独任仲裁员的，由本会主任指定。

（四）双方当事人也可以在上述期限内，各自推荐一至三名仲裁员作为独任仲裁员人选；推荐名单有一名相同的，为双方当事人共同选定的独任仲裁员；有一名以上相同的，由主任根据案件具体情况在相同人选中确定，确定的仲裁员仍为双方当事人共同选定的独任仲裁员；推荐名单中没有相同的人选，由主任在推荐名单之外指定独任仲裁员。

（五）案件有两个或者两个以上申请人或者被申请人的，应当在申请人之间或者被申请人之间各自协商后共同选定或者共同委托本会主任指定独任仲裁员；申请人或被申请人未能在收到仲裁通知书后七日内各方共同选定或共同委托本会主任指定的，由本会主任指定。

第六十九条 答辩和反请求

被申请人应当自收到仲裁通知书之日起十日内向本会提交答辩书和有关证明文件；提出反请求的，也应当在此期限内提交反请求申请书和有关证明文件。仲裁庭认为有正当理由的，可以适当延长期限。

第七十条 审理方式

开庭审理的案件，在仲裁庭确定开庭日期后，仲裁庭秘书应当于开庭三日前将开庭日期通知当事人。

仲裁庭可以依据当事人的约定、提交的书面材料和证据书面审理。

第七十一条 程序变更

（一）变更仲裁请求或者提出反请求导致案件争议金额超过人民币一百万元的，经一方当事人申请或者仲裁庭认为必要的，可以将简易程序变更为普通程序。是否变更程序，由仲裁庭提请本会主任决定。

（二）变更程序后，当事人应当自收到变更程序通知之日起五日内，依据本规则第二十三条各自选定或者各自委托本会主任指定一名仲裁员；没有在此期限内选定或者委托本会主任指定仲裁员的，由本会主任指定；原独任仲裁员作为首席仲裁员，当事人另有约定的除外。

（三）变更程序前已进行的仲裁程序是否重新进行，由仲裁庭决定。

第七十二条　做出裁决的期限

仲裁庭应当自组成之日起两个月内做出裁决。有特殊情况需要延长的，由仲裁庭提请本会主任批准。

第九章　国际商事仲裁的特别规定

第七十三条　适用范围

（一）本会国际商事案件适用本章规定；本章没有规定的，适用本规则其他有关规定；当事人另有约定的除外。

（二）涉及香港特别行政区、澳门特别行政区及台湾地区的商事案件，参照适用本章规定。

（三）当事人对案件是否具有涉外因素有争议的，由仲裁庭决定。仲裁庭的决定不影响此前已经进行的仲裁程序。在仲裁庭决定案件具有涉外因素后，案件适用本章规定的程序审理。

第七十四条　仲裁协议的形式和效力

适用于仲裁协议的法律对仲裁协议的形式和效力另有规定的，从其规定。

第七十五条　仲裁地

（一）当事人对仲裁地有约定的，从其约定。

（二）当事人对仲裁地没有约定或约定不明的，本会所在地为仲裁地。

（三）仲裁裁决视为在仲裁地做出。

第七十六条　答辩和反请求

被申请人应当自收到仲裁通知书之日起四十五日内向本会提交答辩书和相关证明文件；提出反请求的，也应当在上述期限内以书面形式提出；申请人应当自收到反请求申请书之日起四十五日内向本会提交答辩书和有关证明文件。

第七十七条　仲裁庭的组成

（一）当事人可以从本会提供的仲裁员名册中选择仲裁员，也可以从仲裁员名册外选择仲裁员。

（二）当事人在仲裁员名册外选定仲裁员的，应当向本会提供候选人的资历证明和具体联系方式。经本会确认后可以担任该案件的仲裁员。

（三）当事人应当自被申请人收到仲裁通知书之日起二十日内依据本规则第二十三条确定三人仲裁庭的组成人员或者依据本规则第六十八条确定独任仲裁员。

（四）当事人未能依据前款规定选定或者委托本会主任指定仲裁员的，由本会主任指定。

第七十八条　临时措施

（一）根据当事人申请，仲裁庭可以依据有关法律决定采取其认为适当的临时措施，采取临时措施的决定可以以仲裁庭决定、中间裁决或者有关法律认可的其他方式做出。确有必要的，仲裁庭有权要求申请临时措施的当事人提供适当的担保。

（二）当事人也可以依据有关法律直接向具有管辖权的法院提出临时措施申请。

第七十九条　开庭通知

仲裁庭秘书应当在开庭二十日前将开庭日期通知当事人；当事人协商一致并经仲裁庭同意，可以提前开庭。当事人有正当理由请求延期开庭的，可以在开庭十日前书面提出；是否延期，由仲裁庭决定。

第八十条　做出裁决的期限

仲裁庭应当自组庭之日起六个月内做出裁决。有特殊情况需要适当延长的，由仲裁庭提请本会主任批准。

第八十一条　法律适用

（一）仲裁庭应当根据当事人选择适用的法律做出裁决。当事人未选择的，仲裁庭应当适用与争议事项有最密切联系的法律。

（二）除非当事人另有约定，前款当事人选择的或者仲裁庭决定适用的法律系指实体法，而非冲突法。

（三）仲裁庭可以适用有关国际商事惯例做出裁决。

第十章　附则

第八十二条　仲裁语言

（一）本会以使用中文为原则。当事人约定使用其他语言文字的，可以从其约定。

（二）本会或者仲裁庭可以根据案件具体情况确定国际商事仲裁程序中的书面材料是否需要附具中文译本或者其他语言文字译本。

（三）当事人及其代理人、证人需要语言翻译，可以由本会提供，也可以由当事人自行提供译员。当事人约定使用其他语言文字的，本会可要求当事人提供翻译。翻译费用由当事人承担。

第八十三条 送达

（一）有关仲裁的文书、通知、材料等可以采用当面送达，也可以采用邮寄、专递、传真、电子邮件的方式或者本会或仲裁庭认为适当的其他方式送达当事人或者其代理人。

（二）向当事人或者其代理人发送的仲裁文书、通知、材料等，经当面递交或者邮寄至受送达人或者对方当事人提供的受送达人的营业地、注册地、居住地、身份证载明地址、户籍地址、当事人约定的送达地址或者其他通讯地址的，视为已经送达。

（三）经合理查询不能找到受送达人的营业地、注册地、居住地、身份证载明地址、户籍地址、当事人约定的送达地址或者其他通讯地址的，以邮寄、专递的方式或者可提供投递记录的其他任何方式投递给受送达人最后一个为人所知的营业地、注册地、居住地、身份证载明地址、户籍地址、当事人约定的送达地址或者其他通讯地址，视为已经送达。

第八十四条 期间的计算

（一）期间以日、月、年计算。期间开始的日，不计算在期间内。期间届满的最后一日是节假日的，以节假日后的次日为期间届满日期。期间不包括在途时间。仲裁文书和与案件有关的其他材料在期满前交邮的，不视为逾期。

（二）当事人因不可抗力或者其他正当理由耽误期限的，在障碍消除后十日内可以申请顺延；是否准许，由本会或者仲裁庭决定。

第八十五条 规则的解释

本规则由本会负责解释。除非本会另有声明，本会发布的其他文件不构成本规则的组成部分。

第八十六条 规则的正式文本

本会公布的本规则的中文、英文文本,均为正式文本。不同文本的表述产生歧义时,以中文文本的表述为准。

第八十七条 规则的施行

本规则自 2018 年 3 月 1 日起施行。本规则施行前受理的案件,适用受理时施行的仲裁规则。当事人协商一致且本会同意的,可以适用本规则。

《仲裁员行为考察规定》（贸仲、海仲）

中国国际经济贸易仲裁委员会和中国海事仲裁委员会为了确保其仲裁员在仲裁过程中的独立公正，使其裁决能够得到承认与执行，特制定本规定。

一、仲裁员应当模范遵纪守法，公道正派，廉洁自律，严格遵守仲裁员守则。

二、仲裁员应该认真学习仲裁理论，精通仲裁业务，同时注重知识更新，自觉培养明察善断的能力，保持高水平的专业、法律水准，不断提高办案技巧。

三、仲裁员应当根据事实，依照法律，参考国际惯例，并遵循公平合理原则独立公正地审理案件。

四、仲裁员应当独立、公正、勤勉、审慎地处理案件，不代表任何一方当事人利益，平等地对待双方当事人。

五、不接受选定或指定的情形

有下列情形之一的，仲裁员应当不接受选定或指定：

1. 存在依法应当回避的情形的；
2. 在接受选定或指定后两个月内不能参加开庭审理的；
3. 在职人员未结案件数量已达 5 件，离退休人员在办案件数量已达 10 件，不能保证有充足时间和精力处理案件的；
4. 因自身工作任务较重，难以悉心完成案件审理工作的；
5. 因健康原因难以参加案件审理工作的；
6. 对案件涉及的专业不熟悉的；
7. 时任仲裁委员会主任、副主任以及仲裁委员会驻会仲裁员被当事人选定的；
8. 其他原因致使不宜接受选定或指定的。

六、仲裁员应当披露的情形

仲裁员在正式接受选定或指定时，应当如实填写《仲裁员独立声明》，表明自己与本案当事人、代理人和案件本身之间不存在不宜担任本案仲裁员的情形。有下列可能回避情形的，仲裁员应自行向仲裁委员会书面披露：

1. 仲裁员个人或所在律师事务所与案件有关联或与当事人有过业务往来的；

2. 与同案仲裁员同在一个单位工作的；

3. 仲裁员与当事人、当事人单位职员或代理人在同一社会组织担任专职工作，有经常性的工作接触的；

4. 近亲属在当事人单位工作或者在当事人的代理人单位工作的；

5. 仲裁员在与案件有关联的机构担任公职的；

6. 仲裁员或其近亲属对胜诉或败诉一方存在可能的追索权的；

7. 与当事人或代理人有同学或者有师生关系的；

8. 与当事人或代理人为共同权利人、共同义务人或有其他生意或财产关系；

9. 有其他可能致使当事人对仲裁员产生怀疑的情形的。

仲裁员在正式接受选定或指定后知悉应予披露情形的，应立即披露。

书面披露应转交各方当事人及其他仲裁员，并告知其可以在收到书面披露之日起五日内提出书面意见，逾期不提交将视为同意由其担任仲裁员。

仲裁员披露后，各方当事人同意其担任仲裁员的，将不得再以仲裁员曾经披露的事项申请回避。

七、仲裁员应当回避的情形

有下列情形之一的，仲裁员应当向仲裁委员会主动请求回避，当事人和仲裁庭其他成员也可以向仲裁委员会主任提出回避的书面请求，但应说明具体理由。是否回避，由仲裁委员会主任决定。仲裁委员会主任也可以主动决定其回避。

1. 是本案当事人或者当事人、代理人的近亲属；

2. 与本案有利害关系；

3. 与本案当事人、代理人有其他关系，可能影响公正仲裁的；

4. 私自会见当事人、代理人，或者接受当事人代理人的请客送礼的。

为本规定之目的，前款第 3 项"其他关系"指：

（1）对于承办的案件事先提供过咨询的；

（2）与当事人、代理人现在或两年内曾在同一单位工作的；

（3）现任当事人法律顾问或代理人的，或者曾任当事人的法律顾问且离任不满两年的；

（4）为本案当事人推荐、介绍代理人的；

（5）担任过本案或与本案有关联的案件的证人、鉴定人、勘验人、辩护人、诉讼或仲裁代理人的；

（6）其他可能影响公正仲裁的事项。

八、仲裁员应予更换的情形

仲裁员在办理案件过程中有下列情形之一，将严重影响案件质量和公正性及结案时限的，该仲裁员、仲裁庭其他成员、当事人可以依据《中华人民共和国仲裁法》第三十七条之规定向仲裁委员会主任提出更换的书面请求，但应说明具体理由。是否更换，由仲裁委员会主任决定。仲裁委员会主任也可依职权决定更换该仲裁员。

1. 对于审理的案件缺乏必要的知识和能力；

2. 未尽到勤勉义务；

3. 未按照仲裁规则的规定行事；

4. 其他不称职或不适当履行仲裁员职责的情形。

九、仲裁员应当予以解聘的情形

仲裁员聘任期限内有下列情形之一的，仲裁委员会有权将其解聘：

1. 被法院定罪或因违反法律受到严重行政处罚的；

2. 故意隐瞒应当回避的事实；

3. 无正当理由不参加合议、调查满三次的；

4. 无正当理由不到庭审理案件的；

5. 在案件审理中，有违仲裁员的公正立场，多次受到本会警告的；

6. 审理案件严重迟延的；

7. 向当事人透露本人看法或仲裁庭合议情况的；

8. 违反仲裁员勤勉审慎义务，不认真阅卷，不熟悉案情，严重不负责任的；

9. 徇私舞弊，枉法裁决的；

10. 私自会见当事人，接受当事人请客、馈赠或提供的其他利益的；

11. 仲裁员代人打听案件情况、请客送礼、提供好处和利益的；

12. 故意曲解事实和法律并执意支持一方当事人的请求和主张并/或坚决反对一方当事人的请求和主张的；

13. 私下联络同案仲裁员，不顾事实和法律，人为制造多数意见，为当事人谋求不正当利益的；

14. 其他违反仲裁员守则，不宜继续担任仲裁员的情形。

十、仲裁员应予警告的情形：

仲裁员违反仲裁员守则和仲裁员办案规范中的其他任何情形，综合各种因素，仲裁委员会认为对其行为存在合理怀疑，影响当事人对仲裁委员会的信任，但不宜回避、撤换、解聘的，均应予以警告。

仲裁员应予警告的情形包括但不限于：

（1）借故拖延办案时间的；

（2）拒绝说明理由，坚持有利于一方当事人的裁决事项的；

（3）在开庭审理中，违背公正原则，代替或变相代替一方向另一方质证、辩论、提请求的；

（4）在开庭审理中，提出明显具有诱导性问题的；

（5）表现出其他偏袒倾向的。

十一、仲裁员应予说明的情形：

仲裁委员会在做出决定前，应给予被查仲裁员说明情况的机会。无论关于何种情形，仲裁员在接到仲裁委员会转送的当事人的投诉或抱怨后，均应当认真对待，并向仲裁委员会如实全面准确地做出书面说明。

十二、仲裁员行为考察的程序

1. 秘书局收到当事人的书面回避请求后，应及时转送另一方当事人和仲裁庭所有成员，并告知可以在收到之日起五日内对回避请求提出书面意见。

2. 一方当事人申请仲裁员回避，另一方当事人表示同意，或者被申请回避的仲裁员获知后主动提出回避，则该仲裁员可以不再参加案件的审理。但上述任何情形均不意味着当事人提出回避的理由被承认和接受。

3. 根据历史记录和仲裁委员会掌握的信息，仲裁委员会主任认为某人不宜担任某案件审理工作的，为避免造成不必要的损失和程序拖延，当事人选定该仲裁员办理具体案件时，仲裁委员会可告知该当事人此人不宜担任本案仲裁员，并通知当事人另外选定。

4. 对仲裁员的考察监督由仲裁员资格审查考核委员会负责，具体的日常事务由仲裁委员会监督部负责执行。

5. 仲裁员资格审查考核委员会将仲裁员考察的结果报仲裁委员会，并据此决定是否解聘、警告，或在聘任下一届仲裁员时作为依据之一。具体事宜，由仲裁委员会按照仲裁委员会《关于聘任仲裁员的规定》处理。

6. 得知有关情况或信息后，仲裁委员会秘书局应将事实要点记录在案，汇总，并及时向有关仲裁员通报。仲裁员可随时向秘书局查阅汇总的记录，有权对记录中的事项做出自己的说明，并要求对记录中的错误予以更正。

十三、本规定自二〇〇四年二月一日起施行。

北京仲裁委员会仲裁员守则

第一条 为推动仲裁事业的发展，规范仲裁员行为，特制定本守则。

本守则属于仲裁员道德准则，不是《北京仲裁委员会仲裁规则》（以下简称《仲裁规则》）的组成部分。

第二条 仲裁员应当公正、公平、勤勉、高效地为当事人解决争议。

第三条 仲裁员应诚实信用，只有确信自己具备下列条件，方可接受当事人的选定或北京仲裁委员会（以下简称"本会"）主任的指定（以下简称接受选定或指定）：

（一）能够毫不偏袒地履行职责；

（二）具有解决案件所需的知识、经验和能力；

（三）能够付出相应的时间、精力，并按照《仲裁规则》与《北京仲裁委员会关于提高仲裁效率的若干规定》（以下简称《若干规定》）要求的期限审理案件；

（四）参与审理且尚未审结的案件不满10件。

第四条 仲裁员为谋求选定而与当事人接触的，属于不符合仲裁员道德规范的行为。

第五条 仲裁员接受选定或指定时，有义务书面披露可能引起当事人对其公正性或独立性产生合理怀疑的任何事由，包括但不限于：

（一）是本案的当事人、代理人或当事人、代理人的近亲属的；

（二）与本案结果有利害关系的；

（三）对于本案事先提供过咨询的；

（四）私自与当事人、代理人讨论案件情况，或者接受当事人、代理人请客、馈赠或提供的其他利益的；

（五）在本案为当事人推荐、介绍代理人的；

（六）担任过本案或与本案有关联的案件的证人、鉴定人、勘验人、辩护人、代理人的；

（七）与当事人或代理人有同事、代理、雇佣、顾问关系的；

（八）与当事人或代理人为共同权利人、共同义务人或有其他共同利益的；

（九）与当事人或代理人在同时期审理的其他仲裁案件中同为仲裁庭里的仲裁员，或者，首席仲裁员两年内曾在其他仲裁案件中被一方当事人指定为仲裁员的；

（十）与当事人或代理人有较为密切的交谊或嫌怨关系的；

（十一）其他可能影响公正仲裁的情形。

在仲裁过程中，如果发生可能引起此类怀疑的新情况，仲裁员应继续履行披露义务；未履行披露义务，将视为该仲裁员违反本守则，即使未予披露的事由本身并不构成不宜担任仲裁员的情形。

第六条 仲裁员在仲裁过程中应平等、公允地对待双方当事人，避免使人产生不公或偏袒印象的言行。

仲裁员对当事人、代理人、证人、鉴定人等其他仲裁参与人应当耐心有礼，言行得体，避免失当。

第七条 仲裁员不得以任何直接或间接方式接受当事人或其代理人的请客、馈赠或提供的其他利益。

第八条 仲裁员在仲裁期间不得私自会见一方当事人、代理人，接受其提供的证据材料；不得以任何直接或间接方式（包括谈话、电话、信件、传真、电传、电子邮件等方式）单独同一方当事人、代理人谈论有关仲裁案件的情况。

在调解过程中，仲裁庭应慎重决定由一名仲裁员单独会见一方当事人或代理人；如果仲裁庭决定委派一名仲裁员单独会见一方当事人或其代理人，应当有秘书人员在场，并告知对方当事人。

第九条 仲裁员不得在本会的仲裁案件（包括申请撤销或不予执行本会仲裁裁决的案件）中担任代理人，亦不得代人打听案件情况或代人向仲裁庭成员实施请客送礼或其他提供好处和利益。

第十条 仲裁员应认真勤勉地履行自己的全部职责，在规定的期限内尽可能迅速审结案件。

第十一条 仲裁员应当独立地审理案件，不因任何私利、外界压力而影响裁决的公正性。

第十二条 仲裁员应忠实履行保密义务，不得向当事人或外界透露本人的看法和仲裁庭合议的情况，对涉及仲裁程序、仲裁裁决、当事人的商业秘密等所有相关问题均应保守秘密。

第十三条 仲裁员违反本守则，本会将根据情节不予续聘直至解聘。

第十四条 本守则自 2004 年 3 月 1 日起施行。

武汉仲裁委员会仲裁员守则

第一条 为了推动仲裁事业的发展，规范仲裁员的行为，特制定本守则。本守则属于仲裁员道德准则，不是《武汉仲裁委员会仲裁规则》的组成部分。

第二条 武汉仲裁委员会（以下简称"仲裁委员会"）的仲裁员应当公正、公平、勤勉、高效地为当事人解决争议。

第三条 仲裁员接受当事人的选定或仲裁委员会主任的指定，在仲裁案件中应：

（一）能够中立地履行仲裁员的职责，不因一方当事人推选、个人私利、外界压力而影响裁决的公正性；

（二）具有解决争议所需的知识、经验和能力；

（三）能够投入相应的时间和精力，按照《武汉仲裁委员会仲裁规则》以及仲裁委员会关于案件办理的有关规定要求审理案件；

（四）能够积极推进仲裁程序，从而公平、高效地解决争议，并能尽力避免案件的不当拖延、来自当事人及各方面的干扰以及其他在仲裁程序中的权力滥用情形的发生。

第四条 仲裁员的下列行为，均属于不符合仲裁员守则的行为：

（一）为谋求选定而与当事人接触的；

（二）在接受选定或指定后，参加任何可能会影响其公正、公平解决争议的经济活动、职业性或私人性的关系当中，或是获得任何个人利益的。

第五条 仲裁员应当披露任何可能会影响其公正性、独立性或引起对其公正性、独立性产生合理怀疑的任何事由，包括但不限于：

（一）是案件的当事人、代理人或当事人、代理人的近亲属，以及有任何与本案当事人、代理人有经济、共同利益等社会关系的；

（二）与案件结果有利害关系的；

（三）对案件事先提供有关咨询的；

（四）已单方面与案件当事人、代理人讨论过案情，或者接受了当事人、代理人的请客、馈赠或提供的其他利益的；

（五）为案件当事人推荐、介绍代理人的；

（六）担任过案件或与案件有关联案件的证人、鉴定人、勘验人、辩护人或代理人的；

（七）与当事人、代理人有较为密切的交谊或积怨关系的；

（八）其他可能影响公正仲裁的情形的。

披露义务是一种持续性的义务，仲裁员在接受选定或指定后直至仲裁程序终结前，在仲裁程序的任何一个环节，一旦发生上述情形或上述情形出现后都必须及时披露。

第六条 仲裁员应当避免不恰当地与当事人进行交流。

（一）仲裁员不得在仲裁委员会工作人员不在场的情况下与当事人单独商讨案件程序及实体问题，接受其提供的证据材料；

（二）仲裁员不得以任何直接或间接的方式（包括谈话、电话、信函、传真、电子邮件等）单独同一方当事人、代理人谈论案件的情况。

第七条 仲裁员不得利用仲裁员的身份打听所代理的或其他正在仲裁委员会审理的案件情况或代人向仲裁庭、仲裁委员会工作人员实施请客送礼或提供其他利益。

第八条 仲裁员在仲裁程序中应平等对待案件当事人，尊重参加仲裁活动的各方参与人，言行得体、耐心有礼，避免失当。

仲裁员应充分保证任何一方当事人陈述意见、提交证据等项权利，在调解过程中，不得对当事人施加压力或强制进行调解工作。

第九条 仲裁员应当认真勤勉地履行自己的全部职责，在规定的期限内尽可能地迅速审结案件。在三人仲裁庭中，仲裁员应通力合作，共同参与仲裁程序，不得推诿塞责。

第十条 仲裁员必须忠诚于当事人的信任，并对案情保密。

（一）仲裁员不得利用仲裁程序中所获得的应保密的信息为自己或他人谋取利益，也不得影响相对一方当事人的利益；

（二）仲裁员应对仲裁程序及仲裁裁决保密，不得向当事人或外界透露本人的看法、仲裁庭合议及裁决的情况，对涉及仲裁程序、仲裁裁决、当事人的商业秘密等所有相关问题均应保守秘密；

（三）在仲裁裁决做出后，仲裁员不得协助当事人对裁决提出异议或对仲裁裁决做出任何评论；

（四）仲裁员中途退出仲裁程序或在案件审结后，必须采取必要的措施保护当事人的权利，包括向仲裁委员会退还案件材料，并对案情保密。

第十一条 仲裁员违反本守则，仲裁委员会将根据情节轻重不予续聘直至解聘。

第十二条 本守则由武汉仲裁委员会负责解释。

第十三条 本守则自 2005 年 4 月 1 日起施行。

上海仲裁委员会仲裁员守则

一、为了推动上海仲裁委员会仲裁工作的发展，促进仲裁员的队伍建设，树立本会仲裁员的公正形象，根据《中华人民共和国仲裁法》和本会有关规定，制定本守则。

二、仲裁员应当遵守《中华人民共和国仲裁法》，严格执行《上海仲裁委员会仲裁规则》以及《上海仲裁委员会办案细则》等各项规定。

三、仲裁员仲裁案件应当根据事实，符合法律，遵循公平合理原则，不得代表或偏袒任何一方当事人，不得徇情枉法。

四、有下列情况之一的，仲裁员应当向仲裁委员会说明，并主动请求回避：

（一）是本案当事人或者当事人、代理人的近亲属。

（二）与本案有利害关系。

（三）与本案当事人、代理人有其他关系，可能影响公正仲裁的。

（四）私自会见当事人、代理人，或者接受当事人、代理人的请客送礼的。

五、仲裁员应当努力学习政治、学习法律，学习业务知识，积极参加本会组织的培训活动，掌握仲裁程序及庭审方法，努力提高专业水平和办案能力。

六、仲裁员应当接受当事人的选定或仲裁委员会主任的指定，无正当理由不得拒绝接受当事人的选定或仲裁委员会主任的指定。

七、仲裁员接受案件后，应当妥善安排，保证时间，准时参加开庭、评议等各项仲裁活动，不得无故迟到、早退、缺席，切实履行仲裁员职责。

八、仲裁员接受案件后，应当详细审阅当事人提交的全部证据和材料，做好开庭的准备工作。审理案件时仲裁员应当充分听取当事人的陈述，认真做好记录，认真查明事实。提问要客观，并注意语气和方式。案件审理后应及时评议做出决定，首席仲裁员本人或者由首席仲裁员督促商定的有关人员应在仲裁庭评议后20天内作成裁决书或者决定书仲裁文书，防止案件久拖不决。

九、仲裁庭可以指定一至二名仲裁员会同记录员在仲裁庭或本会的指定地点会见当事人或其委托代理人,但仲裁员不得单独会见一方当事人或者其委托代理人。

十、仲裁员应当严格保守仲裁秘密,不得对外界透露案件的仲裁情况,包括案情、审理过程、仲裁庭评议意见以及案件涉及的商业秘密等内容;在案件裁决前,也不要向当事人或者同当事人有关的人员谈论个人对该案的看法。

十一、仲裁员有下列情形之一的,本会有权对其警示,情节严重的,可将其除名。仲裁员违法的,本人应当依法承担法律责任:

(一)裁员有私自会见当事人、代理人,或者接受当事人、代理人请客送礼行为的;

(二)仲裁员在仲裁案件时有索贿受贿、徇私舞弊、枉法裁决行为的。

十二、本守则自 2000 年 1 月 1 日起执行。

深圳仲裁委员会仲裁员守则

为保证仲裁委员公正、及时地仲裁案件，保护当事人的合法权益，依据《中华人民共和国仲裁法》和本委《章程》《仲裁规则》《办案程序规范（试行）》的规定，制定本守则。

第一条 仲裁员应当根据事实，依照法律，参考国际惯例，遵循公平合理原则独立公正审理案件。

第二条 仲裁员应当平等对待双方当事人，不得代表或者偏袒任何一方当事人。

第三条 仲裁员不得私自会见当事人、代理人，不得单独接受当事人、代理人提供的证据、材料或者与一方当事人、代理人交谈有关仲裁案件的情况。在调解中仲裁庭决定仲裁员与一方当事人单独会见的除外。

第四条 仲裁员不得接受当事人、代理人的请客送礼，不得在仲裁案件时索贿受贿，徇私舞弊，枉法裁决。

第五条 仲裁员有下列情形之一的，应当主动回避：

（一）是本案当事人或者当事人、代理人的近亲属；

（二）与本案有利害关系；

（三）与本案当事人、代理人有下列关系，可能影响公正仲裁的：

1. 为本案提供过咨询的；
2. 与任何一方当事人、代理人在同一单位工作的；
3. 担任或曾担任任何一方当事人常年法律顾问的；
4. 法律规定的其他关系。

第六条 仲裁员应当严格按照仲裁规则规定的程序审理案件，应当给予当事人充分陈述意见的机会。

第七条 仲裁员接受指定后，应当保证开庭审理和合议的时间时，应提前报告并经同意。

第八条 仲裁员应当认真详细审阅案件的全部文件合材料，确定应查明的案件事实、证据及案件性质及有关责任分担。

第九条 在开庭审理之前仲裁员应当参与讨论、商定审理方案；首席仲裁员应当提出审理方案的设想,作为讨论的基础。仲裁庭由独任仲裁员组成时,独任仲裁员应当在开庭审理前拟妥审理方案。

第十条 在开庭审理时,仲裁员不得出现倾向性,注意提问和表达意见的方式方法,避免对关键性问题做出过早的结论,避免出现与当事人争议或对峙的局面。

第十一条 在开庭审理结束后首席仲裁员应当及时主持合议。

第十二条 仲裁员应当掌握案件的程序进展情况,遵守仲裁规则关于结案期限的规定。

第十三条 仲裁员应当严格保守仲裁秘密,不得向外界透露任何有关案件实体和程序上的情况,包括案情、审理过程、仲裁庭合议等情况;并不得向当事人透露本人的看法和仲裁庭合议的情况。

第十四条 仲裁员有权并应当参与仲裁委员会的仲裁研究或经验交流活动。

第十五条 仲裁员需要以仲裁委员会名义对外参加有关仲裁的会议或活动,发表文章或作讲演,应当事先得到仲裁委员会的同意。

第十六条 仲裁员有《中华人民共和国仲裁法》(以下简称《仲裁法》)第三十四条第四项规定的情形,情节严重的,或者有仲裁法第五十八条第六项规定的情形的,仲裁委员会应当将其除名。

后 记

习近平总书记指出："全面推进依法治国，建设一支德才兼备的高素质法治队伍至关重要。"提出了"职业道德""职业良知"约束机制，要求法治队伍要有职业道德，政法机关要有职业良知，广大政法干警要自觉用职业道德约束自己，这是政法干部的"必修课"。2017年5月3日，习近平总书记在中国政法大学考察时强调，立德树人德法兼修抓好法治人才培养，励志勤学刻苦磨炼促进青年成长进步。特别强调法治人才的法律职业道德素养。加强仲裁员职业道德建设是法律职业道德建设的重要方面。

《仲裁员职业道德建设研究》分八章展开，包括：第一章，仲裁员职业道德建设的背景；第二章，仲裁员职业道德建设的理论指导；第三章，仲裁员职业道德的国际考察；第四章，仲裁员职业道德的国内比较；第五章，与仲裁员相邻的法律职业道德分析；第六章，仲裁员职业道德基本准则体系的构建；第七章，仲裁员职业道德建设的制度保障；第八章，仲裁员道德需要的激发。

本书的完成得益于武汉仲裁委员会立项支持，中国社会科学出版社、华中师范大学相关职能部门给予大力支持，华中师范大学法学院部分研究生参与了部分资料收集整理及解读工作，在此一并致谢，特别感谢中国社会科学出版社宫京蕾同志付出大量劳动。书中参考了大量相关成果，对相关作者表示感谢。由于水平所限，疏漏之处在所难免，敬请同行专家及广大读者不吝赐教。

石先钰
2018年5月